中小学校管理评价

袁贵仁　主编

人民教育出版社
·北京·

图书在版编目（CIP）数据

中小学校管理评价／袁贵仁主编. —北京：人民教育
出版社，2014.7
ISBN 978-7-107-28966-8

Ⅰ．①中… Ⅱ．①袁… Ⅲ．①中小学—学校管
理 Ⅳ．①G637

中国版本图书馆CIP数据核字（2014）第163836号

人民教育出版社 出版发行

网址：http://www.pep.com.cn

山东临沂新华印刷物流集团有限责任公司印装　　全国新华书店经销
2014年7月第1版　2014年12月第4次印刷
开本：787毫米×1 092毫米　1/16　印张：21.5　字数：306千字
印数：110 001~160 000
定价：43.00元

努力做好教育督导评价工作

（代序）

百年大计，教育为本。习近平总书记强调："教育是人类传承文明和知识、培养年轻一代、创造美好生活的根本途径。"放眼世界，提高教育质量已经成为当今世界教育总的价值取向。面向未来，为适应全面建设小康社会，建设创新型国家需要，我国在《国家中长期教育改革和发展规划纲要（2010—2020年）》中明确提出：把提高质量作为教育改革发展的核心任务。树立科学的质量观，把促进人的全面发展、适应社会需要作为衡量教育质量的根本标准。树立以提高质量为核心的教育发展观，注重教育内涵发展，鼓励学校办出特色、办出水平，出名师，育英才。建立以提高教育质量为导向的管理制度和工作机制，把教育资源配置和学校工作重点集中到强化教学环节，提高教育质量上来。

党的十八大以来，国家和地方明确将推进教育治理体系与治理能力现代化作为全面深化教育改革、提高教育质量的战略目标。推进教育治理体系和治理能力现代化，要以构建政府、学校、社会新型关系为核心，以推进教育"管办评"分离为基本要求，切实提高政府"管"的针对性、学校"办"的规范性以及社会第三方"评"的科学性，逐步形成政府宏观管理、学校自主办学、社会广泛参与评价，三者职能边界清晰、良性互动"共治"的教育治理新格局。政府宏观管理，就是要转变职能、创新方式，在简政放权的同时加强监管，把该管的管好。学校自主办学，就是要落实学校办学主体地位，明晰权责，激发活力，实现自我管理、自我约束、自我发展。社会广泛参与评价，要求各级教育行政部门、教育督导部门引导学生、家长和社会公众，建立多元化学校监督、指导、评价体系，对学校管理水平和教学质量进行动态监管与评价。

　　评价作为"管办评"中的重要环节，对于改进政府教育管理和学校规范办学行为具有引导性和基础性作用，有利于增强教育决策的科学性、学校管理的针对性和有效性。要做好评价工作，首要任务就是明确"评什么"和"怎么评"，即评价的内容是什么、评价的标准是什么、评价的方法是什么，这是评价能否客观、科学、公正的前提。唯有明确了中小学校管理重点、评价要点及其具体标准，才能更好地为政府管好教育和社会第三方科学评价教育提供准确参鉴，为学校依法自主办学提供客观依据，为师生教学相长提供有益指导。

　　我们要不断完善中小学校管理评价体系，为提高教育质量、办好人民满意的教育、实现人人学有所教而不懈努力。

袁贵仁

2014 年 6 月 11 日

目　录

第一章　学校治理结构

校务管理是学校有序运行、优化学校治理结构的基础，是学校自主办学的保证。中小学校务管理涉及办学思想、发展目标、组织体系、管理制度、考核评价等要素，对于学校能否坚持正确的办学方向、规范办学行为、提高管理效率具有重要制约作用。规范、民主、科学的校务管理能够积极促进学校课程与教学管理、教师与学生的发展，为教育质量的提高、办学特色的培育提供基础性保障。《国家中长期教育改革和发展规划纲要（2010—2020 年）》（以下简称《教育规划纲要》）提出了"依法办学、自主管理、民主监督、社会参与"的现代学校制度建设目标，为中小学深化管理改革、提高学校治理能力指明了方向。

中小学校务管理在提高专业化、精细化水平的同时，又面临着从学校内部、外部扩大民主参与的新课题。学校是社会大系统的组成部分，现代学校制度建设要求中小学既要规范自身办学行为，帮助社会形成正确的教育观念，也要拓宽视野、主动开放，为社区、家庭参与学校管理和监督创造条件，通过融入社区来服务社会。在这些方面，中小学面临着诸多挑战：（1）随着家长期望的不断提高、社会环境的快速变化，学校的基本办学行为有待规范和完善；（2）在推进民主管理改革、创造教职工参与管理条件方面需要做新的探索；（3）按照建设现代学校制度的要求，在支持家庭和社区有序参与、主动利用社会资源方面，要进一步加大实践探索和制度建设的力度。

教育法律、法规、规章，国家教育方针、政策，以及各级地方政府制定的教育政策，是中小学进行校务管理在法规政策层面上的依据。主要包括：国家层面的《中华人民共和国教育法》（以下简称《教育法》）、《中华人民共和国义务教育法》（以下简称《义务教育法》）、《中华人民共和国教师法》（以下简称《教师法》）、《中华人民共和国未成年人保护法》（以下简称《未成年人保护法》)、《全面推进依法治校实施纲要》(以下简称《依法治校纲要》)、《小学管理规程》、《学校教职工代表大会规定》、《关于建立中小学幼儿园家长委员会的指导意见》等法律法规和政策文件；地方层面的有地方性教育法规、各级地方政府有关教育的规范性文件和各项政策措施。

一、依法办学

依法办学是指学校在正确办学思想引导下，依据法律法规和政策开展办学活动，提供公共服务，维护学校和全体师生合法权益的行为。依法办学是广大中小学践行党和国家提出的"办好人民满意的教育"宗旨所必须首先遵循的。依法办学不是一种单纯的思想认识，它直接体现为中小学在办学实践中严格执行、有效落实国家教育法律法规和教育政策。依法办学既是一种外部法律约束，也是一种内部自律约束。考察中小学依法办学水平，重点是学校办学方向、章程与制度建设、法规政策执行水平。

(一) 坚持办学方向

办学方向表现于办学思想和办学实践中，事关中小学执行党的教育方针和国家教育法律法规的水平。其中，办学思想是学校管理者对学校教育功能的认识和对办学规律的概括总结，具有引导、定位办学方向的作用。办学实践是办学思想的现实表现，受学校管理者和管理团队的认识水平的影响与制约，是检验办学方向的直接依据。学校要站在文化自觉的高度来规整办学方向、明晰办学思想，以引领制度建设、校园环境建设等校务管理和其他各项办学行为。

评价一所学校是否坚持正确的办学方向，主要考察其办学是否贯彻落实党的教育方针、是否确立素质教育的重要地位、是否坚持全面科学的教育质量观，并且上述方面的办学实践是否与办学思想保持一致。

1. 贯彻落实党的教育方针

教育方针是党在一定历史阶段提出的教育工作发展的总方向，是国家教育基本政策的总概括。一所学校依法办学，需要坚持正确方向，全面贯彻落实党的教育方针。教育方针一般包括教育目的及实现教育目的的基本途径等。1995年颁布的《教育法》第五条对我国的教育方针做出了规定，2002年党的十六大将教育方针的表述调整为"坚持教育为社会主义现代化建设服务，为人民服务，与生产劳动和社会实践相结合，培养德智体美全面发展的社会主义建设者和接班人"。2012年，党的十八大提出"把立德树人作为教育的根本任务"。

　　考察中小学贯彻落实党的教育方针的水平，重点看中小学教育和管理实践是否体现"坚持教育为社会主义现代化建设服务，为人民服务，与生产劳动和社会实践相结合"的总体要求。这也是考察学校是否坚持正确的办学方向的核心指标，具体包括两方面。（1）课程设置是否符合教育方针和《基础教育课程改革纲要（试行）》及地方课程改革政策要求。侧重看学校在实施国家课程、地方课程和学校课程中的内容及所占比例是否达到规定要求，义务教育学校各科课时在实施中占总课时的比例是否达到《义务教育课程设置实验方案》（教基〔2001〕28号）规定。（2）教育教学活动是否符合"培养德智体美全面发展的社会主义建设者和接班人"总要求，把立德树人作为教育的中心任务。这包括：是否进行爱国主义、集体主义、社会主义的教育，把社会主义核心价值体系融入教育全过程，全面落实立德树人根本任务；是否将继承和弘扬中华民族优秀的历史文化传统、国家和社会公共利益等贯穿于教学过程。

　　2. 确立素质教育的重要地位

　　素质教育是指依据教育方针和以人为本的指导原则，以全面提高公民素质为宗旨，以促进学生德智体美全面发展为目标，为学生体魄健全发展，为社会和谐发展服务的教育。素质教育最初是针对学校教育工作中片面强调应试教育的倾向提出的，其根本要求是让每一个学生德智体美等方面素质得到全面发展。依据1999年《中共中央国务院关于深化教育改革全面推进素质教育的决定》，实施素质教育要"以提高国民素质为根本宗旨，以培养学生的创新精神和实践能力为重点"。2006年，新修订的《义务教育法》将素质教育上升为法律规定，要求根据适龄儿童、少年身心发展的状况和实际情况，确定教学制度、教育教学内容和课程设置，改革考试制度，注重培养学生的独立思考能力、创新能力和实践能力，推进素质教育实施。《教育规划纲要》进一步确立了素质教育的战略地位，将"坚持以人为本、全面实施素质教育"确立为我国中长期教育改革发展的战略主题和贯彻党的教育方针的时代要求。

全面实施素质教育关系到培养什么人、怎样培养人等重大问题。《教育规划纲要》提出，全面实施素质教育的"重点是面向全体学生、促进学生全面发展，着力提高学生服务国家服务人民的社会责任感、勇于探索的创新精神和善于解决问题的实践能力"。

考察中小学是否将青少年学生的健康成长作为学校一切工作的出发点和落脚点，落实素质教育并实施相关政策要求，具体包括：（1）是否坚持面向全体学生，尊重个体差异，注重因材施教，为每一个学生的全面发展创造适宜的条件；（2）是否把德育、智育、体育、美育等有机地统一在学校教育活动的各个环节中；（3）是否将课程改革作为实施素质教育的主要阵地，深入推进课程与教学改革。中小学实施素质教育时，还要结合本地区教育行政部门制定的课程计划和标准以及课程改革要求。依据《基础教育课程改革纲要（试行）》规定，省级教育行政部门制定的本省（自治区、直辖市）范围内使用的课程计划和课程标准，是指导本地区中小学深入实施素质教育的行动指南。

 案例 1.1

- -

办学思想的提出与解读

案例描述：

进才实验中学是位于上海市联洋社区的一所初级中学，创办于 2001 年。该社区是一个文化多元的社区，居民除上海本市户籍人口以外，还有来自国内各地来沪居民，以及海外归来人士等不同文化背景的人群。特殊的社区背景对学校教育服务的多样性和质量提出了更高的要求。

办学之初，学校管理团队对所处社区特点、学校创办动因、师资学历起点较高等因素做了系统研究，拟定了办学方向和指导思想。学校把走教育现代化、个性化、国际化道路，创一流品牌，确定为全体师生追求的目标，并据此提出了"为每个学生的卓越发展服务"的办学理念。为了让师生和家长、社区深入了解这一理念，学校专门在发展规划中对"每个学生""卓越发展""服务"三个关键词做了详细解读。

关于"每个学生"，规划指出：学生是完整的具有独立人格的人，学校应充分尊重每个学生个体的需求，考虑学生之间的个体差异，因材施教，为每个学生的人格、道德、情操、学业诸方面提供更为全面、更具个性化的发展空间和优质服务，使每个学生获得各自不同的成就。关于"卓越发展"，规划指出：既要基于全面发展，追求个性发展，又要让学生获得充分的发展。"卓越发展是动态的发展过程，是针对每个学生个体而言的，它的参照是学生各阶段的发展状况所构成的变化态势。"关于"服务"，规划指出：现代学校必须牢固树立为所有人都能发展的服务意识，"学校的领导、教师、职工都要转变教育观念，牢固树立为国际社区多元教育需求服务的意识，以优质的服务赢得学生、家长和社会的信任，以高标准的教育教学质量赢得学校更好更快的发展"。

案例评析：

该校提出和解读办学思想的方式可以给我们以下三点启示。

第一，办学思想的提炼不能闭门造车。中小学发展与外部环境息息相关，办学思想体现的是国家教育方针和素质教育的总体要求，在提炼时要充分考虑和呼应社区及社区居民和学生家长的教育需求。案例中这所学校所在的社区，居民有较强的民主意识、维权意识、自我意识，也为学校办学提供了支持。于是学校立足于所在社区和居民的需求，提炼办学思想，顺应了"回归社区"的现代学校发展趋势。

第二，办学思想不能停留于口号，要有具体的内涵和指向。办学思想的价值在于指导办学和教育实践。该校通过对办学思想中几个核心概念的深入解读，既便于师生和家长、社区的认知，也有利于在学校教育教学和管理等具体工作中贯彻落实。

第三，办学思想的形成是一个动态的、不断完善的过程。成熟的办学思想依赖于长期的成功办学经验，尽管该校创办时间不长，但这种思想的提出将为学校可持续发展提供方向指引。

----

3. 坚持全面科学的教育质量观

教育质量观是学校办学思想的重要组成部分，对办学行为起着"矫正器"的作用。判断一所学校能否依法办学，最终是看其是否坚持全面科学的教育质量观。树立全面科学的教育质量观，要求学校必须遵循教育规律，把促进人的全面发展、适应社会需要作为衡量教育质量的根本标准。

考察学校是否坚持科学的教育质量观，重点要考察学校教育质量评价制度是否科学，是否按规范执行。这包括：（1）是否全面实施基于学校课程计划的各学科课程、教学的过程性评价，重点是将评价的主要功能确定为诊断和改进，通过过程性评价的实施促进学校课程计划的调整和完善；（2）是否全面实施以促进专业可持续发展为导向的教师考核，而不是仅仅停留于教师之间教学成绩的横向比较；（3）是否全面实施以全面素质为内容的学生素质评价，而不是只关注考试成绩，甚至对学生成绩进行班级内、年级内的公开排名。

（二）注重制度建设

学校管理制度是学校对教育教学活动及相关配套活动所制定的各种规章、规定、条例及其实施细则等的总称。学校管理制度是用于调节和控制学校内部各种关系以及部门和个人行为的规范，是学校依法治校的具体依据。管理制度建设是学校的工作基础，对于形成自主办学、民主管理、科学发展的运行机制具有重要意义。按照约束范围，学校管理制度建设可以分为学校章程建设、管理制度建设。

1. 学校章程建设

学校章程是为保证学校正常运行，依照相关法律，就办学方向、主要任务、管理体制等重大基本问题和社会公共职能的履行，自主制定的规范性、自律性、纲领性文件。学校章程建设是落实办学自主权、建立现代学校制度的核心要求，是中小学实行自主管理、依法接受监督的基本依据。章程在学校自主办学过程中的法律地位是由一系列法律政策赋予的。《教育法》规定设立学校应具备的基本条件之一是"有组织机构和章程"（第二十六条），并规定学校享有"按照章程自主管理"的权利（第二十八条）。教育部 2011 年颁布的《依法治校纲要》提出，我国到 2015 年全面形成一校一章程的格局。

对于中小学章程建设，主要考察以下几个方面。

（1）考察章程的内容是否全面，表达方式是否规范。学校章程是学校管理制度中统领全局的文件，相当于学校的"基本法"。其一，学校章程条款涉及内容应全面，且符合本校实际。这包括：学校名称、内部决策机构、执行机构、监督机构等学校内部管理体制，财务管理和人事管理制度，章程修改程序，以及其他必要事项。另外，在条款中应充分体现学校自身特点和发展目标。其二，学校章程表述方式应规范，且有相应制约措施。作为影响校内管理制度产生的一项"基本法"，学校章程本身必须规范，包括内容设定规范、表述方式规范、制约措施规范。

7

**案例 1.2**

章程对于学校运行管理的规范

案例描述:

北郊高级中学是上海市虹口区的一所公办高级中学。该校的章程于 2011 年 12 月 30 日由全体教职工代表大会通过。章程分为总则、学校的权利和义务、学校运行管理、学校的课程与教育、教师及职工的权利和义务、学生的权利和义务、家长委员会、学校与社区、学校校产与财务管理、学校办学的监督、附则共 11 章 50 条。章程对办学理念、办学目标和培养目标等都有具体要求。例如,第六条规定,学校的办学目标是"创建育人为本、特色鲜明、设施先进、运行高效、民主开放的现代'有效学校',为人民提供优质的教育服务"。第七条规定,学校的培养目标是致力于将学生培养成为"有知识、有道德、积极的公民;品鉴艺术,有美学视角的生活者;追求卓越,能适应未来挑战的终生学习者"。

据此,对于影响到学校办学理念和目标落实的运行管理,章程通过相关条款予以规范:通过第十一条规定了校长职责;通过第十二条规定了学校党组织的职责;通过第十三条规定了教职工代表大会的职责;通过第十四条规定了校务会议的职责;通过第十五条规定校职能部门的管理职能。其中,第十四、十五条表述如下:

第十四条　校务会议是学校重大问题决策的主要形式,成员为正副校长、党支部正副书记和工会主席等,由校长主持并按民主集中制原则进行讨论后由校长决策。校长根据管理权限,将校务会议讨论的重大问题报上级有关部门批准后实施。

第十五条　学校在校长领导下建立校务办公室、信息科研室、教导处和学生处四大职能部门，各部门主任对校长负责并承担相应的管理职能。校长根据学校工作的需要，可提议对学校职能部门进行增设、撤销、更名，由校务会议集体讨论后实施。

案例评析：

通过上面的介绍，可以发现该校的章程具有以下三个特点。

第一，对学校办学理念、办学目标、培养目标做了具体陈述和规定，使原本仅在发展规划或口头宣传中的相关内容转化为章程条款，且具有规范性、权威性，以此来指导学校全局工作，同时也为这些理念和目标在制度建设和管理运行中的贯彻落实提供了依据。

第二，对学校落实校长负责制做了具体规定，尤其是具体规定了校长、校党组织的职责和职权，为具体办学实践中协调校长、校党组织、教代会之间的关系提供了具体可行的制度保障。

第三，对学校决策机制、机构设置，以及教师福利费管理、制度建设等重大问题做了原则性规定，为其管理运行明确了方向。

（2）考察章程制定、核准是否符合法定程序。其一，章程制定是否采取多种方式听取各方意见，充分反映广大教职员工、学生的意愿，凝练共同的理念与价值认同，体现学校的办学特色和发展目标，为本校全体教职员工勾勒出学校发展蓝图的基本框架。其二，章程制定和修订是否向教职工报告。《学校教职工代表大会规定》明确规定听取学校章程草案的制定和修订情况报告，提出修改意见和建议，是教职工代表大会的一项重要职权。其三，普通中小学、幼儿园、中等职业学校的章程，是否报经主管教育行政部门核准。

（3）考察章程能否发挥指导学校发展、决策学校重大问题的功能。学校章程应向全体师生员工公布，便于师生了解、查阅，有网络条件的应当在学校网页上公开。学校章程应发挥不同于其他管理制度的功能。学校章程主要就办学宗旨、目标任务、内部管理体制及财务活动等重大的、基本的问题，做出总体性规范，着力规范内部治理结构和权力运行规则。学校章程是制定学校三年或五年的发展规划、完善学校各项规章制度的依据，也为重大问题决策提供依据。可以说，各类管理制度都可以视为学校章程的配套文件，共同构成用以规范学校运行的制度体系。

 案例 1.3

让章程成为依法办学的"基本法"

案例描述：

    某校是一所百年老校，现有教职工 180 多人，在校学生 2 500 多人。2008 年赵校长上任后，推出了一系列他认为有利于学校发展的举措，学校的政策、制度常常由自己说了算。在管理过程中，他对于中层干部的工作往往采取直接干预、越俎代庖的方式，致使中层干部的工作积极性越来越低，教育教学质量滑坡，由此引发了不少学生家长的投诉。

    学校为此专门组织了一次专家诊断会，多位专家从学校管理角度对造成这种状况的原因进行了分析。在认真听取专家建议后，赵校长逐渐认识到管理方面存在的不少问题与自己的认识和管理方式有关，于是决定从完善学校制度入手，重点围绕建立和实施学校章程展开，以便让学校走上规范管理、依法办学的轨道。首先召开全体教职工大会，号召全体教职工都参与章程的制定过程。随后，组织成立了由中层干部、教师代表、职工代表、家长代表和外聘专家组成的学校章程起草小组，在集体学习研究有关学校章程的法律法规和相关定义、研读在全国享有良好声誉的北京某学校章程基础上起草了学校章程的初稿。经向全体教职员工以及家长代表和学生代表广泛征求意见，并几经讨论修改，一个多月后，体现该校全体师生意志和愿景的学校章程正式出台。

学校按章程建立健全各项规章制度，实现了以制度管人、管事；完善课程体系，开发校本课程，创造了适合学生选择的教育；组织成立各种学生社团，搭建了学生个性发展的平台。学校还按章程组建家长委员会和办学理事会，管理并监督学校各项工作。随着章程的全面实施，学校各机构部门岗位目标进一步明确，干部和教师的工作积极性、凝聚力不断提高，学校各项工作逐步走上了规范、科学、持续发展的轨道。

案例评析：

这个案例描述的是一所学校由过去"人治"走向依法治校的过程，重点揭示了章程对于依法办学、促进学校发展的重要作用。从中我们可以得到以下两点启示。

第一，学校必须建立符合本校实际的章程。章程是学校的"基本法"，要实现科学发展，学校必须按章程办学。该校在建立章程之前，由于缺乏规范的制度和程序，干部、教师的积极性受到了影响。通过建立和实施章程，学校系统地推进了制度建设，也找到了解决原有问题的突破口。

第二，制定学校章程必须充分发挥民主。教师是学校章程实施的主体，章程的制定必须有教职工的全员参与。该校在制定章程时，充分尊重师生的发展需求，广泛征求教职工意见。这样制定出来的章程才能有利于将学校的发展方向转化为师生的共同愿景，成为全体师生自觉自愿遵守的规则，也才能具有号召力，促进各项工作的有效落实。

----

2. 管理制度建设

管理制度是指学校针对教育教学和其他办学活动建立的各类规范的总称。管理制度提供的是一种约束和激励机制，是中小学依法办学的重要保障。依据学校章程制定符合法律法规要求、符合素质教育需要和学校实际的管理制度是学校依法办学的基本要求。《教育规划纲要》提出，要探索建立符合学校特点的管理制度和配套政策。《依法治校纲要》对健全学校依法办学自主管理的制度体系提出了具体要求。对学校的管理制度，通常考察以下几个方面。

（1）考察管理制度制定是否遵循相关程序。其一，学校管理者将有关教育法律法规、政策和学校发展规划目标，全面传达给师生员工。调动师生员工为学校管理制度建设献计献策，责成有关部门提出制度草案，交由学校管理层讨论。其二，经过广泛征求意见，借鉴其他学校好的制度和学校原有制度，对制度草案进行修订完善，并下发至各部门和教职工再次征求意见。其三，各部门结合实际工作对制度条文逐条进行对照、检查，提出进一步的修订完善意见，上报学校管理层。其四，对再次上报的方案进行完善，将修订完善的规章制度提交教职工代表大会审议，有的制度要按规定表决或公示。

（2）考察管理制度是否符合学校发展实际。中小学依据国家法律法规和学校章程，制定并形成的管理制度体系，大致可分为基本管理制度和常规管理制度。其一，基本管理制度，是依据章程对管理体制、人事、课程与教学等运行规范的原则要求；包括校长负责制、教师职务聘任制度、教育教学管理制度、教职工收入分配制度等。其二，常规管理制度，是在章程和基本管理制度指导下，对各部门运行中的具体行为进行约束的具体规则；包括教师学生个体行为规范、教育科研管理制度、学生管理制度、各类会议制度、资产管理制度、实验教学管理制度、档案管理制度、功能教室管理制度、教学仪器设备保管使用制度、图书借阅管理制度、员工考勤制度、对外合作管理制度等。

一所学校的管理制度是由校长、党组织和教职工在长期学校管理实践基础上，根据国家教育方针、政策和法律法规，对现有经验进行筛选、总结、提炼的结果。因此，一套好的管理制度应体现学校自身发展的成果和要求。此外，按照《教育规划纲要》精神，中小学在制度建设中要切实落实"推进教育公平""提高教育质量"等要求。比如，建立本校教育教学质量评价标准和机制，认真执行家庭困难学生资助政策和扶助制度，关爱留守儿童或随迁子女的措施等。

（3）考察管理制度的执行力和有效性。为确保管理制度的执行力和有效性，管理制度执行应体现如下要求。一是制度执行要以人为本，服务于人的发展。学校管理制度执行必须符合教育教学规律、教师专业发展和青少年学生身心发展规律，在操作过程中体现人性化原则。二是制度执行之前要广泛宣传，让广大教职工和学生知晓。《依法治校纲要》规定，涉及师生利益的管理制度实施前要经过适当的公示程序和期限，未经公示的不得施行。三是制度执行要注重协调配合，服务于教育教学中心工作。制度执行中遇到部门利益的冲突，要加强沟通协调，以服务于人的发展和服务于教学中心工作为基本原则。发现不同制度相互抵触，应适时地按规定予以调整。

 案例 1.4

- -

常规管理制度也要因校而异

案例描述：

　　某中学位于城乡结合部，是办学基础相对薄弱的一所高中，2008 年区内另一所高中整体并入该校。新任校长发现学校在常规管理、教学管理以及学生管理等方面存在许多问题。经过充分调查研究，他认为学校发展基础总体较为薄弱，现有的管理制度执行不够严格，有的已经不适应学校合并后的实际，制度建设还存在不少空白点。对此，他提出抓规范管理、提高学校管理科学性的思路，并将建立一套适应学校办学理念的常规管理制度作为突破口。

在常规管理方面，学校围绕强化管理部门和学生部门的责任意识，几经完善并建立了"三级督导"的常规管理制度："一级督导由校长任组长，中层领导任组员；二级督导由年级主任任组长，班主任任组员；三级督导由学生会干部任组长，品学兼优的班干部任组员。"在学生管理方面，根据学生发展实际，逐步建立并完善以激励学生自我完善、自我成长为主的管理制度：全员育人导师制度突出学生自主选择导师，课程开发制度突出学生个性化发展需求，实践活动制度突出学生自我设计、自我锻造等。

为有效实施常规管理制度，学校还将这些制度落实到教育教学的每一个环节。经过几年的探索实践，"三级督导"管理模式逐渐走向科学化、精细化、人文化，围绕落实办学理念的一套常规管理制度已初步形成，引领着学校文化建设方向。

案例评析：

这个案例描述的是该校在常规管理制度建设中，坚持科学性原则和民主性原则，并在具体实践中不断丰富完善，促进学校可持续发展。从中我们可以得到以下两点启示。

第一，学校常规管理制度应体现学校办学思路。该校针对学校现状，制定并实施以办学理念为引领、富有人文性和激励性的常规管理制度，使学校常规管理具有了鲜明的人文特色。

第二，学校常规管理制度建设应致力于解决办学中的具体问题。每所学校常规管理中遇到的问题都不同，有效的管理制度应该立足于解决这些问题，这样的制度才有生命力。该校基于学校合并后常规管理中出现的问题，实施"三级督导"管理模式，使常规管理制度的实效性不断提高。

（三）规范办学行为

中小学坚持正确的办学方向和落实素质教育的地位，首先表现在基本办学行为的规范上。评价中小学是否依法办学，不能停留于学校书面或口头提出的办学思想上，而应重点考察这些思想是否贯穿于办学实践之中。通常可以考察以下三个方面。

1. 执行教育法律法规和政策情况

贯彻执行教育法律法规和教育政策，是中小学的基本职责，也是其自主办学的前提。早在1985年《中共中央关于教育体制改革的决定》就提出了基础教育管理体制改革问题。当前，我国明确规定基础教育管理权属于地方。除大政方针和宏观规划由中央决定外，具体政策、制度、计划的制定和实施，以及对学校的领导、管理和检查，责任和权力都交给地方。因此，在遵守国家教育法律法规外，中小学要认真执行各级地方政府及教育行政部门出台的教育政策。

（1）考察是否存在法律法规禁止实施的行为。国家教育法律法规和政策针对规范办学的难点问题做了禁止性的规定，是中小学办学不可逾越的"红线"。例如，《依法治校纲要》提出，学校不得违背法律原则和国家有关规定，擅自设立有区别的招生条件或规则。《义务教育法》对义务教育学校提出了以下明确的禁止性规定：学校不得分设重点班和非重点班（第二十二条）；对违反学校管理制度的学生，学校应当予以批评教育，不得开除（第二十七条）；不得歧视学生，不得对学生实施体罚、变相体罚或者其他侮辱人格尊严的行为（第二十九条）。这些规定是考察中小学依法办学的重点。

（2）考察执行各级教育法规和政策的情况。经过对各地政策文件的梳理，各省（自治区、直辖市）教育行政部门对于中小学规范办学的要求存在以下共同之处。其一，严格执行招生政策，按规定收费。义务教育阶段学校坚持免试就近入学，不举行或变相举行选拔性考试。其二，注重教育过程公平。严格控制班额，坚持均衡编班，均衡配置校内教育教学资源，不举办"校中校"，不分重点班和非重点班。未经省级以上教育行政部门批准，不举办实验班。其三，认真落实课程标准，按照国家规定的教育教学内容和课程设置开展教学活动，不随意增减课程和课时。开展好技术、艺术、体育与健康等课程的教育教学工作。其四，严格控制学生作息时间和家庭书面作业总量。各学段作业总量控制在规定时间范围内。晚间、双休日和其他法定节假日不上课。学生每天集体体育锻炼不少于 1 小时。其五，选用国家和省（自治区、直辖市）颁布的教学用书目录规定的教材。不为学生统一征订教辅资料。

 案例 1.5

- -

从源头上减轻学生过重的课业负担

案例描述：

2011 年的一天，王督学接到了责任区内一位学生家长的来信。信中反映现在的孩子课业负担过重，晚上写完作业一般要在 10 点以后，早上 6 点多就得起床赶往学校。看完这封来信，王督学心情十分沉重。各级关于减轻学生负担的文件已出台了不少，可为什么加重学生课业负担的现象还是屡禁不止？带着这个问题，他来到信中反映的这所中学。

针对这所学校课外作业过多，学生负担过重问题，王督学进行了专题调研。他对 12 个班 630 名学生和 60 名教师进行了问卷调查。调查结果表明：课外作业负担过重是普遍问题，80.1% 的学生每天晚上的作业时间在 1.5 小时以上，其中 15.9% 的学生作业时间在 2 小时以上；63.5% 的学生反映因完成作业到晚上 10 点以后才能睡觉，睡眠时间不足。有 45.1% 的学生反映，做错了题，被教师罚抄作业，一般都要抄 5 遍以上。调查还得知，学生最讨厌的是重复性作业及死记硬背的作业。

随后，王督学与部分教师座谈，找出了作业负担过重的原因：一是教师布置的作业形式单调，死记硬背的东西多，做试卷多；二是重复性作业多，个别还有惩罚性作业；三是教师评价制度中教学成绩所占比重过大。最后，王督学单独约谈了学校负责人，并进行了推心置腹的沟通和交流。

此后，学校做了系统部署，逐步推行了以下整改措施。一是改革作业内容和形式，在精选练习题上下功夫。布置有代表性的巩固知识和应用技能的作业，布置实践性、创新性和开放性作业；因人而异，实施分层布置作业，设必做题、选做题，满足不同层次学生的要求；严禁布置死记硬背、重复性和惩罚性作业。二是改革作业评价方法，提倡激励性评价、点评式批改，建立错题本，及时评讲作业，以提高作业的有效性。三是加强作业总量控制，由年级备课组长负责，加强作业数量和质量的常规检查。四是改革师生评价方法，减少考试成绩在教师综合评价体系中的比重，严禁对学生考试成绩进行公开排名。

为落实好这些措施，学校还组织管理人员和教师认真学习各级关于规范办学行为的相关文件、政策，发现在课程计划执行、教学评价方式以及教师绩效评价等方面存在着一系列违背法规和政策的行为，是学生课业负担重的根源。为此，在集体研究之后学校完善了教学常规检查评比办法，强化了课程计划执行以及教学常规的严格执行，同时改革了教师绩效考核评价办法。经过一段时间调整，学生课业负担过重的现象有所缓解，反映学生课业负担过重的投诉也逐步减少了。

案例评析：

这是一个反映学生课业负担过重问题的案例。案例中这所学校严重违背办学行为规范的基本规定，后来在责任督学的指导建议下，认识到学生课业负担过重问题的严重性，主动纠正违规现象，最终使问题得到解决。案例可以给我们如下三点启示。

一是减轻学生课业负担首先要端正办学思想，坚持以人为本，把学生当成一个个活生生的人，而不是只会做题的机器和应考的工具。学校必须严格遵守办学行为基本规范，严格执行学生在校作息时间制度，严格按规定科学合理地布置学生课外作业，制定科学的评价制度。

二是减轻学生课业负担必须坚定不移地落实课程方案，建立并不断完善国家、地方、校本课程体系，积极开发校本课程，大力调整教学关系，每节课都能让学生喜欢并学到有用的知识。

三是减轻学生课业负担必须努力营造适合学生自主发展的大环境，把丰富多彩的健身活动引进校园，构建快乐大课堂，让学生在身心放松、精神愉悦中度过美好时光，让学校成为学生快乐成长的家园。

----

2. 实施校务公开情况

校务公开是中小学实现决策民主化、科学化的重要举措，也是调动教职工积极性、维护教职工合法权益的有效途径。只有全面、客观、充分地了解法律规章许可范围内的政府和学校的管理信息，广大师生和家长才能有目的地、高效地参与学校管理。

早在 2002 年，教育部、中华全国总工会就下发了《关于全面推进校务公开工作的意见》。《教育规划纲要》也提出，健全校务公开制度，接受师生员工和社会的监督。2010 年，教育部下发了《关于推进中小学信息公开工作的意见》。中小学要按照上述政策和本地区的相关规定推进校务公开工作，切实保障教职工的知情权、参与权和监督权，为教职工参与学校民主管理和监督创造有利条件和良好氛围。考察中小学校务公开工作主要包括以下几个方面。

（1）考察校务公开内容是否符合规定。依据法律法规和相关政策文件，中小学在办学或提供社会公共服务过程中制作或获取的以一定形式记录、保存的信息，在相应的范围内公开。校务公开的重点是学校工作的重点和难点、教职工群众和社会关心的热点问题，校务公开的基本要求是政策公开、过程公开、结果公开。

中小学校务公开分为校内向全体师生的公开和校外向家长和社区公众的公开。一是校内公开。校内向全体师生的公开除按规定必须保密的事项外，学校的发展规划、改革方案、教职工聘任办法、教职工奖惩办法、经费预决算、教职工购（建）房方案、住房公积金、养老金、医疗保险和其他社会保障基金等涉及教职工切身利益的重大问题，都应通过多种形式让教职工充分知晓。二是校外公开。校外向家长和社区公众公开。学校招生政策、收费项目等涉及家长、社区公众切身利益的信息是向社会公开的重点内容。

 相关链接

- -

中小学应主动公开信息的项目

1. 学校基本情况，包括历史沿革、办学性质、办学地点、办学规模、办学基本条件、机构职能、联系方式等。

2. 学校现行规章制度以及办事流程。

3. 学校发展规划、年度工作计划及其执行情况。

4. 学校招生的计划、范围、对象，学生学籍管理规定和评优奖励办法，非义务教育阶段学校的报考条件、录取办法，奖学金、助学贷款、助学金、勤工俭学和学费减免的申请条件、审批程序和结果。

5. 学校收费的类别、项目、标准、依据、范围、计费单位和批准机关以及监督电话。

6. 学校教学科研工作的有关规定，教学与科研成果评选，课程设置方案与教学计划及执行情况。

7. 学校教职工招聘、职称评评、职务晋升、评优的条件、程序、结果及争议解决办法，绩效考核及绩效工资分配办法，教师培训等师资建设情况。

8. 学校数量较多的物资采购、基本建设与维修、房产承包与租赁等的招投标结果及实际执行情况。

9. 学校经费收支情况，学校资产和受赠物的管理使用情况。

10. 学生住宿、用餐、组织活动等服务事项及安全管理情况，自然灾害、传染病等涉及师生安全的突发公共事件应急预案及处置情况。

11. 其他应当主动公开的情况。

——摘自教育部发布的《关于推进中小学信息公开工作的意见》

（2）考察是否建立了校务公开的规范。学校要将校务公开作为一项常规学校管理制度加以建设，学校要重点建立校务与信息公开的基本工作规范。其一，校务与信息公开工作责任制。中小学校长是第一责任人，落实专人或机构承担具体工作。其二，校务与信息公开保密审查机制。涉及国家秘密、个人隐私或公开可能危及校园安全稳定的信息，中小学不得公开。发现不利于校园安全稳定的虚假或者不完整信息，要及时发布准确的信息或报请上级主管部门予以澄清。其三，建立校务信息主动公开工作机制。制作信息时或者获取信息后，要及时明确该信息是否应公开。其四，建立校务与信息依申请公开工作机制。本校教职工、本校学生家长依据规定申请获取相关信息，中小学要及时予以答复，或为他们了解相关情况提供便利。

 案例 1.6

让校务公开工作在阳光下运行

案例描述：

　　山东省高密一中有教学班 36 个，在校生 1 800 余人，教职工 130 余人。基于师生民主意识较强的条件，学校从加强校务公开入手，逐步构建开放、民主的治校框架。学校成立了以党、政、工、团、教师代表为一体的校务公开领导小组，由校长、党委书记任组长，工会主席具体负责实施校务公开，同时成立了校务公开工作监督小组，督促校务公开工作的落实。

　　在校务公开过程中，对于涉及学校发展规划、财务收支、评优晋级、招生工作、教师绩效考核等项目，通过校内公示栏、校园网、简报等形式予以公开；对于办学理念、办学质量、办学成果，以及学校收费、教育管理、学生在校表现等，采取召开家长会、发放通报等形式向家长公开，接受家长的监督。

　　学校还把教职工代表大会作为校务公开的重要途径，对教职工提出的重大提案及合理化建议认真加以落实，对暂不能落实的在会上予以说明。对于群众关心的重大问题，学校不单单是公布结果，而且将一些具体细节一并公开。比如，该校在职称评定和岗位晋升等工作中，除按规定公开职称评聘实施方案、量化细则、评审结果外，还将教学评比、教学成果奖等材料进行公开，增加了透明度。校务公开监督小组对校务公开进行全方位监督。实施校务公开，让学校所有工作在阳光下运行，进一步增强了师生的民主意识，增进了领导班子的团结，促进了干群之间、家校之间、师生之间的和谐。

案例评析：

由于对校务公开的重要性认识不足，对教职工关注的重点、热点问题公开程度不够，程序不够规范等，校务公开往往流于形式。案例中描述的这所学校，其校务公开工作做得比较扎实，增加了学校管理的透明度。从中我们可以得到如下两点启示。

一是认识到位。校务公开是学校民主管理的重要组成部分，因而要充分认识全面推进校务公开的重大意义。学校要从"构建开放、民主的治校框架"的高度看待校务公开工作，把它真正摆上重要日程，而不仅仅是当作落实上级文件的一个程序，这样就能更好地激发广大教职工的主人翁责任感。

二是制度和监督也要到位。建立校务公开管理制度是校务工作阳光运行的重要保证，要建立起一套完善的领导机制、工作机制；要强化执行力，形成长效机制；要靠制度建设来使校务公开发挥其应有的功效。同时必须建立起组织监督、舆论监督、群众监督相结合的监督体系，对关系教职工切身利益的热点问题和学校发展的重要工作、重点环节，要加大监督力度。

----

3. 建立规范办学行为的责任制度

依法治校，不只是一种政府和行政部门的外部要求，也应成为中小学的自我约束。为此，学校要从依法规范内部管理机制入手，形成依法办学的自我约束机制和主动接受社会监督的机制。

（1）考察建立校长对规范办学行为负总责的制度。要健全校内各项规章制度，通过强化校长负责制来规范办学，既要强调负总责，也要发挥党组织和教职工代表大会的监督制约作用。

（2）考察建立部门、管理人员分工负责的制度。建立规范教育和管理行为作为部门和管理人员考核的重要依据，建立全方位、经常化的岗位责任检查机制。重大问题的处理，都应有规章的基本依据。

（3）主动接受家长、社区关于规范办学行为的监督机制。通过学校管理和规范办学行为的有关规定、问题整改情况的公开和公告，主动接受学生、家长、社区的监督。

二、自主管理

在依法规范内部管理的同时，中小学还应自主办学，通过完善目标管理、实施发展规划，全面提高运行效率，提供多样化、高质量的教育服务，满足社会不断变化的教育需求。自主管理是学校在自主办学中实现科学发展的重要方面，是学校实现自身发展目标、创建办学特色的基础。

（一）目标管理

《教育规划纲要》提出"完善学校目标管理和绩效管理机制"的要求。目标是学校工作的预期成果，实行目标管理是学校自主管理的基本要求。

1. 建立目标体系

实行目标管理，要求中小学建立反映自身实际和发展要求的目标体系。学校目标体系由总体目标（分为培养目标和办学目标）、领域目标（或部门目标）、阶段目标（含周期目标、学年目标、学期目标、月目标等）等构成。总体目标是上位目标，培养目标居于核心地位，对办学目标的提出具有重要影响。领域目标则是规划期限内办学目标在不同工作领域的细化，又因各领域工作内容和机构设置情况分为不同层次。对中小学目标体系的考察包括以下两个方面。

（1）考察办学目标的制定、分解是否科学。制定办学目标的基本要求是：贯彻教育方针和素质教育要求，体现现代教育思想，体现地区社会、经济发展与学校自身发展规律的整合。其中要厘清长期办学目标和规划期限内办学目标的关系：长期办学目标着重确立总体发展方向；规划期限内的办学目标则要具有可分解、可操作、能达成等特点。

中小学建立目标体系，就是科学制定办学目标并对其进行分解。其主要程序：一是结合培养目标对办学目标进行分解，形成课程与教学目标、队伍建设目标、基础管理目标等领域发展目标；二是依据各领域发展目标，制定阶段性目标，提出相应的工作举措，最终以学校发展规划、年度工作计划、学期工作计划等形式呈现出来。

上述的目标体系形成过程，也能反映学校管理决策的科学化、民主化水平。需要指出的是，在学校目标呈现过程中，学生、教师、管理人员的发展目标是核心，这些目标的提出要反映学校作为专门从事教育活动的组织的特性，从而使学校发展成效最终体现在教师专业发展和每一个学生全面主动发展目标的达成上。

（2）考察对目标体系是否检查落实。目标的主要用途是指导学校管理和教育实践，为使目标落到实处，必须建立相应的检查考核措施。对于课程、教学、学生发展等领域，还要建立目标实施的评价标准，定期对学校目标和领域目标的实施情况进行检查评价。

 案例 1.7

目标管理重在让目标落到实处

案例描述：

学年结束前几天，某中学张校长在校委会上向班子成员谈了自己对新学年工作的设想。教学、德育、后勤各部门负责人利用整整一个下午的时间畅所欲言，对张校长的设想反复讨论、认真修改，拟出了《2012—2013学年第二学期工作规划》，包括指导思想、工作目标、工作措施等几个方面。开学第一周，学校召开了中层以上领导班子会议，给每一位参会者印发了该工作规划，引领大家学习，让所有一线管理人员再提意见，最后定稿。

会后，学校办公室、教务处、教研处、电教处、德育处、食宿处、保障处和三个年级组，围绕学校的工作规划，结合处室工作实际，认真制订了各条块的学期工作计划，细化了目标和任务，把工作详细安排到周。处室计划定出后，分管校长审核，办公室汇总形成《逐周工作一览表》，下发至每一个处室，并在公示栏张贴。开学第二周，学校召开了全体教职工大会——学期工作部署会，多媒体呈现学校工作规划，分管校长具体解释各项工作目标任务以及工作措施。在处室、年级组例会上，组织处室人员和教师学习处室、年级组的学期工作计划，各学科组、教职工在此基础上制订学科和个人的学期工作计划。

新学期根据周工作安排，结合具体的工作实际，实行领导工作周计划、周小结。每周一早上，学校召开中层以上领导例会，总结上周成绩，提出具体改进意见与落实措施，同时明确本周的工作安排。每天的日常工作有条不紊地进行着，各项检查也同时进行：办公室检查评价各处室、年级组的工作落实情况；教务、教研、电教等各处室根据工作情况对年级组进行评价；教研处检查评价学科组；德育处、保障处、食宿处检查评价班级；年级组检查评价学科组、班级和教师；学科组检查评价教师个人。根据检查结果，对照学校各项工作的考核细则，周末汇总并公布处室、年级和个人的量化得分，使得每一位人员都能明白自己与别人的差距。学期末，根据平时的工作记载和实际效果，对每一位领导和教职工进行综合考核。

案例评析：

学校在实行目标管理过程中，容易出现工作目标不明确，或各条块的分目标与学校总目标不相吻合的情况。有时目标虽然明确，但由于管理措施不完善，致使目标难以落实。上述学校实施目标管理的案例，有以下两点启示。

第一，实行目标管理的前提是形成整合一致的目标体系。上述学校的工作目标，究其根本，均是以学生发展为核心，追求全面育人，其内涵上是统一的；处室及教职工个人的学期工作计划，围绕学校目标而制订。目标体系符合以下要求：全校性整体目标与局部性部门目标一致，局部服从整体；管理者与被管理者（主要是教职工）在目标上的整合。

第二，提高管理工作的效率，需要科学的管理方法和手段。制定合理明确的工作目标，并实施科学规范的管理方法，是学校自主管理的前提。学校实行"纲目联动"式管理模式，校委会为纲，处室、年级为目，力求"纲举目张"。管理目标明确，分工负责，团结协作，根据管理对象的特点进行分层管理，实行了周计划、周小结等科学的管理方法，发挥了制度管理的作用，运用了表彰激励的手段。

----

2. 设置组织机构

中小学组织机构是指为实现学校培养目标、办学目标而设置的负责特定领域工作运转的各种相互合作的部门。学校组织机构设置和机构之间的相互关系受学校章程和管理制度的规范约束。《依法治校纲要》对学校自主设置职能部门提出了"按照精简、高效的原则和为教师、学生提供便利服务的要求"。这要具体考察以下几个方面。

（1）组织机构设置是否符合教育管理理论和学校管理实际。中小学组织机构设置的总体原则是不违背教育规律，符合教育管理理论和学校发展实际，具体还要遵循以下原则。其一，符合按需设立和精简、高效的原则，机构设置与本校办学规模和发展实际相匹配。其二，符合机构职权与责任相适应的原则，每一个机构都有明确的职责分工，同时注重运行中的相互沟通与协作，确保学校运行和管理效率。其三，机构设置要克服行政化倾向，有利于发挥管理者开展工作的主动性和教职工参与管理的积极性。

（2）考察组织机构是否体现为办学目标服务的根本要求。中小学要依据办学目标设置组织机构。中小学的组织机构通常分为三种类型。其一，行政组织。一般设置教导处、总务处，中学还可以设立校长办公室。有的学校还根据需要设立德育处或学生处。其二，业务组织。中小学一般根据学科设立专门进行教学研究的教研组，人数少的学科可以合并在一起，如音体美教研组、理化生教研组。中学还设有专门负责德育和年级事务管理的年级组。其三，群团组织。包括共青团、少先队，以及学生会、工会等群众性组织。在现代学校制度建设强调自主管理的背景下，机构设置又要体现服务于学校发展目标的总要求。

 案例1.8

组织机构设置要服务于发展目标

案例描述：

北京广渠门中学大力推行以人为本的教育理念。在推行过程中发现，学校领导在工作中虽然付出了全部的精力和热情，但由于系统的管理机制缺乏、资源配置不尽合理等原因，制约了学校的进一步发展。基于上述背景，领导班子进行了深入分析，认为学校管理目标和思路虽然发生了改变，但在运行中受到了传统的、经验性的学校管理模式的制约，表现为以管理者为中心，无论对学生教育还是为学生发展服务经常会出现部门管理内容重复、工作低效和脱节等现象。

自2004年7月始，学校努力探索机构改革，尝试进行资源重组、优化调整工作，撤销学校原有的总务处、德育处、教务处，成立资源部、学生部、课程部，其中每个部各分三个中心。资源部的主要职能是立足于学校的可持续发展，合理调配人力、物力、文化资源等，并使之发挥最大效益。课程部的工作主旨在于落实"以人为本"的办学思想，将其职能转移到课程改革、课程管理和教师的专业发展，全力进行相应的科研课题研究上，寻找更适合教师、学生发展的空间，探讨新形势下教师教法与学生学法的结合。学生部下设学生服务中心、学生管理中心和学生活动中心，其工作主旨在于坚持德育为首，塑造学生健全人格，促进全体学生的全面、主动发展。新的管理机构设置，使得学校多年来对教育管理机构的想法成为现实：凸显课程在学校工作中的核心作用和学生在学校工作中的中心地位，以及配置资源在未来学校管理中的重要作用，更重要的是把"以人为本"落到实处。经过一段时间运行，学校管理状态发生了新变化，学校管理机构运行服务于学校发展目标的能力明显得到了提高。

案例评析：

上述案例中，学校的机构改革绝不仅仅是管理机构名称上的变化，其重要意义在于突出新时期学校教育的服务功能，强化以学生为中心的教育管理思想，明确课程在学校工作中的核心地位，保障新课标全面、科学、顺利地实施，体现了学校进一步控制、协调"产出产能平衡"，加强资源合理配置的理念。各部门的职能总量必须覆盖学校全部工作，但部门的职能相互不要产生交叉重叠，强调的是分工合作。

----

3. 建立岗位责任制

岗位责任制是指中小学根据各部门和工作岗位的性质和业务特点，明确规定其职责、权限，并按照规定的岗位绩效标准进行考核及奖惩而建立起来的制度。建立各部门岗位责任制，明确管理部门和责任人的具体职责，是实施目标管理的最终落脚点。这要具体考察以下两个方面。

（1）考察部门岗位责任制是否完善。其一，从办学总体目标和任务出发，对各部门及其工作人员的职责范围、主要任务、完成任务的质量标准等做出明确规定。其二，要从学校工作整体性出发，对每一个部门及其工作人员同其他部门及其工作人员的协作关系做出明确规定，便于运转中的协调。其三，要从学校工作的程序性出发，对一个部门及其工作人员的工作程序做出恰当规定，对其应履行的责任做出具体的规范和引导。

（2）考察是否有落实机制。实行岗位责任制的根本要求是对学校总体职责，各部门和岗位的工作内容、工作质量以及完成工作的程序、标准、时限，享有的权力和承担的责任等做出明确规定。这些规定和要求要通过定期的考核检查机制予以落实。考核分为学期考核、学年考核，以管理过程中经常性的检查为主。检查与考核的目的都是便于岗位责任人改进工作、落实责任。

 案例 1.9

实施岗位责任制，既要讲分工也要讲合作

案例描述：

北京市立新学校是位于中心城区的一所普通初级中学。新一轮三年规划实施以来，学校根据教育发展和学校工作的实际需要，将原来的行政办公室、教导处、教科处、学生科、总务处等部门进行整合，重组为事务与发展部、课程与教学研究指导部、德育工作部、后勤资源部等部门，但对各部门的岗位责任未及时调整、明确、细化。因而校长在安排工作时，时常会产生责任不明现象，如上级安排的教学展示活动，有时由课程与教学研究指导部负责，有时由课程改革实验中心负责，有时由两个部门共同负责……时间一长，一些需要由两个或多个部门共同负责的工作

难免出现推诿扯皮现象。

经过反思，校长认识到了管理方法上存在的问题，并找到了症结：岗位责任不明确，工作安排随意性大。为解决这一问题，学校重新修订了岗位目标责任制度，明确了各岗位职责、工作目标、考核办法等。各部门各岗位分工明确，责任清晰，学校建立了"校长—分管副校长—部门负责人—教职员工"的岗位目标责任管理体系。对于特殊岗位，学校推行"一岗双责制"或"一岗三责制"，其中"一岗双责"的岗位职责包括德育职责和教育教学职责，"一岗三责"的岗位职责包括德育职责、教育教学职责和安全职责，教师资源得到了有效利用。

如今，学校管理中的推诿扯皮现象不见了，代之以各部门根据自己的岗位职责和工作目标，创造性地开展工作。校长的角色也由各项工作的指挥者、部门之间的"调解人"和"裁判员"，变成了学校发展的规划者和学校工作的指导者。

案例评析：

这个案例描述的是学校在机构改革、部门整合中建立和不断完善岗位目标的过程，充分说明了岗位目标责任制在学校管理中的重要性。案例给我们的启示有以下三点。

一是岗位目标职责必须明确、细化。案例中该校开始的改革只是对部门进行了重组、整合，却并没有对岗位职责进行明确细化，导致各部门在工作上相互推诿扯皮。细化了岗位目标职责之后，各部门工作积极性与主动性大大提高。

二是岗位目标职责应坚持既分工又合作的原则。学校不是生产机器的工厂，有许多工作需要多个部门共同参与、共同负责。该校提出的"一岗双责制"或"一岗三责制"制度创新，既充分体现了这一原则，同时也践行了"全员育人"的教育理念。

三是校长要注重在学校岗位责任制运行中的统筹协调和指

导。从案例中看出，校长发现学校工作不能正常开展，积极查找原因，主持制定了岗位目标责任制，并进行制度创新，使学校工作步入正常运转轨道。这表明校长在岗位目标责任制实施过程中起着重要的统筹协调作用。

（二）发展规划

学校发展规划是学校根据国家或地区教育发展战略要求，结合自身条件，对未来3～5年内要达到的主要目标和发展途径，如发展目标、发展规模与速度、组织结构、人力资源、办学条件和实施策略等方面所做的系统安排。学校发展规划呈现的是学校在某一时段的发展方向和程度，也就是告诉人家"办怎样的学校"。科学规范的发展规划既是中小学自主办学的行动指南，也是学校实施自我评估和监控的标准和依据。

除建立常规的目标管理体系，实行自主管理还要求学校对于特定期限（通常为3～5年）的目标以校本化、主题性的发展规划的形式呈现出来。发展规划文本中呈现的内容应包括：规划名称（其中应含校名全称）；规划执行的起止年月（即规划时间）；背景分析；办学理念（或办学指导思想）与发展思路；发展的目标定位，包括办学目标、培养目标；领域目标，即发展项目及其工作举措；保障措施与实施策略；阶段目标、成功标志及责任人。对发展规划的制定实施的评价主要考察以下几个方面。

1. 发展规划的制定

（1）考察基础条件分析是否全面、客观。编制规划之前最重要的任务是要从内部、外部两个方面分析学校发展的基础，回答"目前在什么地方"。内部因素包括历史沿革、领导班子状况、教师队伍情况、课程与教学情况、管理运行状况、学生发展基础等。外部因素包括学校所处的地理位置、社区经济社会发展水平、家长和居民对学校发展的需求、社区可以为学校服务的资源等。针对以上情况，分析应突出两个方面的重点。一是发展优势。总结学校已经取得成绩、经验和形成的办学特色等，列出办学条件方面的主要优势。二是面临的主要问题。分析学校自身发展存在的主要困难和问题，包括办学条件在内的制约学校发展目标实现的关键性因素，主要关注规划期限内需要解决并经过努力可以突破的问题。这两个方面的重点分析，关键是要做好归因分析，尤其是从管理运行机制上找出制约发展的根本问题，从"扬长优势"和"克服弱势"方面寻找规划的突破口，并据此研究确定规划期限内的重点实施项目。

（2）考察是否注重教职员工、家长和专家的参与。在科学的规划制定过程中，为充分体现现代教育理念和教育改革发展的要求，可以邀请教育管理专家和专业研究人员参与，请他们对办学思路、目标设计、重点项目等给予专业的指导和建议。在对学校发展背景和现状进行分析的过程中，应当广泛发动教职员工共同参与，全面听取社区、家长的意见。这样的过程，有利于教职员工形成共识，将学校先进的办学理念和发展目标落实到具体的教育教学行为之中，也有利于家长、社区了解学校发展方向，在学校和家庭、社区之间形成实施规划的合力。

2. 发展规划的实施

（1）考察发展规划是否有重点项目的支撑。发展规划是一种战略工具，需要实施者确立战略思维。这种战略思维首先可以表现为一组经过科学设计的战略措施，呈现在规划文本中，便于在实施过程中发挥总体指导作用。这种战略思维也可以表现为特定的项目载体，即提出体现办学思想、引领学校发展目标的重点实施项目。重点实施项目通常以某一领域改革任务为核心，同时又能辐射到各领域工作目标，带动学校全局工作推进。重点实施项目还需要依据阶段性目标和任务的分解，提出实施完成后的检测标准。

（2）考察是否形成规划实施的责任机制。学校要建立与完善规划实施的目标责任制，明确规划的阶段性目标，将任务分解到部门与教师，责任到人，并采取切实有效的监控措施，加强部门与个人的自我监控与调节，通过双向互动、团队合作，增强教职工的主体意识和实施能力，提高规划目标的达成度，实现共同发展的良好愿景。学校还要为责任机制的实施提供制度保证和资源保障。

 相关链接

××学校发展规划的实施战略（节选）

三、实施战略

（一）主战略：组织发展

1. 形成并巩固办学和教育特色。提高自我期待，扩展发展视野，精心打造学校文化，使学校与区域发展相匹配。积极探索面向未来，符合区域特征、学生发展需求和家长需求的学校课程体系。

2. 推行团队自主管理。对学校组织设计进行实践探索，着手进行机构职能调整，明确岗位职责，提高各项制度的规范性和有效性。建立规范而严整的规章制度系统，实行问责制，使各项工作的缺陷减到最小。

3. 持续提升管理效能。逐渐实行竞争机制和激励机制，应实行管理干部的任期制、评议制和选聘制，提高管理层的素质。加强教师和学生的评价体系建设。

（二）学校发展辅助战略之一：系统发展

1. 利用所处社区的优势，将文化资源转化为课程和教育资源。寻找与学术机构、知名学校的合作机会，为学校未来发展注入新的活力。

2. 培养或引进课程专业人员，并在制度上保证课程建设的开展；积极培植学校课程文化，建立学校课程管理体系。

3. 实施精细化教育，尽力满足家长、学生多样化的教育需求。拓展办学空间，以鲜明的办学特色和文化赢得未来。

（三）学校发展辅助战略之二：个体发展

1. 提高教师的学校文化认同。发挥教师的潜能，激发教师发展自身的愿望；给予教师更多的参与学校决策的机会，提高他们的工作积极性和主动性。

2. 完善教师发展的保障机制。依法建立教师聘任和解聘方面的工作程序；改革人员经费的分配结构，提高教职员工在收入上的满意度，提高他们的成就感、可控感和职业稳定性。

3. 致力于现代的多元发展理念下的教师发展。建立适合本校的校本化教师培训和教研模式，帮助每个教师获得良好的发展，并使教师认知与行为达成更高一致性。

----

3. 发展规划的自主评价

发展规划实施是一个循环过程，其中规划自评制度是形成学校发展封闭环的重要节点。因此，学校要把自评作为促进学校依法办学和自主管理的一项重要举措，实现学校规划自主评价与外部评价互动。要根据学校自身发展的需要，健全学校内部管理信息系统，建立学校发展规划的年度自评和综合自评制度，准确设定自评目标，建立健全自评组织，严格规范自评程序，将自评与学校日常管理中的评价考核有机结合起来。考察学校发展规划的自主评价，主要看两点。

（1）考察是否注重多方主体参与。多方主体的参与，能使自评过程成为自我诊断、自我调控、自我完善、自我发展的过程，从而积极推进现代学校制度建设。因此，在发展规划自主评价过程中，学校要扩大自评主体的参与度，重视教师、学生的互动评价，重视社区、家长及教育督导等部门的意见反馈，对自评发现的问题采取积极的整改措施。

（2）考察是否注重自评结果的应用。学校在形成自评结果后，可以通过研讨会等形式帮助部门和管理人员重新认识自身，改进各自的工作。另外，要根据规划中学年目标的达成情况、面临的新问题，对规划中各领域的目标进行调整。

 **相关链接**

某校实施发展规划学年度自主评估的程序

1. 每个学年末，各责任人对照自评指标体系（由学校发展规划而定），结合工作进行领域的年度自评。

2. 各个领域的负责人将自评的结果向全体教职工进行汇报，每位教职工在听完各领域负责人的自评结果汇报后，填好学校下发的学年度目标达成度的评估意见征询表并上交到学校。

3. 学校召开各领域负责人会议，将汇总的教职工的评价意见反馈给各领域负责人。

4. 各领域负责人根据反馈的意见来修改本领域自评报告，形成领域学年度自评报告。

5. 学校领导小组对领域的自评意见进行考评。学校领导小组在此基础上进行整体性的书面汇总，形成学年度规划自评报告（初稿）。

6. 学校领导小组在充分听取家长、社区、教职工、学生代表的意见基础上修改并定稿。

7. 召开教职工代表大会，校长向代表做学校发展规划学年度自评报告，并在校园网上公示。

8. 汇总自评内容，做好资料的整理并归档。

（三）特色创建

办学特色是指一所学校在长期办学实践中逐步形成，并在教育思想、管理运行、教育教学活动，以及校风、教风、学风等多方面综合体现出来的稳定的特点与风格。创建办学特色，既是中小学满足学生、家长、社区多样化的教育需求，也是学校传承历史、实现自主发展的要求。办学特色发展的最高阶段是发展成为特色学校。对中小学创建办学特色主要考察以下三个方面。

1. 办学特色的创建条件

创建办学特色需要确立科学的态度和方法。办学特色是学校在物质设施、规章制度、观念精神等层面上，经过长期的不断积累、调整、充实和发展，逐步形成的稳定的特色和传统。

考察办学特色的创建主要考察学校是否具备以下基本条件：（1）是否有先进的办学理念和教育思想支撑，并渗透于课程建设之中；（2）是否有独特的、师生共同认同的发展目标，办学特色是否成为全校师生以及家长和所在社区的共同认知；（3）是否有一支具有专门特长、育德能力强、能发展特色项目的教师队伍；（4）是否有相应的教育教学设施、环境和学校文化；（5）是否有学生广泛参与和支持，并有一批有个性特长的学生。

2. 办学特色创建的过程

办学特色反映的是个性化的办学风格。所谓办学风格，由办学理念、管理制度、师资力量、课程载体、学生素质等一系列相互关联的要素按照一定的方式组合而成。选择怎样的办学特色，要根据学校发展的实际而定。创建过程的考察主要考察所经历的阶段。

（1）考察如何依据办学优势，选择切入口。办学特色创建总是首先从办学思想、教育模式、管理模式等方面选择一个作为突破口，而后逐步向其他方面渗透。

（2）考察所提出的创建目标和规划及其实施。学校领导层要树立创建办学特色的意识，并充分体现在学校管理实践中，既要有特色创建的总体规划，也要有职责分明的管理网络，渗透于学校全局工作中，成为全体师生自觉参与、共同追求的办学目标。

（3）考察总结成果及其对学校全局工作的辐射作用。创建过程中要对照目标进行阶段性总结，以调整后续创建思路和措施。

（4）考察提炼与特色成果的宣传。在获得一系列预期成果基础上，要进行深入的提炼总结，尤其要概括其精髓，便于认知，最终获得家长、社会的广泛认可与支持。

3. 办学特色服务于师生发展的状况

全体师生是办学特色创建最重要的主体，也是办学特色成果的主要享用者。只有服务于全体师生发展的办学特色，才是真正意义上的办学特色。办学特色创建的决策和顶层设计应在学校管理者组织下完成，但是其实施、成果形成和展现则需要全体师生的共同参与。考察办学特色是否服务于师生发展可以从两方面展开。（1）考察是否依据学校发展规划、重点实施项目和办学特色创建计划，让全体管理人员、教师和学生全面参与创建的具体过程，使办学特色创建思路与规划落实于学校具体的教育教学和管理活动中。（2）考察办学特色创建的主要宗旨是否服务于教师的专业发展和学生的全面发展，由此检验办学特色是否有成效，是否惠及全体师生的发展。

 案例 1.10

办学特色要服务于学生发展

案例描述：

信心教育是山东省潍坊四中着力创建的办学特色，它以培养学生的自信心为切入点，引导学生客观正确地认识自我、评价自我，最大限度地挖掘和发挥潜能，成就自我，享受人生。学校是由三所学校合并而成的一所普通高中。2008 年，韩校长走马上任。面对学校生源质量差、基础条件薄弱等现状，韩校长认为，要使学校尽快走出低谷，必须选准发展突破口，确立一个能够让师生认可的愿景。为此，该校根据学生的身心发展规律，确立了创建以信心教育为办学特色的目标，让每一个学生在信心教育理念的感召下，体现自身的潜能和生命价值，从而自信乐观地学习和生活。

为确保信心教育顺利实施，该校创建了信心教育研究核心团队，以课程与教学为重点系统地开展信心教育。（1）多元课程：信心教育的有效载体。学校把丰富多元的课程设置作为信心教育的核心要素和有效载体，除国家课程之外，注重对国家课程的二度开发，形成了师本化、生本化课程。围绕核心文化，结合校本资源，开设了40多门校本课程。创设了适合学生选择的教育，让学生在自主选择中树立信心。（2）高效课堂：体现信心价值。学校将信心教育植根课堂，通过"三案导学、六步探究"的课堂教学改革，努力打造"自主、合作、探究"的高效课堂。力求做到每节课都让师生的生命活力涌动起来，体现生命的价值，让每一个学生享受多姿多彩的精神生活，让信心教育在课堂上得到充分展示。（3）社团活动：锻造学生自信。学校特别重视社团建设，尊重学生选择，成立了74个学生社团。社团活动丰富了学生的学习生活，有利于培养和锻造学生自律、自信、自强的品质，帮助学生张扬个性，复苏被分数、高考压抑的兴趣、爱好、特长。

案例评析：

这个案例描述的是山东省潍坊四中在对学生实施信心教育方面的做法。这些做法促进了办学思想不断完善，服务于学生发展。案例有以下三点启示。

一是办学特色必须以先进的办学理念为引领。一所学校的办学特色，实际上就是该校办学思想的个性化表现。学校在办学特色创建过程中，遵循"特色立校、特色强校"的发展思路，始终坚持以核心文化理念为引领，并在实践中不断完善升华办学理念。

二是办学特色必须立足学校实际，找准创建突破口。该校针对基础条件薄弱、生源质量较差的实际，全面审视学校发展面临的机遇和挑战，在科学分析论证的前提下，确定了信心教育的办学特色，并成为广大师生的共同愿景，打造出自己的个性化品牌。

三是办学特色必须服务于学生发展。该校借助校园文化、课程建设、课堂改革、社团活动、小课题研究等一系列围绕信心教育实施开展的行动研究，使办学理念转化为教育教学实践，并转化为学生自信心的增强和综合素质的全面提升。

- -

三、民主监督

民主监督是学校规范办学、科学管理的重要保障。在依法实行校长负责制的同时，学校管理者需要主动接受来自校内成员和社区的监督。

中小学内部的民主监督要以完善校长负责制这一根本管理体制作为重要目标，具体包括党组织的保证监督、各方对学校决策的参与、教职工的民主监督等。

（一）实行校长负责制

校长负责制是目前我国中小学实行的校内领导体制。1993 年，《中国教育改革和发展纲要》规定："中等及中等以下各类学校实行校长负责制。校长要全面贯彻国家的教育方针和政策，依靠教职员工办好学校。"校长负责制的内涵要点是：在上级党组织和教育行政部门领导下，校长对学校的教育教学和行政管理工作全面负责；学校党组织发挥政治核心作用；教职工代表大会参与学校民主管理、民主监督。

校长负责制是一个制度体系，校长全面负责只是一个方面的要求。校长是学校的法人代表，按有关规定行使职权，履行职责，并代表政府承担管理学校的全部责任。校长对学校的各项工作，包括教学、科研、行政管理等全面负责。同时必须处理好党组织保证监督、教职工民主管理与校长全面负责的关系。党组织主要通过发挥政治核心作用，对校长负责制实施起到保证监督作用。教职工代表大会制度是教职员工对校长负责制进行监督的重要形式。

完善科学民主的决策机制，是发挥校长负责制在学校依法办学、民主管理中的作用的重要基础。在不同时期，国家都对中小学实行多方参与的民主决策机制提出了要求。1985年，《中共中央关于教育体制改革的决定》在提出逐步实行校长负责制的同时还指出，"有条件的学校要设立由校长主持的、人数不多的、有威信的校务委员会，作为审议机构"。《教育规划纲要》提出，不断完善科学民主决策机制。《依法治校纲要》提出，建立有教师、学生及家长代表参加的校务委员会，完善民主决策程序。中小学校务委员会已在部分地方有过试点实践，取得了一定经验。

 案例 1.11

校务委员会的试点

案例描述：

2002年，南京在全国率先开始中小学校务委员会试点。南京市第十三中学作为首批试点学校之一，设立了校务委员会。校务委员会的主要职能是：讨论决定学生管理方面的具体要求、学生重大的学习和社会活动、学生经费；论证学校办学的重大规划等，如学生到校时间、晚自习、奖励处罚规定、社会实践活动、学校代办费的支出；讨论决定教育教学的重大改革。校务委员会由11人组成，其中家长代表6人，教师代表1人，其他社会代表2人，学校行政领导2人。学校通过学校章程明确校务委员会的定位、职能、工作原则等，以保证校务委员会的合法性和权威性。

在总结试点学校经验的基础上，南京市教育行政部门以文件形式明确规定了校务委员会的人员构成、工作方式及职能。校务委员会要由学校领导、教师代表、家长代表、社区代表、专家学者、社会贤达人士等组成，高中、中等专业学校还应当有学生代表，其中家长代表和社会代表的人数要占委员总数的三分之二。校务委员会每学期至少召开两次例会，会议除通报学校办学、管理和发展情况，听取委员的意见和建议外，重点是审议与学生切身利益相关的重大事项。主要包括：宣传学校的发展规划和重大决策，调动各方面的积极性；提供社会对教育的需求信息，提出完善学校管理和学生教育的建设性意见，反映学校服务对象的意见和建议；对学校或者校务委员会委员代表提交的有关学生管理、学生发展和涉及家长切身利益的事项进行审议并做出相应决定；对学校执行教育法律法规、实施素质教育等工作进行评议和监督。

案例评析：

在上述案例中可以发现，校务委员会的建立，对于增强学校决策的科学性和可行性、维护学生和家长的权益等起到积极的作用。这种改革打破了学校自身相对封闭的状态，将家长、社区、社会的力量引进学校决策管理过程，并根据办学和社区特点，在试点基础上让校务委员会成员可以享有知情权、参与权，以及表决权、监督权等权利。南京的校务委员会制度试点，在实践中经历了由咨询建议，到部分参与学校决策，再到作为学校管理体制的组成部分这个过程，最终成为校长负责制的补充和完善。这一探索为中小学完善民主决策机制提供了借鉴。

（二）发挥党组织的保证监督作用

党组织的保证监督在校长负责制中具有重要地位。中小学党组织担负着联系、宣传、组织、团结全体教职工，把党的路线、方针、政策落实到学校的重要责任，为全面实施素质教育提供坚强的政治、思想和组织保证。中小学党组织主要发挥政治核心作用，具体表现为：保证党的基本路线和党的教育方针在学校的贯彻执行；加强学校党组织的思想建设、组织建设和作风建设；领导学校的思想政治工作；参与学校重大问题的决策；按照党管干部的原则，加强对学校干部、教师的教育、管理和监督；领导教职工代表大会，充分发挥教职工代表大会参与学校民主管理和民主监督作用；对学校工会、共青团等群众组织实行政治、思想、组织领导，支持它们围绕党和学校中心工作，根据各组织的章程和特点，独立负责地开展工作；做好学校的统一战线工作。

党组织的保证监督作用还表现在对学校教职工代表大会的领导。《学校教职工代表大会规定》明确规定，教职工代表大会在中国共产党学校基层组织的领导下开展工作。学校工会就学校民主管理工作向学校党组织汇报，与学校沟通。教育部、中华全国总工会《关于学习宣传、贯彻实施〈学校教职工代表大会规定〉的通知》提出，"要探索建立和完善党委领导、行政支持、工会运作、教职工参与的学校教职工代表大会工作机制"。

（三）教职工民主参与

发挥教职工民主参与管理的作用是保证校长负责制规范执行的要求。教职工民主参与是学校管理的重要组成部分。《教育法》《教师法》等法律都对教职工参与学校民主管理和监督做了具体规定。《教育法》规定，"学校及其他教育机构应当按照国家有关规定，通过以教师为主体的教职工代表大会等组织形式，保障教职工参与民主管理和监督"（第三十条）。《教师法》将教职工参与民主管理作为教师的权利之一，"对学校教育教学、管理工作和教育行政部门的工作提出意见和建议，通过教职工代表大会或者其他形式，参与学校的民主管理"（第七条）。

《学校教职工代表大会规定》对教职工代表大会的职权、代表、组织机构等已做出具体规定。教职工代表大会的职责是代表全体教职员工对学校各项决策提出意见和建议，对学校工作实行民主管理、民主监督，充分发挥教职工的主人翁作用。《学校教职工代表大会规定》第十三条又对教职工代表大会的代表享有的权利细化为：（1）在教职工代表大会上享有选举权、被选举权和表决权；（2）在教职工代表大会上充分发表意见和建议；（3）提出提案并对提案办理情况进行询问和监督；（4）就学校工作向学校领导和学校有关机构反映教职工的意见和要求；（5）因履行职责受到压制、阻挠或者打击报复时，向有关部门提出申诉和控告。其中，依据《学校教职工代表大会规定》，学校提出的与教职工利益直接相关的福利、校内分配实施方案以及相应的教职工聘任、考核、奖惩办法，都要经过教职工代表大会讨论通过才能施行。

依据规定，有教职工 80 人以上的学校，建立教职工代表大会制度；不足 80 人的学校，建立由全体教职工直接参加的教职工大会制度。教职工代表大会每 3 年或 5 年为一届。教职工代表大会每学年至少召开一次。教职工代表大会须有 2/3 以上教职工代表出席。教职工代表大会实行民主集中制的组织原则。

学校工会作为教职工代表大会的工作机构，承担与教职工代表大会相关的工作职责。

案例 1.12

教职工提案缘何陷入冷门

案例描述:

　　某实验小学是一所有着 60 多年办学历史的名校。张校长调任该校不久,就收到了一位老教师的来信。在信中,这位教师站在学校发展的高度,从学校管理、教育教学、评价机制等多个方面谈了对学校现状的观察与思考,并提出了一些切实可行的建议,表达了对学校未来发展的美好愿望。透过这封诚恳的来信,张校长似乎感觉到教师们对学校发展怀有高度的责任感。可是,新学期教职工代表大会召开前教师提案征集反馈寥寥这一情况,又使张校长十分惊讶。

　　针对这一问题,张校长提请工会组织老中青教师座谈会征求意见,同时自己深入教职工中走访,终于找到了根源所在。首先,是教师个人思想认识的局限性。很多教师习惯将自我定位在一名普通教师的身份,认为自己的工作就是备课、上课、批改作业,至于学校管理及未来发展,属于管理层的范畴,与自己似乎无关,因而不太关注。其次,就是过去学校在提案征集中往往流于形式,对教职工的提案重视不足,许多本来好的意见和建议得不到有效落实,教师们认为提了也白提,因而在建言献计方面不够积极主动。

　　根源找到了,核心是教师的参与意识不强,说到底是学校民主管理的问题。为解决这一问题,张校长与教师们一起学习《教育法》《教师法》,拓宽视野,以调动教师参与学校管理的积极性。在此基础上,建立了问题征集与认领制度。学校定期召开教师座谈会,鼓励教师为学校发展建言献策;每学期举行"爱学校·我建言"等合理化建议有奖征集活动，及时发现学校工作中存在的问题。每次建议征集活动后，学校都会组织专门人员对建议进行分类整理，对需要整改落实的问题建立台账，然后由各处室进行"问题认领"。能够短时间解决的尽快解决，一时难以解决的，也及时向教职工说明白，保障教师的知情权。这样一来，教师反映的情况，绝大部分都能得到有效落实。

案例评析：

  这是一个关于学校民主管理的案例，案例中所反映的情况具有普遍性。该校教师在提案征集中不积极不主动，固然有自身定位的原因，但更重要是学校民主管理的缺失，校领导在想问题、做决策时没有把教师当作真正的主人。张校长从源头上找到了症结，并对症下药，从而使问题得到解决。案例有以下两点启示。

  一是学校要为教职工参与学校管理提供机会。要采取各种措施调动教职工参与学校管理的积极性，唤起广大教师的民主意识。上述案例中，张校长就是通过建立有效的问题征集与认领制度，为教师充分参与管理创设机会，同时对教师所提的合理化建议高度重视并妥善解决，从而赢得了教师的信任，有效地改变了以往教职工提案因为只重提、不重改而走形式的弊端。

  二是学校要引导教师把参与学校管理当作自己的责任。《教师法》《教育法》都明确规定了教职工参与学校民主管理的权利，作为教师，应当积极主动地参与学校民主管理，积极为学校发展建言献策。同时，教师在工作中应发挥自己的主动性、积极性和创造精神，增强工作的责任感、使命感和主人翁意识。

四、社会参与

学校存在于社区，其发展也依托于社区，让社区参与学校发展有助于实现学校系统与社会大系统的协调。社会参与是指学生家长、社区组织通过相应的机构或形式，按照规定程序参与学校管理与教育活动。加强家庭、社区与学校的沟通与合作，形成家庭、社区与学校的良性互动机制，是中小学建立现代学校制度的必然要求。

（一）家长参与

发挥家长在学校管理和教育活动中的作用，对于优化育人环境、形成教育合力、促进学生全面发展具有重要意义。对家长参与情况的考察，一般是看各级家长委员会参与学校管理，以及全体家长与学校有关部门和教师个体合作开展教育活动的情况。

1. 建立家长委员会

建立家长委员会是发挥家长在学校管理与改革中积极作用的有效途径，是构建学校、家庭、社会密切配合的育人体系的重大举措。2012 年，教育部下发了《关于建立中小学幼儿园家长委员会的指导意见》，就建立中小学和幼儿园家长委员会工作提出了基本规范。意见提出，中小学要从办好人民满意教育的高度，把家长委员会作为建设依法办学、自主管理、民主监督、社会参与的现代学校制度的重要内容。要求有条件的公办和民办中小学和幼儿园都应建立家长委员会。

发挥好家长委员会支持学校工作的积极作用，要针对学校教育和家庭教育的突出问题，重点做好德育、保障学生安全健康、推动减轻中小学生过重课业负担、化解家校矛盾等工作。

（1）考察中小学家长委员会主要考察其在学校的指导下履行职责的情况。其一，参与学校管理。对学校工作计划和重要决策，特别是事关学生和家长切身利益的事项提出意见和建议。对学校教育教学和管理工作予以支持，积极配合。对学校开展的教育教学活动进行监督，帮助学校改进工作。其二，参与教育工作。发挥家长的专业优势，为学校教育教学活动提供支持。发挥家长的资源优势，为学生开展校外活动提供教育资源和志愿服务。发挥家长自我教育的优势，交流宣传正确的教育理念和科学的教育方法。其三，沟通学校和家庭。向家长通报学校近期的重要工作和准备采取的重要举措，听取并转达家长对学校工作的意见和建议。向学校及时反映家长的意愿，听取并转达学校对家长的希望和要求，促进学校和家庭的相互理解。

（2）考察学校是否为家长委员会开展工作提供必要的条件。其一，完善学校科学民主的决策机制，保障家长委员会有效参与学校管理。其二，完善科学的评价机制，保障家长委员会对学校工作实施有效监督。其三，开放教育教学活动，保障家长委员会参与教育工作。其四，建立学校与家长委员联席会议制度，定期通报情况，保障沟通渠道畅通，确保家长委员会依法、规范、有序、有效地开展工作。

 案例 1.13

- -

家长委员会——家校矛盾的缓冲器

案例描述：

2011 年 5 月，张督学来到一所位于镇政府所在地的初中学校，就一位家长投诉该校拖延放学时间问题进行查处。到校后，随机抽取了两个班的学生进行了问卷调查，又分别对 5 名教师、3 名干部进行了个别访谈。师生均反映，学校一贯严格按照上级规定进行作息。同时获知这位家长的投诉源自一次偶发事件：前一天下午，学校邀请了一位专家给学生做关于心理健康的报告，由于专家与学生互动较多，报告时间比预计多了 30 分钟，从而导致学校拖延了半个小时放学。督学也注意到了该校在家校沟通方面存在的一些问题：一是家校合作意识不强；二是三级家长委员会建设还不够规范。

在督学建议下，学校组织有关部门制定了具体的改进措施。第一，规范家长委员会建设。学校发动全校教师在暑假期间开展"百名教师访千家"活动，家访时重点向每位家长宣传建立家长委员会的意义，同时对那些有能力、有精力、有时间、有热情的家长进行重点动员。在新学年开学后一个月内，在个别班级进行民主选举家长委员会试点的基础上，全校进行自下而上的三级家长委员会民主选举，产生新一届家长委员会。学校为家长委员会设立专门的办公室，配备必要的办公用品，为家长委员会开展工作提供方便。第二，设立家长开放日及规范家长委员会建设，真正落实家长的知情权、参与权、监督权和管理权，让家长委员会在学校改革和发展中起到积极作用。

案例评析：

这个案例描述的是督学针对家长投诉，到一所学校进行查处，与校长一起查找问题、制定措施，从而使问题得到有效解决的过程。从中我们可以得到以下两点启示。

第一，学校应当高度重视家校沟通与合作，正确认识家长在学校发展过程中的作用。随着形势的发展和社会的进步，家长要求参与学校管理的意识日益增强。作为学校，要注意保护家长的这种热情，采取有效措施引导家长积极参与学校管理，确保家长的知情权、参与权、监督权和管理权。

第二，家长委员会建设是落实家长参与权的重要环节。要通过家长委员会的组织建设发挥家长参与学校管理、支持学校改革、提高家庭教育能力的作用。同时，家长委员会也可以成为沟通家校关系的桥梁、化解家校矛盾的缓冲器，从而有利于促进学校实现预期发展目标，更好地满足家长的教育需求。

---

2. 促进家校合作

提高家长的教育能力是促进家校合作教育的核心要求。引导家长参与家校合作可以改善家长期望，提高合作实施教育的能力。还可以增加学校与家庭双方的信任感和合作意愿，降低信息成本和合作成本，促进家长与学校在教育方面的有效合作。

《小学管理规程》规定，小学应主动与学生家庭建立联系，运用家长学校等形式指导、帮助学生家长创设良好的家庭教育环境。《中小学德育工作规程》规定，中小学要通过建立家长委员会、开办家长学校、家长接待日、家长会、家庭访问等方式帮助家长树立正确的教育思想，改进教育方法，提高家庭教育水平。

案例 1.14

让家长成为学校的重要后援

案例描述：

山东省潍坊高新双语学校有千余名师生，其中大多数学生的午餐在学校解决。随着冬天的到来，水转凉，孩子们的洗手问题便成了件"发愁"的事情。在一次家长委员会会议上，一位家长提出了安装热水器的建议，经过举手表决，一致通过。市场考察、召开听证会、设计标书等"核心"工作，全部由家长委员会负责。学校最终在教学区的每个楼层安装了一台即热式热水器。这是该校家长委员会发挥作用的一个缩影。

为了让家长充分参与学校的日常管理，该校在建校之初就设立了班、校两级家长委员会。班级家长委员会每个班 3~5 人，推选出一名负责人，兼任学校家长委员会成员。家长委员会在建立起信息双向传递机制的同时，在学校课程建设上也发挥着独特的作用。在一次家长委员会的例行会议上，有一位在医院工作的家长提出了给孩子们上一节眼睛保健课的想法。经过学校同意，这位家长上了一节让孩子们耳目一新的课。这为学校提供了灵感——何不把各行各业的家长引入课堂，使孩子们的知识和视野得到扩展？于是，学校对家长的情况进行了全面统计。统计发现，学生家长所从事的行业几乎涵盖了包括财政、卫生医疗、交通、电力、公安、教育等所有的领域。学校与家长委员会进行了协商，将"家长进课堂"作为一项常规工作来抓。每个班每月至少组织家长进课堂两次，每月每班在家长委员会组织下进行一次实践活动，孩子们在活动中得到实实在在的收获。

家长委员会建设架起了家校共育的桥梁，实现了家校教育一体化，尤其像家长课程资源的开发，丰富了学校的教育教学活动。目前，该校家长通过家长委员会全面参与学校的决策、管理、监督和评价等。

案例评析：

这是一个通过学校家长委员会建设促进家校沟通交流、改善家校关系、开发家长课程资源、实现家校共育的典型案例。

山东省潍坊高新双语学校在办学实践中重视家长委员会建设，使家长成为学校教育的重要支持力量。从中我们可以得到以下两点启示。

第一，家长委员会在家校共育中发挥了桥梁纽带作用。现实的教育活动中，家长和教师、和学校发生冲突的事情并不鲜见。然而事实上，绝大部分冲突是因为误会，是因为相互之间接触少而不了解。该校建立了从班级层面到学校层面的家长委员会，开展常态化的活动，彼此增进了了解，不但解决了家校关系紧张的问题，而且使家长主动参与到学校建设中来，帮助学校解决实际困难。冬天用热水洗手问题的解决就是一个极好的例子。

第二，家长委员会为学校提供了丰富的家长课程资源。每位学生家长都有着独特的人生经历、职业背景、兴趣爱好、技能特长等，家长委员会把优质家长资源提供给学校并作为课程，既可弥补教师在其他专业上的不足，又可给孩子们展示丰富多彩的职业世界，为孩子们将来的生涯规划提供某种参考，具备丰富、亲切和便利等特点。同时，家长课程的开发既能开阔孩子的视野，又能改变单一授课模式，对教师起到鞭策作用。

（二）社区参与

社区参与是指中小学建立社区有关机构和人士参与学校管理的制度，是一种学校与社区资源共享的机制。《教育规划纲要》提出，"建立中小学家长委员会，引导社区和有关专业人士参与学校管理和监督"。社区参与有利于学校克服决策和管理过程中的局限，拓展学校教育资源，促进学校与社区的融合。

1. 社区参与学校管理

社区相关机构可以成为学校发展的重要伙伴力量。我国有关教育政策早已对社区参与学校管理和教育做出了规定。例如，《小学管理规程》规定，小学应同街道、村民委员会及附近的机关、团体、部队、企事业单位建立社区教育组织，动员社会各界支持学校工作，优化教育环境。《教育规划纲要》又从现代学校制度建设高度出发，明确要求中小学依法健全社会参与学校管理的机制。对于社区参与学校管理主要考察以下两个方面。

（1）考察社区有关人士、机构和家长参与学校管理的机制如何建立，学校科学民主的决策机制如何完善。学校在引导社区参与管理过程中，可

51

以就发展规划执行、学校管理改进等情况，建立向社区单位和公众通报的机制。学校可以多种方式向社区通报学校改进计划实施情况，让公众全面了解并参与改进。

（2）考察扩大社区参与学校管理的渠道与方式。其一，主动邀请各方面人士参加学校重大节庆、主题展示、教育教学公开活动等，让社区人士亲身感受和理解学校发展状态。其二，吸收社区有关人士参加学校管理层对落实改进计划的总结会、研讨会等。其三，以问卷调查的形式与社区居民互动，既通报信息，又了解他们对学校改进的意见。其四，设立"接待日""意见箱""热线电话""电子邮箱"等，随时了解和吸收社区等对学校发展情况的意见。

 案例 1.15

社区参与学校办学目标决策的探索

案例描述：

在发展规划制定过程中，为了使社区、家庭深入参与学校办学目标决策，某中学成立了"社区参与学校决策委员会"，其中有 3 名社会代表、6 名学生家长，还有校长、各部门负责人和教师、学生代表。该委员会在规划制定中的具体职责是：研究学校办学的宏观与微观目标，制定学校长期与近期发展规划；研究学校发展过程中出现的问题，并提出解决方案。

该委员会成员在研究学校发展现状，广泛听取教师、学生、家长和社区人员意见的基础上，对学校远期、近期办学目标提出建设性意见。为了能够使该委员会与教师、学生、家长之间的信息交流畅通，学校在网站上公示学校办学目标决策草案，并开通有关学校办学目标决策的家长留言栏目；还通过电子邮件、电话和书信与委员会取得联系，阐述各自的意见和建议。学校还把办学目标决策草案以文本形式寄给社区人士及学生家长，以便广泛征求各方意见。根据委员会做出的决定，学校有义务调整自己的办学行为，并自觉接受委员会的监督。社区参与学校决策委员会的运作使学校从封闭走向开放，由于获得了社区人士及家长的广泛认同，所确定的办学目标也具有更大的感召力，对学校发展产生了更大的影响。

案例评析：

通过案例中学校为社区、家长参与学校决策提供平台的实践，我们可以得到以下两点启示。

第一，学校要充分认识社区参与对学校管理的意义。该校主动建立社区参与学校决策委员会，为社区人员提供参与学校改革管理的平台，旨在吸引社会各方面力量关心、支持学校建设，体现了学校主动回归社区、服务社会的指导思想。

第二，要为社区参与学校决策和监督提供有效的载体。案例中，社区参与学校决策委员会的职能不同于通常意义的家长委员会，主要是直接参与学校办学目标的决策活动，以及参与处理学校发展过程中出现的一些问题。参与办学目标决策在内的学校管理事务，是一种程度更深、影响更广的参与，对于提高学校的科学决策能力有重要意义。

----

2. 社区教育资源利用

学校是社区的一个部分，现代学校应回归社区，主要任务之一就是加强与社会的沟通和合作，加强学校与社区教育资源的相互利用。《中小学德育工作规程》规定：各级教育行政部门和学校要积极争取、鼓励社会各界和各方面人士以各种方式对中小学德育工作提供支持，充分利用社会上的各种适宜教育的场所，开展有益于学生身心健康的活动；引导大众传媒为中小学生提供有益的精神文明作品；积极参与建立社区教育委员会的工作，优化社区育人环境。学校应力所能及地为居民生活和社区发展提供一些公共服务。

对于学校、社区教育资源双向利用，主要考察以下两个方面。

（1）考察学校教育资源服务社区的措施。一是探索学校的教育设施资源（阅览室、教室、会场等设施），在确保学校使用不受影响的前提下尽可能向社区居民开放。二是加强与所在社区的合作，积极开展社区服务，创造条件开放教育资源和公共设施，参与社区建设，完善与社区、有关企事业组织合作共建的体制、机制。比如，教师和学生可以直接参与社区教育、宣传、敬老等公益活动。

（2）考察学校主动利用社会资源的措施、机制。一是将社区有价值的资源作为学校课程实施和德育活动开展的依托，丰富课程内容和形式，提高教育效果。二是探索借助社会资源和力量，加强学校安全管理，开展法制教育和其他有针对性的教育教学活动，改善学校周边环境。

学校在利用社会教育资源方面，也离不开政府有关部门的支持。各级政府和教育行政部门出台的政策可以发挥重要的导向和保障作用，有助于优质社会教育资源向所有学校开放并形成制度，让每一个学生都有机会公平地享受社会优质教育资源。例如，2011 年教育部下发了《关于联合相关部委利用社会资源开展中小学社会实践的通知》，为中小学利用社会资源提供了政策依据。该通知要求在公共机构、公共设施、国有企事业单位等建设中华传统文化教育、革命传统教育、法制教育、科学技术教育、文化艺术教育、国防教育、保护环境和节约能源资源教育、安全健康教育，以及经济建设和社会发展等多方面专题教育的社会实践基地。

学校如何主动用好社会教育资源

案例描述：

　　北京景山学校远洋分校依托大社区理念，在广阔的社区范围内发掘教育资源。有一个学生是天文迷，在他的带动下，一批同学也迷上了天文。学校为他们专门修建了天文台，但教师和家长中都没有能辅导他们的人。学校求助北京天文馆，并得到对方的大力支持。北京天文馆为那些爱好天文的同学们提供了专业设备和专业人员等宝贵资源。

　　如今，学校把合作对象扩展到社区，与石景山区园林局、妇联、环保局等 20 多家单位建立了合作关系，努力开发、整合社区教育资源，为学生成长创造良好的外部环境。有了社区单位的支持，学校组织的活动越来越多，并深受学生欢迎。比如，从 2009 年起，学校每年组织部分学生旁听区人大和区政协会议，让他们现场了解会议的内容和形式。高二学生赵若滨说："会议间隙，我们还和代表委员们交流，收获很大。这个活动让我们清楚地认识了国家的政治制度。"

　　在开发社区教育资源过程中，学校也积极推进社区教育资源的课程化应用，尝试以课程形式固化教育活动内容。学校还成立了由多家单位参与的创新人才培养协作体，并召开了协作体研讨会，探索联动培养人才的长效机制。政府则在学校利用社会资源方面发挥了重要纽带作用。比如，为了建立社会教育资源网络，石景山区加速区域中小学生社会大课堂资源建设。目前，已经落实 19 家单位为市级社会实践活动基地，60 多家单位成为区级社会实践活动基地。全区 52 所学校与这些资源单位结对，同时推进课程化应用，逐步形成社会大课堂应用系列课程。

案例评析：

　　在上述案例中，学校把自身视为社区的一个部分，积极发掘和利用社区的物质和人力资源为学校教育目标服务。这些社会资源的有效利用使教育活动平台得到拓展，学生视野因之而开阔，也促使学校教育活动从封闭走向开放，教育与社会实际紧密结合起来。该校在利用社会资源过程中还突破了临时举行活动的层次，与区内资源单位结对并建立了常态化的合作关系，明确了双方的职责。该校还积极推进社会资源的课程化利用，使之服务于学校课程目标，探索创新人才培养长效性协作机制，从而为学校培养目标的实现提供了有效载体。

第二章　学生管理

　　中小学教育的最终目的是为了学生的全面发展，为他们的终身发展奠定基础。1999 年 6 月，《中共中央国务院关于深化教育改革全面推进素质教育的决定》提出，全面推进素质教育，要坚持面向全体学生，为学生的全面发展创造相应的条件，依法保障适龄儿童和青少年学习的基本权利，遵循学生身心发展特点和教育规律，使学生生动活泼、积极主动地得到发展，造就有理想、有道德、有文化、有纪律的德智体美等全面发展的社会主义事业建设者和接班人。进入 21 世纪以后，教育部制定的《国家教育事业发展第十二个五年规划》和党中央、国务院制定的《教育规划纲要》，进一步明确"要以学生为主体，以教师为主导，充分发挥学生的主动性，把促进学生健康成长作为学校一切工作的出发点和落脚点"，"坚持德育为先，能力为重，全面发展，把学生身心健康摆在首要位置"，关心每个学生，促进每个学生主动地、生动活泼地发展，尊重教育规律和学生身心发展规律，为每个学生提供适合的教育。

　　学生管理的目标就是要贯彻党的教育方针，全面落实国家提出的教育要求，切实保证下一代的健康成长和全面发展。学校在学生管理方面的工作可以概括为四个方面：（1）加强学生的品德教育；（2）促进学生的体质健康发展；（3）加强学生心理健康教育；（4）加强学生学业状况管理。

一、加强学生的品德教育

　　学生思想品德状况如何，直接关系到中华民族的整体素质，关系到国家前途和民族命运。学校要高度重视对下一代的教育培养，努力提高未成年人思想品德素质。《义务教育法》规定："学校应当把德育放在首位，寓德育于教育教学之中，开展与学生年龄相适应的社会实践活动，形成学校、家庭、社会相互配合的思想道德教育体系，促进学生养成良好的思想品德和行为习惯。"《教育规划纲要》进一步提出，要坚持德育为先，立德树人，把德育渗透于教育教学的各个环节，贯穿于学校教育、家庭教育和社会教育的各个方面。

学校是对未成年人进行思想道德教育的主阵地，必须按照党的教育方针，把德育工作摆在素质教育的首要位置，贯穿于教育教学的各个环节。《中小学德育工作规程》则对学生品德教育的工作提出了具体要求："德育即对学生进行政治、思想、道德和心理品质教育，是中小学素质教育的重要组成部分，对青少年学生健康成长和学校工作起着导向、动力、保证作用。"考察学校对学生的品德教育主要从品德教育的培养内容和品德教育的实施途径两个方面进行。

（一）品德教育的内容

中小学时期是人生身心发展最迅猛的阶段，是青少年形成健康高尚的道德品质和良好习惯的最重要时期。学生管理的中心任务是品德教育。学校品德教育的基本任务是依据社会要求和学生品德形成发展的规律和需要，有目的、有计划、有组织地对学生实施思想道德教育，培养学生成为热爱社会主义祖国、具有社会公德、文明行为习惯、遵纪守法的公民并引导他们逐步树立正确的世界观、人生观、价值观，使他们成为具有改革开放意识和国际视野的一代新人。

依据《中小学德育工作规程》《关于适应新形势进一步加强和改进中小学德育工作的意见》《关于进一步加强和改进未成年人思想道德建设的若干意见》等政策文件要求，学校进行学生品德教育内容有以下四个方面。

一是理想信念，主要包含：（1）培养学生的爱国主义、集体主义精神；（2）培养学生热爱社会主义，继承和发扬中华民族的优秀传统；（3）帮助和引导学生树立和培育正确的世界观、人生观和价值观。

二是公民素养，主要包含：（1）教育学生学会尊重、关心他人，团结友爱集体成员；（2）教育学生爱班级、爱学校、为集体服务、维护集体荣誉；(3) 教会学生正确处理自我与他人、个人与集体、自由与纪律的关系；(4) 具备民主与法制的基本常识与素养。

三是行为养成，主要包含：(1) 培养学生具有良好的文明习惯，如具有基本的礼貌、礼节规范，在学习、生活实践中初步养成讲文明、讲卫生、讲秩序、讲公德的良好习惯；(2) 培养学生掌握做人做事的原则和方法，提高合作、参与、交往的能力，培养乐观、豁达、积极向上的性格，形成对家庭、社会和国家的责任感；(3) 培养学生热爱劳动，勤劳俭朴，尊重劳动人民，珍惜劳动成果。

四是人格品质，主要包含：(1) 培养学生的自尊自爱、自立自强、开拓进取、勤劳勇敢等心理品质；(2) 培养学生自信坚毅、乐观通达、积极进取、不惧挫折等优良品质；(3) 培养分辨是非、抵制不良影响的能力、道德评价能力以及自我教育能力。

学生的品德教育要按照德育总体目标和学生成长规律，确定不同学段的内容和要求，在培养学生的思想品德和行为规范方面，形成相互衔接、逐步递进的德育目标体系。学校要坚持以人文本，针对未成年人身心成长的特点，积极探索并遵循新世纪、新阶段未成年人思想品德发展的规律，教育和引导中小学生树立中国特色社会主义的理想信念和初步形成正确的世界观、人生观、价值观，养成高尚的思想品质和良好的道德情操，努力成为有理想、有道德、有文化、有纪律的德智体美全面发展的中国特色社会主义事业建设者和接班人。

 案例2.1

- -

"新三好"学生素质教育模式

案例描述：

　　某市初级中学以"老三好"模式为基础，在全国率先提出

"新三好"（在家做个好孩子，在校做个好学生，在社会做个好公民）的素质教育模式，即在学校做"合格＋特长"的好学生，在家里做"勤俭＋孝敬"的好孩子，在社会做"公德＋责任"的好公民。

在创"新三好"素质教育模式的实践中，该校学生的"三自"能力（自治、自理、自律）和"五自"精神（自尊、自爱、自信、自强、自立）大为增强。文明班、优秀班在90％以上，学生的违纪率已降至最低程度，在校生违法犯罪率已连续15年为零。近三年来，"新三好"活动继续深入开展，学生的参与热情很高，成效显著。全校涌现出"新三好"学生1 334人，"新三好"单项个人731人，"新三好"标兵12人，十佳班长10人，校园之星50人，省市"三好""优干"85人。

随着这一教育模式不断完善、深化、发展，学校形成以育人为核心，构建了学校、家庭、社会三结合的教育网络，为推进素质教育构建了新的平台，其经验在全国推介，产生了良好的社会影响和声誉。

案例评析：

该校根据新时期的新要求，在传统"三好学生"标准基础上，提出"新三好"的育人模式，反映了学校在人才培养定位上的转变，不仅关注学生的学习成绩，而且关注人的发展，立德树人，促进学生全面发展、健康成长，把学校思想政治教育与公民教育和家庭伦理教育完美地结合在"新三好"的活动中，收到了很好的德育效果。该案例主要给我们以下两点启示。

第一，中国人历来十分看重家庭的传承，因而非常重视家庭教育。历史上有许多关于家教的文献是中华民族的珍贵财富，具有悠久的历史内涵和社会认可度。该校把学生在家里的表现列为"三好"的标准，是有眼光的。一般来说，一个孝敬父母的人不会太坏，而一个不孝之子，无论其外表是何等光鲜，但其内心一定不会太高尚。

第二，在政策制定和评价过程中，将目标和标准具体化以及多元化，提升了评价的效果和全面性。传统的"三好学生"是非常好的标准，寄托了对学生的良好期待，但往往注重学生在学校生活中的表现而忽视学生在社会家庭生活中的行为。该案例中，校方将"三好学生"的内涵延伸到学生生活的多个方面，包括学校、家庭和社会，从而给学生树立了具体可行的追求目标，有利于他们树立公民意识，增强社会责任感以及家庭责任感。

（二）品德教育的实施途径

学校是一个小社会，在日复一日、年复一年师生共同的学习生活中，通过各种行为模式相互影响，产生思想情感上的交流；学校师生从各个学科出发，对人类社会、对自然世界的历史、现实和将来进行不懈的探索，这个过程蕴含着丰富的德育内容；同时学校又与大社会存在着广泛的联系。因而，学校的德育工作前景远大。

学校在培养学生品德发展方面，必须充分发挥校内、校外多种教育途径的作用，互相配合，形成合力，创造良好的教育环境。学校在培养学生品德发展的途径可以概括为六个方面：（1）学科教学渗透；（2）校内外实践教育活动；（3）班主任教育工作；（4）学生社团自我教育活动；（5）校园环境建设；（6）家校合作。

1. 学科教学渗透

通过各门学科教学进行渗透是对学生进行品德教育的主渠道。赫尔巴特说过：教学如果不进行品德教育，就只是一种没有目的的手段；品德教育如果没有教学，就只是一种失去手段的目的。各科教材的内容、教学过程的组织、教学方法的运用、教师自身的人格修养等，都蕴含着德育的因素，具有潜移默化的影响力。考察品德教育是否通过学科教学进行渗透可以从以下两个方面展开。

（1）教师是否根据各学科的教材、课程标准，将思想品德教育的要求和教材中的教育因素，按各科自身的教学特点，自觉地、有机地在课堂教学中进行了渗透。中小学的人文学科教材有很多是思想品德教育的好资源。在人文学科的教学中，在落实学科标准的知识能力以及培养训练要求的同时，必须实现其思想价值。在自然科学的教学中，同样必须重视科学精神的发扬、科学思想的传播以及科学方法、态度的培养。

（2）考察学校教学管理部门以及科研部门、教研组是否在教研工作中，把"学科德育"作为经常性的工作加以研究并形成常规。同时教学主管部门和教研人员应该尽可能给予教师在学科德育中的指导和引领。

 **案例** 2.2

学科德育提升教学价值①

案例描述：

　　这是上海继光中学的一堂普通化学课。在讲述合成氨时，教师陈寅不再沿用以往的授课方式，而是花了整整一堂课给学生讲述合成氨的发明者哈伯的故事。"如果没有哈伯在 1909 年发明的合成氨技术，世界粮食产量至少要比现在少一半。但是，在第二次世界大战中，哈伯却用自己的所长支持德国军方研制化学武器。晚年时哈伯才幡然醒悟。"没有过多的强调，但老师所要传递的思想无痕地印刻在学生们的心中。

　　在陈寅的化学课上，细小的变化逐步燃起学生内心一个个充

---

①　改编自《寻找破解育人难题的"金钥匙"——解读上海学校德育发展之路》，《中国教育报》2012 年 2 月 28 日第 1 版。

满活力的"化学反应炉","注水肉"事件、"硫黄蜜饯"事件、"苏丹红"事件……每当有化学污染给人类环境带来灾难,陈寅都会将其结合进课堂教学中。"因为树立正确的观念,增强社会责任感,了解化学现象产生的原因比学习一个知识点更重要。"陈寅说。

与许多教师一样,陈寅课堂的转变来自 2005 年上海在全市中小学开展的学科德育实践。德育主阵地开始从课外转向课堂,融合在日常教学过程中。在"教育回归本源"的理念指导下,上海根据中小学各门学科的知识特点及其本身所蕴含的德育资源,编制了涵盖中小学全部 21 门学科 54 个学段的学科德育实施意见,为每一学段、每一门课程实施学科德育提供了理论支撑和操作建议。

学科德育在上海的中小学课堂引爆了一场"静悄悄的革命",语文、历史等人文社会学科注重以情育人、以史育人;物理、化学、地理等自然科学学科注重以理育人;音乐、美术等艺术学科注重以美育人,教材中隐含的、固有的育人内容被挖掘出来,与知识传授、能力培养无缝对接,潜移默化渗入学生心头。老师们人人都是德育工作者,上海许多学校还建立了各学科综合教研的机制,教师共同研究和开发教案。著名语文特级教师于漪感叹:"语文课还是语文课,数学课还是数学课,但内涵却更为深厚了。"

案例评析:

"人无德不立,国无德不兴",但学校德育做好却不易。而该案例正展示了学科教师如何将德育内容融入课堂教学,提高德育实效,发挥学科课堂教学的育人功能。该案例给我们的启示有以下三点。

第一,学科德育不是简单的"学科+德育"。学科教学本来应该具有学科育人功能，而学科德育是学科育人的核心部分。学科德育是学科教学中内在生成的、自然体现出来的，而不是将德育硬加到学科教学中去。本案例中该教师将学科知识与德育内容巧妙地融合在一起，体现了学科德育经典式的演绎，也是学科德育无痕化的风范。

第二，任何学科的内容都包含着科学性与思想性的有机统一。比如，语文的思想之"道"，音乐的和谐之"韵"，体育的强身之"志"，美术的艺术之"美"和数学的科学之"态"等。学科德育存在于所有学科教学之中。但是，学科德育的根是生在每一门学科自身特有的土壤中，具有不同属性或特点的学科，其学科德育也会呈现出不同内容、不同方式。因此，学科德育要讲究科学的方法，要循序渐进。对于教材中蕴含的内容，教师要根据相应的教学环节进行渗透设计，激发学生的情感，以加深认同。

第三，德育对于学科教学不仅仅是一种义务，而且也是提高教学质量的内在动力。智育、体育、美育都需要道德因素启动和端正学习动机。同时，学习动机也需要借助德育改进其方向性、强度和持久性等质量特征。通过德育资源，激发学生的主观能动性，在引导学生知识学习的同时，加强德育指导，促进学生自我成长，完成教书育人的任务。

----

2. 校内外实践教育活动

学校应当组织丰富多彩的适合中小学生年龄特点的主题教育活动和社会实践活动，培养学生多方面的品质，如爱国主义情感、文明礼仪习惯等公民素养，形成良好的个人品质，寓思想品德教育于活动之中。活动，符合中小学生的天性；实践，也有利于加深道德认知并强化学生的行为特征。因为只有在实践体验中，学生才能获得情感上的升华。

2006 年新修订的《义务教育法》第三十七条规定："学校应当保证学

生的课外活动时间，组织开展文化娱乐等课外活动。社会公共文化体育设施应当为学校开展活动提供便利。"学校要主动争取依靠社区、社会团体、政府组织，充分利用一切可以利用的社会资源，为学校教育服务。

学校的教育活动可以分为主题教育活动和社会实践活动。

（1）考察学校主题教育活动，主要考察以下三点。

一是看学校是否建立每周举行一次升国旗仪式和每天升降国旗，定期举行主题校会等制度。施行升降国旗制度，应认真依照《中华人民共和国国旗法》的规定，落实好升旗仪式的每个细节，发挥其应有的思想教育作用。

二是看学校是否利用纪念日和历史人物等开展主题教育活动。比如，可以考察学校是否利用建党纪念日、辛亥革命等重大历史事件纪念日，革命领袖、民族英雄等历史人物的诞辰和逝世纪念日，有计划地开展思想品德主题宣传教育活动。

三是看学校是否依托校外资源开展主题教育活动。比如，可以考察学校是否与少年宫（家）、文化馆、科技馆、图书馆、爱国主义教育基地等校外教育单位建立联系，充分利用这些专用场所和教育设施，组织学生参加各种活动，在活动中接受教育。

案例 2.3

- -

将军精神永传扬
——历史人物主题教育活动①

案例描述：

以抗日英雄、爱国将领谢晋元将军命名的上海市晋元中学，

---

① 改编自丁如许著：《中小学德育主任工作指导手册》，中国轻工业出版社 2013
年版，第 116—120 页。

为继承和弘扬谢晋元将军民族精神，近年来坚持开展"将军精神永传扬"的德育主题教育系列活动，成效显著。这一活动的特色主要表现在以下几个方面。

1. 确定新角度，使活动有新意。学校每年新生入学第一课就是学习谢晋元将军和八百壮士的英雄事迹。同时，学校每年都会选择切入点，有计划地开展纪念谢晋元将军的活动。

2. 运用新形式，使活动有实效。为了使纪念谢晋元将军的活动开展得更有实效，学校探索用诗歌、摄影、书法、绘画等多种形式纪念谢晋元将军。例如，近年来学校一直指导学生用诗词纪念谢晋元将军的形式祭扫将军墓，并将几届学生诗作精品汇编成《晋元中学缅怀谢晋元将军诗选》。

3. 抓住新线索，使活动有深度。在开展活动的过程中，学校特别注意捕捉新的线索，以增加教育的历史厚重感。2007年8月13日，正值淞沪抗战70周年纪念日，当获悉"八百壮士"之一的王文川老人到上海时，学校师生代表特意赶往淞沪抗战纪念馆走访了王文川老人。2009年1月21日，学校师生代表又前往海滨二村慰问淞沪抗战时坚守四行仓库的"八百壮士"之一郭兴发老人。通过学生代表与老人的亲身交谈，加深学生对历史的认知，激发爱国主义情操。

4. 开拓新途径，使活动有广度。2008年学校提出，学校资源要融入社区教育，欢迎社区属地学校到校参观。在长征镇青保办的指导下，2008年暑期，学校接待了进华中学、梅川中学、长征中学、长征中心小学、曹杨小学5所学校200多名师生到校瞻仰谢晋元铜像，观看《谢晋元在1937》《晋元中学爱国主义教育基地建设巡礼》等影碟片，听取晋元中学近年来的活动介绍，使师生受到了深刻的爱国主义教育。

与此同时，学校还接待了来自我国香港、台湾及新加坡等地学校缅怀谢晋元将军的活动。在晋元中学的校园里，经常传诵着两岸骨肉同胞血浓于水的故事，经常回响着"中国一定强"的嘹亮歌声。

2009年9月，学校百年校史陈列馆落成，其中谢晋元将军及"八百壮士"坚守四行仓库等内容进一步丰富充实，有助于全校师生和来访者更好地学习、弘扬谢晋元将军的精神。如今，谢晋元将军已经成为晋元中学最具特色的教育资源之一，每一个晋元的学子都为自己和将军有着一段特殊的"情缘"而感到自豪。

案例评析：

晋元中学通过多种形式开展纪念将军的活动，从多角度使学生体验到将军的人格魅力和为国捐躯的爱国主义精神，从而帮助学生提高人格修养，塑造良好的道德品质。该案例给我们的启示有以下两点。

第一，优秀历史人物的道德品质是道德认知教育的生动材料。案例中学校通过多种方式使得历史人物的内容呈现立体多面，充实饱满，从而容易引起学生的共鸣。特别是诗歌祭奠的方式，充分发挥了学生的主体作用，使学生实现由知到情到行的转化，调动了学生的主观能动性。

第二，重视乡土资源，充分发挥家乡历史名人和遗迹的德育作用。各地丰富的德育资源是进行德育的"活教材"，本土本乡的许多历史文物、遗址可供学生参观、考察，有些名人轶事还可以让学生调查访问、收集材料，从中得到一些感性知识，培养学生的情操，从而使学生的思想感情与家乡、祖国联系得更切实、更紧密，培养了他们为建设家乡的美好明天和中华腾飞而努力奋斗的志向。

（2）考察学校社会实践活动，主要考察活动的内容、过程及活动的课

程价值。

社会实践是在基于学习理论知识之上，接触社会，参加社会活动，实现人与人之间的交往，丰富感性认识和情感体验，提升理性认识的一种行为。学校应通过社会实践活动，不断丰富学生知识，陶冶情操，锻炼能力，同时引导学生了解社会，了解当地经济社会发展状况，认清当代青年学生的社会使命，增强社会责任感，树立远大理想，确定成才目标。

社会实践活动题材广泛，内容丰富，形式多样。目前中小学常见的实践活动主要有参观考察、调查访问、劳动锻炼、军体拓展训练等。开展社会实践活动，必须注意就地取材，准备充分，计划周密。要与实践单位密切协作，并做好学生及家长的动员工作，切实保证安全。开展社会实践活动，要有课程意识，把社会实践活动与校本课程建设结合起来。因此，考察社会实践活动，还要考察这项活动的课程价值。

 案例2.4

"走进大青山"社会实践活动案例

案例描述：

某小学最近开展了一次"走进大青山"的社会实践活动。活动准备阶段，学校研制了详细可行的实践活动方案，活动前召开班主任会，宣讲活动计划，各班利用综合实践活动课时间跟学生进行动员并举行了启动仪式。同时，结合学校要求与安排，组织学生回家与家长进行沟通，让家长了解活动的内容与安排，配合做好社会实践活动。

活动过程分为三个阶段。

一是野外远足阶段。学生统一在各班老师的带领下向远足的目的地——大青山出发。活动途中，教师负责组织学生进行赛歌活动。学生通过唱歌调节气氛，为自己鼓劲。到达目的地大青山后，学生以班级为单位分组进行活动：寻找认识大青山都有哪些常见的植物，如常见的野花草等；采集一些植物，准备制作标本。然后是自由活动——做游戏，小憩。最后是返回，学生要捡拾活动中产生的垃圾废弃物并带走，同时在途中见到垃圾也要主动捡拾。

二是反思交流阶段。各班讨论交流：本次活动你有什么感想？远足踏青你最大的收获是什么？根据自己的收获每人写一篇心得，各班制成《远足踏青活动手册》。小组合作将学生自己收集的植物做成标本。分小组讨论：对活动中将垃圾集中收集带回和捡白色垃圾，你有何看法？生活中你准备怎样对待白色垃圾？围绕白色垃圾的话题，制作一份手抄报。

三是成果展示、总结阶段。全校进行一次《远足踏青活动手册》展评，白色垃圾的手抄报展评，"家乡的植物"标本展。由班级交流本次实践活动总结。

在这一活动过程中，学生通过写心得、制作活动手册、进行展评切身体验活动的意义，获得了很多的成效，活动后孩子们在家各方面的表现和变化很令家长感动。

案例评析：

该小学通过让学生远足踏青，亲密接触大自然，了解家乡的动植物资源，拓宽了学生的视野，培养了学生团队协作意识，锻炼了学生的身体素质和自理能力，磨炼了学生吃苦耐劳的意志，激发了学生热爱家乡的美好情感。实践活动是成功的。该案例给我们的启示有以下三点。

第一，社会实践作为学校课堂教育的延伸和拓展，是提高学生综合素质的有效途径。它既是学生增长知识、才干的最佳途径，也是学生正确认识自我、完善自我的理想渠道。开展有针对性、富有实效的社会实践活动，可以让学生在活动中学习与人交往的常识和技巧，积累感知，培养团队意识、合作精神等。

第二，学校有效利用和深入挖掘了学校外的资源，包括自然资源和社会资源。例如，学校积极利用周边的大青山自然资源，通过精心准备的一系列活动，收到了良好的德育效果。

第三，每一次活动事先要有周密的计划，并精心实施，保证安全，事后要总结交流，形成经验。要把握好实践活动的每个环节，扩大和深化教育效应。

----

3. 班主任教育工作

班级是学生群体的组织形式，学校的经常性思想品德教育往往以班级为单位开展。在班级教育中，班主任是班级学生的直接组织者、管理者、领导者和教育者，其与学生朝夕相处，对每一个学生的品德形成、情操陶冶、素质提高，以及班风、学风的养成，有着举足轻重的作用。因此考察班级教育，需要考察班主任的工作态度、能力和水平。

（1）考察形成班级集体、树立优良班风的努力程度。组织好班级集体活动，特别是在学校计划指导下，从班级实际出发，适应时事形势的要求，定期设计召开形式多样的主题班会。通过主题班会，引导学生展开讨论，通过生生对话、师生对话，实现心灵沟通，增强班级凝聚力，形成团结一致、积极向上的班级集体，通过集体的力量实现教育目标。

（2）考察是否能够建立一支在学生中有相当威信的骨干队伍。这批学生往往具有公正无私、乐意助人、开拓进取且学习优良等特点。班主任要善于接纳骨干队伍的意见和建议，以形成优良的班风，并使班级的每一个成员学习有榜样，赶超有目标。

（3）考察是否善于做个别工作。班主任要善于了解每个学生的家庭背景、成长经历、个性特点；要为学生建立个性档案；要学会在不同的语境中，有针对性地进行个别化教育工作。对学生要博爱，善引导，不歧视。

 案例 2.5

主题班会选题的艺术①

案例描述：

　　对于班主任来说，班会主题的选择是件很关键的事情。某校高二（8）班的班会每次开得都有声有色，很受学生欢迎。在介绍其经验时，该班班主任这样总结道：

　　班会主题的确定应讲究"新"与"实"。所谓"新"，就是要根据新的形势、新的任务，结合最新信息、热门话题，将聚焦对准热点，从而确定活动主题。这样做，容易激发学生的兴趣，增强活动的吸引力。比如，举办"周末新闻发布会"，让学生利用周末实践，对从报纸、广播、电视中看到的、听到的社会新闻、国际新闻进行综合述评，锻炼学生的分析、综合及表达能力。例如，针对新闻报道中关于道德滑坡的案例，以"该不该扶起摔倒的老人"为主题组织讨论会，让学生各抒己见，正确对待善与恶。这些活动对学生都具有新意。所谓"实"，就是要因时制宜、因地制宜，结合学生思想实际，针对学生年龄特点开展活动。这样做，能让学生感到实在、实用、实惠，从而调动学生参加主题班会的积极性。

案例评析：

　　案例中班主任以"新"与"实"开展和组织主题班会，贴近学生实际，"接地气"，收到了良好的效果。该案例给我们的启示

----

① 改编自张代富著：《班主任工作的理论与实践探索》，安徽大学出版社 2013年版，第 173 页。

有以下两点。

第一，主题班会成功的关键在于主题的选择，要体现"新"和"实"两个字。"新"就是要有时代感，要从社会公众同时也是学生关心的题材抓起。"扶不扶老人"这个话题，折射了当今社会在道德认知、道德行为与法律责任上的两难选择，具有深刻的道德反思价值。所谓"实"，就是抓住现实生活中以及在学生生活中所遇到的实际问题设立主题，以利于展开讨论并进行反思。

第二，要为主题班会选好主题，并与学生一起共同做好计划。班会主题应围绕班级存在的问题和学校整体德育目标进行。学期开始就要制订班会开展计划，然后根据实际情况进行调整。只有认真准备，做好指导和引导，才能让主题班会取得良好的效果，提高德育的质量。

----

4. 学生社团自我教育活动

学生社团是学生自我教育的重要组织形式，是学校德育工作中最有生气的力量之一。学生的道德认知以及道德行为形成是一个由他律走向自律的过程。而实现道德自律则是教育的最终目标。学生思想品德的形成不仅受到教师、家长、社会等外部因素的影响，而且受到其自身的认识、态度、意志的制约。只有在学生积极主动地参与道德实践活动、深化道德体验的情况下，德育的理想目标才能在这种内外结合、同伴互动、主动自觉的状态下实现。

学校应当通过少先队、共青团、兴趣小组等学生自治组织，积极引导学生开展形式多样、内容丰富、适应身心、健康有益、生动活泼的教育活动，大胆放手让学生进行自我教育和管理，强化学生的主体意识和参与意识，引导他们在知、情、意、行方面实现自觉、自律、自强、自理。

考察学生社团的自我教育活动，主要有以下两个方面。

（1）考察少先队和共青团是否根据自身的工作任务和特点开展工作。

一是学校团队应组织引导和帮助中小学生坚定走中国特色社会主义道路的信念；帮助中小学生养成高尚的思想品质和良好的道德情操，努力培养有理想、有道德、有文化、有纪律的中国特色社会主义事业的建设者和接班人。

二是各基层学校少先队组织应根据《少先队辅导员工作纲要（试行）》要求，重视礼仪教育，加强少先队文化建设，设计分层次的队日活动，对低年级少先队员加强队歌、队礼、队旗、红领巾内涵教育，对高年级少先队员加强队章、队史学习教育。

三是少先队和共青团组织还可以通过开展"我与祖国共奋进""迈入青春门，走好成人路"等有别于主题班会的系列团队主题教育活动，增强团队组织意识，增强中学生的爱国情怀、公民意识和社会责任感；采用互联网、志愿者等社会化动员方式，引导学生创新理论学习，强化竞争机制，投身社会实践，将爱国主义和社会主义、民族精神和时代精神、个人成就和社会责任紧密结合起来。

（2）考察学校是否组建学生社团和开展各种兴趣小组，引导学生自我教育，培养学生合作、参与和交往能力，以及自立自强、开拓进取、坚毅勇敢等心理品质。能够吸纳足够多学生参与的学生社团，是中小学校园文化的重要组成部分，是推进中小学生素质教育的有效载体，也是中小学生培养兴趣爱好、扩大求知领域、陶冶思想情操、展示才华智慧和实现自我发展的广阔舞台。学校社团建设和社团活动的开展已日益成为学校加强育人工作的有效手段。社团开展的活动将有效促进中小学生的成长成才，并将社团文化形象深入推广到校园广大学生当中，辐射到学校所在的广大社区。

案例 2.6

卢湾高级中学智能机器人爱好者协会①

案例描述：

　　卢湾高级中学是上海市一所以科学教育的实验和探索为特色的示范高中。学校十分注重培养和提升学生的科学和人文素养，不仅建设有学校科学教育特色的课程体系，同时其学校的社团活动也具有科技特色。目前学校有学生社团 38 个，其中科技类社团就有 17 个，如天文爱好者协会、智能机器人协会、生命家园协会、环保协会等社团，其中最具特色的是智能机器人协会。

　　智能机器人的社团活动以国际享有盛誉的 Robo Cup 机器人世界杯足球项目为载体，通过学习和交流，了解世界机器人技术的发展现状，学习先进的机器人设计理念和自动化控制及人工智能的技术。社团一周还有一课时的固定活动时间，用来进行学校有特色的校本课程教学。社团的活动组织形式非常有特色，采用以老带新的"拜师"模式。看似传统，但是很好地满足了不同学生不同阶段的学习需求。高二的学生在充当"师傅"的角色时，对于以前学习的知识和技能都有了进一步梳理、整合和优化；新生在"拜师学艺"的过程中可以根据自身的能力有快有慢地学习。

　　社团活动使学生在学习和竞技中不仅获得了先进的知识、手脑并用的能力，更获得了团队合作、人际交往、统筹规划、工作策略等的综合能力的提升。近年来，机器人社团在各大机器人竞赛场上获得了多次佳绩。从 2009 年至今一直保持着机器人世界

----

① 根据卢湾中学网站资料改编，http://www. lwgj. lwedu. sh. cn/computer/st. htm.

杯上海足球轻量组的冠军地位，并且在 2011 年获得了世界杯全国足球轻量组季军。在开展机器人活动之外，社团还形成了开放式的创新研究平台，创意也得到了专家支持。此外，社团还不断向其他学校辐射资源，形成了良好的技术交流氛围。

没有规矩，不成方圆。章程是学生社团自我管理的基础，完善的制度有利于社团的健康发展。卢湾高级中学为学校社团制定了章程，章程明确了社团及其成员的权利和义务，同时，章程还规定学校应为社团活动的展开提供支持，如要求社团在发起成立时必须明确指导教师，同时社团根据活动需要可在校内、校外聘请若干政策水平高、学术造诣深或某些方面有专长、关心学生活动的有关人士担任社团顾问。

案例评析：

案例中的社团根据学校的特色，依托学校的优质资源建立并发展。社团活动为同样爱好智能机器人技术的同学提供了一个交流、切磋的平台，不仅增添了学校科技教育的特色，同时也使得参加社团活动的学生获得了良好的素质教育。从案例中我们可以得到如下两点启示。

第一，学生社团有群体目标的整合性，大家都能为共同的社团目标而努力，使学生在自我探索中实现自我教育。社团的活动方式和内容会给学生带来某种示范性效应，引起众人的仿效，重塑学生的学习和行为观念，促进全新的人生理念的形成。在此案例中，学生在制作机器人和参加机器人比赛的过程中，不仅有知识和能力的收获，同时在与他人的合作过程中，也培养了团结协作、人际交往、责任承担等素质。

第二，制定社团章程，明确学生社团属于学生（特别是高中生的）自我管理、自我教育的团体，但并不意味着学生社团就不需要学校有关部门和教师的指导。恰恰相反，为了保证学生社团能顺利运转，校方需要精心组织，采取适当措施加强对社团的指导。此案例中，学生社团的建立和顺利运行离不开学校的大力支持和教师的指导作用。

----

5. 校园环境建设

整洁、优美、富有教育意义的校园环境是形成整体性教育氛围不可缺少的条件。学校要注重校园环境建设，发挥环境育人的功能，让校园处处都成为教育的场所。学校应根据《中小学校园环境管理的暂行规定》，加强校园环境管理，积极进行校园环境建设，使学生受到良好的熏陶。

考察校园环境建设，具体包括以下几点：（1）学校校园是否绿化、美化，整洁美观；（2）是否开辟教育陈列室，悬挂中国、世界地图和中外名人画像；（3）是否利用黑板报、壁报、橱窗、广播、影视、图书馆（室）、劳动室、荣誉室、少先队室等多种专用场所，发挥宣传作用，起到鼓舞、激励和警示等作用；（4）是否充分发挥校歌、校训和校风对学生的激励和约束作用；（5）是否重视社会环境和社会信息对学生的影响，选择有益于学生身心健康的书籍、报刊、影视、文娱节目等，对学生进行生动、形象的思想品德教育，抵制各种不良影响。

 案例 2.7

校园里的"葫芦娃"①

案例描述：

某中学虽地处偏远的农村地区，但是学校却积极利用周边的

_____

① 本案例由天津市津南区八里台第四小学提供。

植物资源，丰富校园绿化，使学校与周边的自然环境融为一体。一步入校门，人们便能看到设计得很漂亮的走廊式花架，但那并不是园艺植物园的那种紫藤花或蔷薇花花架，花架上枝蔓葳蕤，下面挂着的竟是一只只青色的葫芦。

这个样式美丽的葫芦架，除了具有观赏价值外，还具有其他功能。在学校的学生民俗文化活动室，你会看到这里琳琅满目的葫芦绘画及正在制作作品的活动小组。孩子们有的在为新收获的葫芦打皮磨光，有的在葫芦上用色彩描画，有的将制作完成的葫芦部件进行拼接。活动室后面有一排展示柜，里面装的都是孩子们近年来绘画和制作的葫芦作品，还有不少是收藏的获奖作品：荷塘里弯着长长的脖颈衔着水草的白鹅，一尺高的葫芦拼接制作的放鞭炮的三个孩子"闹新春"，自己绑扎制作的异形长柄葫芦"晚清遗老"，最令人赞叹的是成套的表现"小站稻文化""练兵园文化"的手捻葫芦娃作品。孩子们依照手捻葫芦的不同形体进行再加工创作，"葫芦娃"们造型古拙，色彩艳丽，人物形象鲜明讨喜、栩栩如生，令人对百年小站民俗风物浮想联翩、记忆深刻。活动小组的孩子们看上去非常朴实，脸上还挂着农村孩子特有的羞赧，但一双双巧手正在有板有眼地勾描，旁边的指导教师偶尔提示一下步骤，场面和谐快乐。

案例评析：

案例中校门两侧的两排"花架"，不仅美化了校园，又为孩子们的手工制作提供了葫芦资源。孩子们在制作葫芦的过程中，一些可贵的心理品质也在潜移默化中形成。该案例给我们的启示有以下三点。

第一，案例中的学校，将学生家乡随处可见的葫芦移入校园，给学生以亲切感。成功的校园环境建设不仅能够美化校园，同时也可以透出文化气息，有助于培养学生美好的道德情怀，培养学生热爱家乡、热爱故土，进而热爱祖国的美好情操。

第二，深入挖掘校园环境的附加价值。在本案例中，学校将葫芦转化为宝贵的教育教学资源，成为学生民俗文化活动的载体。学生通过葫芦创作，提高参与合作能力，同时也有助于自身形成良好的心理品质等。

第三，重视民俗文化中优秀健康内容的开发和利用。开发和利用民俗文化中优秀健康内容是近几年各地政府和社团组织非常乐意的一项工作。该校的葫芦文化开发给我们的另一个启示就是学校如何与当地民俗文化传承工作密切合作，使中小学生由喜爱家乡文化进而达到爱家、爱乡、爱国的教育目标。

----

6. 家校合作

家长的文化程度、道德水准、自身素质高低、职业及教育方式对子女道德人格与人生价值取向的形成有深远的影响。在学校德育工作中，家长的参与配合有利于提高教育的针对性、有效性。我们看到由于一些家长在教育理念与方法上与学校不相协调，出现了"5＋2＝0"的现象，即5天学校教育效果被2天家庭教育所抵消。因此，加强家校合作是提高学生德育工作成效的重要环节。

在家校合作中，学校应当起到主导作用。学校作为专门的教育机构拥有受过专业训练的教育者，可以对家庭教育进行指导，向家长介绍教育学、心理学等专业知识以及相关技巧，帮助家长树立正确的人才观、发展观、价值观，使之掌握科学的教育方式方法，以提高家庭教育的科学性和有效性。学校要主动向家长、社会宣传素质教育思想，使家长、社区树立正确的教育观、质量观、人才观，参与对学校的管理，形成社区参与教育的有效机制和实施素质教育的环境。通过家庭与学校的相互配合，将学校的德育内容渗透到家庭生活和家长的言传身教中，为学生的健康成长提供良好的家庭环境，有利于使学校的德育工作起到事半功倍的效果。

考察家校合作的途径，具体可考察以下两点。

（1）考察学校是否通过家访、家长会、家长接待日、举办家长学校、开展家庭教育咨询、建立家长委员会等多种方式，加强对家庭教育现状的分析与指导，了解家长对子女进行教育的诉求，向家长通报学校的教育要求，宣传和普及教育子女的知识，推广家长教育子女的成功经验，不断提高家长的道德修养，促使家庭教育与学校教育协调一致。

（2）考察学校是否建立定期联系和反馈制度，听取家长对学校工作的意见和建议，接受家长对学校工作和教师工作的监督，密切与家长的联系，家校合作营造育人文化，共同培育学生良好的个人品质。

 案例 2.8

新居民家长学校①

案例描述：

"我在缙云企业打工已经 3 年了，平时忙着上班，今天我和孩子一起上学感到特别有意义。" 8 月 31 日，涛涛集团四川籍员工朱心秀特意请了半天假来到"新居民家长学校"报到。和朱心秀一样，400 多名外来民工带着子女陆续来到学校报到，并提前上起了学校组织的"开学第一课"。

"孩子开学了，我们家长也要开学。今天我们大伙就一起来聊聊该如何培养孩子的好习惯。"学校聘请的心理咨询师胡小鹰说。"我的孩子读六年级了，还是着迷于看动漫书，这算是个好习惯吗？"学生何小杉的家长首先发问，于是大家你一言我一语

---

① 参见《和孩子一起上学——缙云新居民家长学校见闻》，http://zjnews. zjol. com. cn/05zjnews/system/2011/09/02/017817358. shtml。

便聊开了。

"家长只有重视起来，把自己孩子的学习当回事，孩子的学习自觉性才会明显增强。""我觉得孩子的学习不要仅仅停留在书本上，在保证学业的情况下，还可以报课外兴趣班，全面发展。"家长们在互动交流环节中，一一分享起了自己的"育儿经"。

"只有充分发挥家长的主观能动性，学校才是完整的育人场所。"活动相关负责教师说。作为一所农民工子女占总学生人数42%的小学，自2008年5月专门成立"新居民家长学校"以来，学校努力帮助民工家长树立先进家庭教育理念，除了上好"开学第一课"，学校还为家长举办各种家庭教育讲座，如"好家长，成长路上与孩子同行""怎样和孩子沟通更有效""良好习惯，成就美好未来""如何与青春期对话"等。学校重视收集整理家庭教育的成功案例，为其他家长借鉴，收到了很好的效果。

案例评析：

在案例中，该小学家长学校的开设，加强了与家长的沟通联系，为家庭教育提供了支持和帮助。通过家校的双方合作，为学生提供了较好的家庭教育环境，有利于学生的健康成长。该案例给我们的启示有以下三点。

第一，家长学校为家长和学校搭建了沟通与交流的平台，请家长主动参与，同时通过学校和家长的双向评价，转变了家长们原来被动参与学校活动的观念。

第二，形式多样、针对性强的活动更容易吸引家长。案例中的学校通过一系列讲座和活动的开展，转变家长的教育观念，从以往认为仅需要给孩子提供物质条件转向同时关注孩子的思想教育，从而帮助家长树立了正确的教育观念。

第三，重视收集、整理家庭教育的成功案例，请家长谈认识、谈做法、谈感受，这种来自家长服务家长的案例更容易引起家长的共鸣，学习效果更佳。

二、促进学生的体质健康发展

青少年身心健康、体魄强健、意志坚强、充满活力，是一个民族旺盛生命力的体现，是社会文明进步的标志，是国家综合实力的重要方面。2007 年，《中共中央国务院关于加强青少年体育增强青少年体质的意见》颁布；2008 年，教育部制定了《中小学健康教育指导纲要》；2012 年，《教育规划纲要》又再次强调"加强体育，牢固树立健康第一的思想，确保学生体育课程和课余活动时间，提高体育教学质量，加强心理健康教育，促进学生身心健康、体魄强健、意志坚强"。这一系列的政策文件充分反映了国家对学生体质健康发展的高度重视。青少年的体质健康水平关系个人健康成长和幸福生活，关系民族命运和国家前途。考察学生体质健康主要从体质健康的内容和体质健康的实施途径两个方面进行。

（一）学生体质健康教育的内容

学校应使学生通过体质健康教育与学习，掌握体育与健康的基本知识和运动技能，学会学习体育的基本方法，形成终身锻炼的意识和习惯，并且能够根据自己的兴趣爱好和不同需求，选择个人喜爱的方法参与体育活动，挖掘运动潜能，提高运动欣赏能力，形成积极的余暇生活方式。

学校应按照《中小学健康教育指导纲要》的要求，依照不同年龄段的中小学生应掌握的健康知识和技能，有计划地开展学校健康教育，培养学生的健康意识与公共卫生意识，促进学生自觉地采纳和保持有益于健康的行为和生活方式，减少或消除影响健康的危险因素，为一生的健康奠定坚实的基础。

依据《中小学健康教育指导纲要》等规定，学校要加强对学生的体质健康教育，培养学生的健康意识与公共卫生意识及掌握健康知识和技能，促进学生养成健康的行为和生活方式。学生身体发展方面主要包含两点，一是身体机能，二是健康知识和技能。

学生身体机能主要包含：（1）学生身高、体重、肺活量和身体运动能力等要达到《国家学生体质健康标准》要求的情况；（2）学生近视新发病率、超重检出率、常见病发病率要不超出当地规定的要求。

健康知识和技能主要包含：（1）学生要具有健康的行为和生活方式，如正确的洗手方法，正确的身体坐、立、行姿势，正确的读写姿势等；（2）学生要具有疾病预防的基本知识，如常见肠道传染病的预防，疟疾的预防等；（3）学生要具有生长发育和青春期保健的基本常识，如生命孕育、成长基本知识，青春期的生长发育特点等；（4）学生应具有一定的健康技能，如简便止血方法，轻微烫烧伤和割、刺、挫伤等的自我处理等。

 **案例**2.9

别具一格的体育活动①

案例描述：

　　精心设计的体育活动，既能使学生获得乐趣，又能达到锻炼学生身体的目的。基于此，某校的体育教研组设计多种形式的体育活动，丰富了学校的体育课程，同时也得到了全校师生的认同。他们设计的体育活动形式多样，比如，"全体都胜利的赛跑"：在"50米跑"比赛中，当第一个学生到达终点的那一时刻，把其他学生的位置记下，作为各自的起点，向反方向跑，于

----

　　① 改编自教育部基础教育课程教材发展中心组编：《中学体育教师》，西南师范大学出版社 2012 年版，第 134—135 页。

是，每个人可能胜利的机遇是完全一样的，也就是说，每个学生在这场比赛中都有可能取得胜利。每个学生都被唤起了取得胜利的欲望，都会积极地参与竞争，包括总是获得第一的那位学生。

"所有学生为了集体荣誉而努力的'目标跳远'"：该活动是采取自己向自己的最远距离挑战，把挑战的成绩以组为单位加起来进行小组间比赛的方法。"目标跳远"是自我挑战的方略，也是典型的利用集体和团体赛的因素进行教学，可以消除技能差的学生自卑感，使他们也可以参与集体比赛而不受到歧视，同技能好的学生一样为集体争光。同时，学生在比赛中不断挑战自我，不断提高自己的跳远成绩，最终实现全体学生参与体育学习和锻炼。

案例评析：

案例中的教师通过具有特色的体育活动，不仅使学生的身体得到锻炼，同时也有助于培养学生健康的心理状况。该案例给我们的启示有以下两点。

第一，体育活动设计要有创新，符合学生的兴趣。案例中的跳远和赛跑都是传统的体育项目，但是在新的教育教学理念下形成的设计，使得体育活动变得更加具有趣味性，并且能吸引全体学生积极参加。

第二，体育活动不仅能使学生获得身体的锻炼，也能使学生保持良好的心理状态。案例中的体育活动不仅有助于学生的身体锻炼，同时通过体育活动帮助学生树立自信，学会理性对待挫折，树立战胜挫折信念，保持健康良好的心理状态。

（二）学生体质健康教育的实施途径

健康体魄是青少年为祖国和人民服务的基本前提，是中华民族旺盛生命力的体现。《中共中央国务院关于深化教育改革全面推进素质教育的决定》提出学校教育要树立健康第一的指导思想，切实加强体育工作，使学生掌握基本的运动技能，养成坚持锻炼身体的良好习惯。2006年年底教育部正式启动"全国亿万学生阳光体育运动"，至今已运行了数年，各地政府也积极开展多项措施加强学生体质健康，切实保证"两操一课"和中小学生每天一小时校园体育活动时间，有的省份更进一步规定各区县教育局每年至少组织一次区域范围内的学生阳光体育比赛或一次区（县）级学生运动会，并积极广泛组织校际间单项体育联赛。

考察学校培养学生身体发展的途径，主要看学校是否落实了体育课程和体育活动情况。

（1）是否开齐并规范开展体育课、活动课等课程和落实课间操，确保学生每天锻炼一小时。根据国家《体育与健康课程标准》规定，小学1至2年级体育课每周4学时，3年级以上至初中体育课每周3学时，高中体育课每周2学时。学校要保质保量上好体育课，没有体育课的当天，学校必须在下午课后组织学生进行一小时集体体育锻炼并将其列入教学计划；全面实行大课间体育活动制度，每天上午统一安排25～30分钟的大课间体育活动，认真组织学生做好广播体操，开展集体体育活动。寄宿制学校要坚持每天出早操。

（2）是否举办多层次、多形式的学生体育运动会，积极开展竞技性和群众性体育活动。学校每年是否召开春（秋）季综合性体育运动会，因地制宜地经常开展以班级为单位的学生体育活动和竞赛，做到人人有体育项目、班班有体育活动、校校有体育特色。高中阶段学校的学生军训制度是否完善，军训内容是否丰富，是否发挥学生军训在增强体质、磨炼意志等方面的作用。学校是否注重发展学生的体育运动兴趣和特长，使每个学生都能掌握两项以上体育运动技能。

（3）是否帮助青少年掌握科学用眼知识和方法，降低青少年近视率。学校是否关注学生的用眼状况，坚持每天上下午组织学生做眼保健操，及时纠正不正确的阅读、写字姿势，控制近距离用眼时间。学校是否能够做到每学期对学生视力状况进行两次监测。学校的照明、课桌椅是否达到基本标准，符合学生用眼卫生条件。

（4）是否积极开展疾病预防、科学营养、卫生安全、禁毒控烟等青少年健康教育，并保证必要的健康教育时间。学校是否通过学科教学和班会、团会、校会、升旗仪式、专题讲座、墙报、板报等多种宣传教育形式开展健康教育。

 案例 2.10

课间啦啦操①

案例描述：

　　某中学位于农村地区，其学生基本属于农村留守青少年。针对农村留守学生难以直接得到父母在知识认知及价值观念上的引导和帮助，成长中缺少父母情感上的关心和呵护，极易产生价值观念上的偏离和心理发展的异常这一状况，近年来学校着重培养农村留守学生的素质、习惯、品格和能力，力图让每一个学生离校时既健康又幸福。因此，学校提出了"投身阳光体育、塑造阳光心态、培养阳光青年、争创阳光班级、打造阳光校园"的口号，将啦啦操纳入了学生大课间活动。学校还根据不同年级学生的特点，编排了几套适合学生身心发展的啦啦操，力争让每一位学生享受啦啦操给他们带来的快乐，切实让啦啦操运动走进学生的每一天。

---

① 根据安徽太和二中提供的材料改编。

案例评析：

该学校通过引入啦啦操，丰富了课间操的内容，使学校的体育活动充满活力，取得了良好的效果。该案例给我们的启示有以下两点。

第一，学校应根据本校特点和本区域特色，引入和创编形式多样的课间操，以利于吸引学生积极参加体育活动。在本案例中，学校不仅将啦啦操引入课间，而且还根据不同年级学生的特点，自主编排了适合学生身心发展、深受学生喜爱的啦啦操。

第二，体育是一种复杂的社会文化现象，以身体活动为基本手段，以增强体质、增进健康及培养人的各种心理品质为目的。丰富多彩的体育活动和体育竞赛，不仅可以帮助学生达到锻炼身体的目的，而且能够培养学生的团队精神和合作意识。啦啦操作为独具文化魅力的一项体育运动，刚柔相济，充满激情，有利于中小学生形成充满活力的个性，建立积极的人生观和价值观，释放健康的感染力和影响力。

- -

三、加强学生心理健康教育

现代社会的健康观念不仅是指没有身体缺陷和疾病的生理正常状态，还要有良好的心理状态。当代中小学生大多是独生子女，正处在身心发展的重要时期，随着生理、心理的发育和发展、竞争压力的增大、社会阅历的扩展及思维方式的变化，他们在学习、生活、人际交往和自我意识等方面可能会遇到或产生各种心理问题。有些问题如不能及时解决，将会对学生的健康成长产生不良的影响，严重的甚至会使学生出现行为障碍或人格缺陷。因而学生的健康成长，需要有一个和谐宽松的良好环境，需要学校帮助他们掌握调控自我、发展自我的方法与能力。

基于此，教育部于 1999 年发布的《关于加强中小学心理健康教育的若干意见》及 2002 年制定颁布、2012 年修订发布的《中小学心理健康教育指导纲要》等，都强调要十分重视学生心理健康教育，明确规定了学校在培养青少年心理健康方面的责任和义务。学校应当根据未成年学生身心发展的特点，对他们进行社会生活指导、心理健康辅导和青春期教育。每所学校至少配备一名专职或兼职心理健康教育教师，并逐步增大专职人员配比。要重视教师的心理健康教育工作，依托校内外专业人士对班主任和全体教职工实施心理健康教育的辅导和培训，以更好地为学生服务。考察学生心理健康教育主要从心理健康教育的内容和心理健康教育的实施途径两个方面进行。

（一）学生心理健康教育的内容

心理健康教育的总目标是：提高全体学生的心理素质，培养他们积极乐观、健康向上的心理品质，充分开发他们的心理潜能，促进学生身心和谐可持续发展，为他们健康成长和幸福生活奠定基础。

学生心理健康教育应重点围绕认识自我、学会学习、人际交往、情绪调适、升学择业以及生活和社会适应等方面展开，主要包含三个部分：培养学生树立心理健康意识；培养学生具备心理健康知识和技能；加强美育，提高学生心理健康水平。

1. 培养学生树立心理健康意识

尽管人们对身体健康关注有加，但对心理健康关注却很不足。青少年处于生理与心理的不断发展，伴随着自我意识的确立，他们对周围人与环境的变化尤为敏感，因而学校要通过教育，使学生明白哪些问题是正常的或属于发展性问题，哪些问题是心理障碍，如何进行心理问题与心理障碍的自我调节，或者向哪些专业机构和人员寻求帮助，等等。

2. 帮助学生掌握心理健康知识和心理保健常识技能

对于正处在发展中的青少年，要加强与培养其对心理健康的知识和维护心理健康的技能。这包括：（1）学会自我情绪调控，应对和克服学习、生活中遇到的困难；（2）学会人际沟通，懂得基本的交往礼仪及具备与年龄阶段相应的交往技能；（3）善于表达自己的意见，尊重并理解他人，善于交流与合作，能够吸纳别人合理的建议；（4）学会理性对待挫折、树立战胜挫折信念等；（5）建立正确的性别观念和性别认同，认识与掌握与异性交往的知识与技巧等。

3. 加强美育，提高学生心理健康水平

党的十八届三中全会通过的《中共中央关于全面深化改革若干重大问题的决定》提出，要"改进美育教学，提高学生审美和人文素养"。美育是一种潜移默化的教育，它在青少年儿童的一生中长期发挥作用，在学校心理健康教育中具有十分重要的作用。学校应通过美育建构健康的学生心理，完善和提升学生人格，改善学生的心理健康水平。青少年儿童接受美育完全是出于本身的自觉自愿，是凭着本人的心理需要和兴趣爱好，是出于一种对美的渴求和向往。凡是经过长期美育熏陶的人，就会形成一种完美的心理结构和心理定向。这种心理结构和心理定向一旦形成，就具有较大的稳定性。

案例 2.11

塑造阳光心态，体验美丽人生①

案例描述：

上海市某中学心理健康教育工作经过十多年的探索、实践，在全校师生的共同努力下，得到了飞速发展，逐步形成了"塑造阳光心态，体验美丽人生"这一主题。学校根据学生身心发展特

---

① 改编自周逸凌：《塑造阳光心态，体验美丽人生》，《心理辅导》2013 年第 6 期。

点，有目的、有计划、有步骤地开展丰富多彩的促进学生身心全面发展和素质全面提高的教育活动，取得了较好的效果。学校开展心理健康教育的主要途径有以下四个。

一是课程。在高一、高三年级开始心理辅导课，每周一课时，内容涉及个性与情绪、交往与道德、青春与生命等板块。此外，还开设多门心理方面的选修和拓展课程，如"走进心世界""心理规律与生活""礼仪漫谈"等，受到了学生欢迎。在此基础上正逐步形成心理系列校本课程。

二是广播。利用周二20分钟的午会广播，面向全体学生宣传心理方面的常识或心理小故事。

三是心理咨询。严格执行心理咨询室值班制度，每周有四次定时开放心理活动室，公开心理老师的联系方式，根据学生的实际需要适时增加。做好个别辅导工作和学生个案的收集整理工作，对辅导的学生和个案做好记录。同时利用短信、MSN、个人邮箱等形式保持信息畅通，及时解答学生的问题、困惑。

四是学生社团。2008年9月成立了"此间少年"心理社团，其宗旨是提高学生心理素质，通过自助、互助排解成长过程中的困扰，享受成长、青春的快乐与感动。先后有100多位同学加入心理社团，目前有成员20余名，内容涉及团体辅导、心理专项训练、小品排练、与初中生联谊、观摩经典心理影片等。创办校园心理期刊《同行》。《同行》由心理教师牵头，发动心理社团学生参与编辑印制。它的创办，拓宽了学生的视野，真实反映了学生的生活状态，每期《同行》均下发到全校各个班级，赢得了很好的反响。

案例评析：

案例中的学校积极探索多种途径的心理健康教育，并逐步形成了学校自身的德育系列，收到了良好的效果。该案例给我们的启示有以下三点。

第一，积极开发心理健康教育课程。案例中的学校结合学生身心发展特点和实际生活，开发多种适应学生心理发展的课程，培养学生积极健康的心理状态。心理健康教育是一门科学。心理健康教育课程的开发保证了教育的科学性，同时把它引入学校教育的课程体系中，也有利于保证这项教育任务的师资、设备以及教学活动时间，并能持之以恒地实施。

第二，创建心理社团。学校通过开展多种心理健康教育活动，加强同伴教育的力度。案例中社团每一期《同行》期刊的发放，均引起学生的积极反响，正是同伴教育作用的体现。通过同伴的示范、教育，达到意想不到的效果。通过这些活动，孩子们心心相印，相互包容，排解烦恼，忘却忧愁，形成了一个积极、快乐的校园环境，产生了"心理场"的效应。

第三，十分重视心理健康教育的个性需求，注意学生隐私的保护。

（二）学生心理健康教育的实施途径

1. 考察是否将心理健康教育始终贯穿于教育教学全过程

将要考察是否适合学生特点的心理健康教育内容有机渗透到日常教育教学活动中，注重发挥教师人格魅力和为人师表的作用，建立起民主、平等、相互尊重的师生关系，等等。比如：班主任是否利用班会课、活动课开展心理健康辅导和心理素质训练活动，不断提高学生心理素质；学校是否推进音乐、美术、文学等艺术课程教育，通过美育促进学生心理健康发展，发挥美育在青少年的心灵塑造和精神成长方面潜移默化的作用；等等。

2. 考察是否开展心理健康专题教育

比如，是否开设心理健康教育课程，根据学生不同年龄阶段身心发展的特点和发展需要，分阶段、有针对性地选择心理健康教育的具体内容，保证课时，并纳入学校正规教学计划中。心理健康教育课应以活动为主，可以采取多种形式，包括专题讲座、情境设计、心理训练、问题辨析、角色扮演、游戏辅导、心理情景剧等。要注重引导学生心理、人格积极健康发展，最大程度地预防学生发展过程中可能出现的心理行为问题。

3. 考察是否建立心理辅导室，并有效利用心理辅导室

心理辅导教师应有效使用心理辅导室，比如，定期对学生进行心理调查和测试，了解学生在不同时期的心理状况，及时调整与完善心理健康方案，建立学生心理档案，积累学生的个性资料，把握学生心理变化轨道，并实行电子管理，使心理健康教育工作常规化、系统化和科学化。此外，还要考察心理辅导教师是否利用心理辅导室开展个别辅导和团体辅导。

4. 考察是否开拓网络教育阵地开展心理健康教育和咨询

比如，利用网络平台建立班级德育、心灵热线等栏目，积极推进网上心理健康教育活动；以博客为载体，开展"文明小博客"活动，引导中小学生健康上网，与聚集于此的知名作家、教授、心理咨询师以及中小学老师交流互动；聘请专家提供视频讲座、网上心理咨询与服务，为广大师生提供经验交流服务；等等。

5. 考察是否密切联系家长共同实施心理健康教育

学校要帮助家长树立正确的教育观念，了解和掌握孩子成长的特点、规律以及心理健康教育的方法，加强亲子沟通，注重自身良好心理素质的养成，以积极健康和谐的家庭环境影响孩子。同时，学校要为家长提供促进孩子发展的指导意见，协助他们共同解决孩子在发展过程中的心理行为问题。

 案例2.12

北京市第十九中学积极心理健康教育中心①

案例描述：

　　为了给实施积极心理健康教育提供良好的硬件条件，北京市第十九中学结合实际，综合运用经实践证明先进的心理学专业设施设备以及行之有效的方法和手段，创新建设了全国第一家面积达1 632平方米的"积极心理健康教育中心"，共设立了"三厅九室"。

　　该中心以积极心理学为理论指导，同时突出学校历史和特色，形成"三厅九室"的格局："三厅"为中心的主体，对应学校实施积极心理健康教育的三大特色内容，即培养积极心理品质、开发学生潜能、培养感恩品质，并分别命名为美德厅、智能厅和感恩厅；"九室"包括社团活动室、生涯规划室、心理咨询室、团体辅导室、身心放松室、测量训练室等。该中心对心理品质、智能的培养进行细化的专业工作，达到点面结合，普及性和专业性相结合，团体和个体相结合，从而实现积极心理健康教育的具体要求。

　　学校运用多种方法途径贯彻积极心理学理念，具体体现在以下四点。

　　一是开设心理健康课。在初一、初二、高一、高二四个年级开设心理必修课，在初三、高三年级以讲座、班会、心理简报等

------

　　① 《实施积极心理健康教育　为孩子的幸福人生奠基》，全国中小学心理健康教育工作会议交流发言材料，http://www.moe.edu.cn/publicfiles/business/htmlfiles/moe/s7024/201212/145897.html。

方式开展心理健康教育。

二是进行学科课程渗透。各学科教师根据本学科特点和教学内容，针对学生实际，在教学中有意识渗透积极心理健康教育的理念和方法，培养学生积极心理品质。

三是学校开展丰富多彩活动。经合理规划主题教育活动，在各年级有重点地进行积极心理品质的培养。每年春秋两季的心理文化周，已成为该校的品牌活动。每届活动都围绕一个积极主题、一项特色活动展开。比如，春季心理周以"享受身边的微感动"为主题，以搭建"幸福树"为特色活动；秋季心理周则以"说出心中的微幸福"为主题，以"感恩明信片"传递为特色活动。

四是家校联动形成合力。通过家长学校、家长会和学校网站等形式，向广大家长普及积极心理健康常识；加强班主任与家长的交流、沟通，结合实际进行有针对性的指导；组织家庭教育心理咨询的有关活动，为家长答疑解难。

通过全面实施积极心理健康教育，学校的办学水平和办学质量得到提升：成为北京市以积极心理健康教育为主要内容的"国家级高中特色发展实验项目学校"；学生的心理健康教育满意率从 2008 年的 18.4％上升到 2012 年的 89.4％，家长的满意率从 2008 年的 53.8％上升到 2012 年的 88.9％；全校师生的精神面貌积极向上，师资力量明显增强，艺体科技教育硕果累累，中考、高考质量显著提高；对外积极影响日益扩大，每年接待国内外专家、同行参访 3 000 余人次。

案例评析：

案例中的学校以积极心理学为理论指导，通过多个维度开展心理健康教育，形成教育合力，取得了良好的效果。该案例给我们的启示有以下两点。

第一，以"积极心理学理念"开展学校心理健康教育不同于传统的学校心理健康教育，它强化了学校心理健康教育的功效，更加有利于形成积极、完善的学校心理健康教育支持系统，使学校心理健康教育更加有效。积极心理学更加重视研究人性中的正性品质，以人的积极力量、善行和美德为研究对象，关注人类的生存与发展。案例中的学校运用这一心理学理念为学校心理健康教育注入了新鲜血液，促使学校心理健康教育更加有效。

第二，学科教学中渗透心理健康教育是十分必要的。学科课程本身及其教学过程具备丰富的心理健康教育资源。案例中的学校根据本学科特点和教学内容，针对学生实际，在教学中有意识渗透积极心理健康教育的理念和方法，培养学生积极心理品质，是十分值得借鉴的。

四、加强学生学业状况管理

基础教育质量是衡量一个国家、地区基础教育发展水平最重要的指标，学生学业状况是反映教育质量的重要方面。教育质量的形成涉及诸多关键环节，除外部的支持保障条件外，提升质量首先应关注教学过程。但是，目前普遍存在的以追求中考、高考升学率为导向的教学、考试，偏离了课程改革的方向和课程标准的基本要求，考试命题依赖个人经验，缺乏对教育测量学的学习研究；考试结果用于排名、甄别和选拔，加剧了竞争。在此压力下，中小学生很难有发自内心的求知欲，很难有对学校的归属感和亲近感。过重的学习压力，不仅使学生的睡眠时间得不到保证，近视率不断增长，而且导致学生产生学习焦虑乃至生活焦虑，严重地影响了身心健康。

随着国家《教育规划纲要》的颁布，我国基础教育的改革与发展进入了一个新阶段，全面提高教育质量，促进教育的内涵发展成为当前的重要任务。关注学生的学业状况，即是关注学生的全面健康成长，引导学校建立正确的质量观，有利于促进基础教育均衡发展。依据《教育部关于当前加强中小学管理规范办学行为的指导意见》和国家教育体制改革试点项目"改革义务教育教学质量综合评价办法"提出的"绿色指标"等要求，学生学业状况的考察主要从学生学习时间、学生课业质量、学生学习压力（学业负担）三个方面进行。中小学校应严格执行课程计划，切实提高教育教学质量；要科学制定作息时间，切实减轻学生过重课业负担；严格规范考试科目与次数，逐步完善教育评价办法。高度关注学生的学业状况，切实减轻学生负担，是各级教育督导机构的重要任务。

（一）学习时间

《教育部关于当前加强中小学管理规范办学行为的指导意见》指出，地方各级教育行政部门要根据当地实际情况，按照不同学段和年级、走读生和寄宿生的实际需要，对学生休息时间、在校学习（包括自习）时间、体育锻炼时间、在校活动内容和家庭作业等方面做出科学合理安排和严格规定，并组织全面检查，坚决纠正各种随意侵占学生休息时间的做法。

学习时间主要从以下方面考察：（1）学生在校集中学习时间是否符合规定；（2）学生作业时间是否符合规定；（3）学校是否安排了补课时间。

1. 在校集中学习时间

《教育规划纲要》明确提出减轻中小学生课业负担，规定学校要把减负落实到教育教学各个环节，给学生留下了解社会、深入思考、动手实践、健身娱乐的时间。根据这一政策精神，各地政府陆续出台相关文件严格控制学生作息时间和在校集中学习时间。此外，学校的课程安排计划和作息时间表应向学生和家长公布等，接受社会的监督。具体如规定走读生每天在校学习时间（包括自习和文体活动），小学不超过 6 小时，初中不超过 7 小时，高中不超过 8 小时。寄宿生每天在校学习时间（包括自习），小学不超过 6 小时，初中不超过 9 小时，高中不超过 10 小时；小学不上晚自习，初中晚自习时间不超过 2 课时，高中不超过 3 课时；晚自习结束时间初中不晚于 21 点，高中不晚于 22 点。此外，学校的课程安排计划和作息时间表应向学生和家长公布，接受社会的监督。

2. 作业时间

学校应指导教师根据学科课程标准的要求，结合学生知识掌握的情况，不断优化作业设计。作业应降低难度，不要安排大量机械重复训练。要根据不同水平的学生设计不同层次的作业，让每一个学生都能在规定的时间内完成作业。

早在 1988 年，国家教委颁发的相关文件就对小学生的作业量做了原则规定，强调不布置机械重复和大量抄写的练习，更不得以做作业作为惩罚学生的手段，学校和班主任教师应负责控制和调节学生每日的课外作业总量。2009 年，《教育部关于当前加强中小学管理规范办学行为的指导意见》要求切实把课内外过重的课业负担减下来，依法保障学生的休息权利。按照这一规定，大多数省份基本上要求学校针对学生差异，精心选择和设计作业，严格控制课外作业量。小学 1～2 年级一般不布置书面作业；3～6 年级语文和数学可适量布置书面作业，总量不得超过 1 小时；其他学科一般不布置书面作业。初中各学科书面作业总量一般不得超过 1.5 小时。高中各学科书面作业总量一般不得超过 2 小时。切实保证学生充足的休息和睡眠时间。班主任及任课教师应适时对学生给予个性化学习指导。

3. 补课时间

依据《教育部关于当前加强中小学管理规范办学行为的指导意见》，学校不能占用学生法定休息时间加班加点或集体补课。教师利用课外时间的补课，必须是在保证学生安全、学生完全自愿的情况下进行，严禁强迫学生参加。同时严禁中小学校、教师组织利用放学时间、周末、节假日、寒暑假进行的各种形式、各种名目的有偿补课。根据《教育规划纲要》和《国家教育事业发展第十二个五年规划》等政策文件的精神，各省区市陆续出台相关规定，严格规范办学行为，严禁中小学组织任何年级学生在节假日（含双休日和寒暑假）集体上课，或以补差、提优等形式变相组织集体上课。

 案例 2.13

江苏对在校集中学习时间做出明确规定

案例描述：

江苏某市的多名高中生反映，老师在早自习时间讲课文，而且中午的自由活动时间经常被语文老师安排集中学习，致使下午上课精力不集中。当学校向语文老师了解情况时，语文老师说中午是学生的在校时间，用于学习没什么不妥。

针对这种情况，《江苏省委办公厅省政府办公厅转发省教育厅等部门关于进一步规范中小学办学行为深入实施素质教育的意见的通知》（苏办发〔2009〕24号）规定："小学、初中和高中学生每天在校集中学习时间分别不得超过6小时、7小时和8小时。"这里的"在校集中学习时间"明确是指上午、下午学校统一组织的教育教学时间。

上午，为非住校生早晨到校的时间与住校生到班的时间（如两个时间不一致，按照最早的起算），至中午放学；下午，从开始上课至放学。上下午两段时间的总和为全天在校集中学习时间，包括晨读、早读、早自习、升国旗、课间休息、大课间、广播操、眼保健操、自习课等。

中午放学至下午开始上课之间的时间是学生自由支配时间，学校、教师不得要求学生自习、午练、午读等。下午放学后，学校可以开放图书馆、体育活动场所等资源让学生自由活动。学校、教师不得组织学生参加教学活动或自习。文件还规定凡是以教师个人或学生集体的名义要求学生集中学习的也应视为学校行为。

案例评析：

案例中，针对发生的问题，江苏省及时明确了学生在校集中学习时间的界限，便于教师和学生了解和合理安排工作与学习，化解了师生之间的矛盾。该案例给我们的启示有以下三点。

第一，解决中小学生课业负担是全党的意志，是国家的意志，所有中小学都应清楚地意识到，执行或不执行这一系列的规定，是一个法律问题和政治问题。

第二，学习是一个劳逸结合的过程，如果一味占用学生的休息时间学习，效果可能适得其反。休息是所有人的权利，学生同样具有，而有的学校和教师无视学生的法定"休息权"，占用学生的休息时间要求他们学习，这种行为既影响学生充足的休息，又影响学习的效能。

第三，主管部门应该切实加强对学校教育教学活动的指导，对学校教育教学活动中影响学生身心健康发展的行为予以及时的纠正。学校在"禁"的同时，要加强引导。要开放阅读、文化娱乐及体育活动的场所，让学生在校内有调节机能的时间和空间。

（二）课业质量

考察学生的课业质量，主要从课程教学、作业和考试（测验）是否符合相关规定两个方面进行。

1. 课程教学是否符合有关规定

《教育部关于当前加强中小学管理规范办学行为的指导意见》指出，要严格执行课程计划，切实提高教育教学质量。省级教育行政部门要研究制定实施国家课程、地方课程和学校课程的相关政策和管理制度。地（市）、县（区）教育行政部门要全面督促落实本地区课程实施计划，并坚决纠正任何违背教育规律、加深课程难度、增加课程和课时、赶超教学进度和提前结束课程的现象。鼓励和表彰在规定教学时间内、通过提高课堂教学效果和学生学习效率、提高教育质量的先进学校和优秀教师。

考察课堂教学是否符合有关规定，需要考察：（1）是否严格遵循课程标准，不随意高拔、降低教学内容的难易度，根据学生现状，实施因材施教、分层教学，挖掘每一个学生的潜力，关注每一个学生状况，让每一个学生都得到最大发展；（2）教师是否科学设计教学方案、准确把握教学方法，切实提高课堂教学效率，让有效的教学时间发挥最大效益；（3）教学进度和课程结束时间是否符合规定。

2. 作业和考试（测验）是否符合相关规定

《教育部关于当前加强中小学管理规范办学行为的指导意见》指出，要严格规范考试科目与次数，逐步完善教育评价办法。各地要对小学、初中、高中的考试科目和考试次数在全面排查的基础上加以科学规范。坚决制止随意组织学校参加各种统考、联考或其他竞赛、考级等现象。学校考试命题要科学合理，考试内容要符合课程方案的基本要求，不得随意提升考试难度、增加考试次数，积极探索以完成本学段国家规定教育目标为基本标准、以学业水平测试和学生综合素质等为主要指标的综合评价体系。不以升学率对学校排队，不以考试成绩对学生排名。加强高考信息管理，制止对高考成绩的各种炒作。

考察作业和考试（测验）是否符合相关规定，需从以下几个方面进行：（1）教师是否按照课程标准，设计出科学合理、具有创造性、趣味性的作业和考试（测验），不要呈现"难、繁、偏、旧"、死记硬背、机械训练、重复练习的作业和考试（测验）内容；（2）教师是否指导学生掌握学习方法、掌握考试（测验）的技巧，提高学生完成作业和考试（测验）的质量和效率；（3）学校考试次数是否合适；（4）学校是否对学生综合素质进行评价。

 案例2.14

教学减法，助孩子"零起点"起航

案例描述：

　　这是上海一所普通的公办小学，没有任何特别的光环，学生中外来务工人员子女占一半以上，绝大部分一年级新生识字都不过百，个别孩子"大字不识10个"。然而，教育部公布的2009年全国中小学生学业质量分析报告显示，这所小学接受测试的四年级学生，数学和语文成绩均在"良好"以上。学校所在的区测试成绩也在全国名列前茅。让孩子们从"零起点"顺利起飞，且不乏后劲，有啥诀窍？孙校长说，奥妙在于我们的教师都会做一道特别的"教学减法"。

　　孙校长说，前一次的教育部测试，本校三年级学生的成绩不算理想——ABCDE五档成绩，获A、B两档的很少，大多为C和D，得E的也有。2006年起，学校加入市教委教研室"小学语文课程有效性实证研究"课题实践，成为五个实验区的十所试点学校之一，从目标、备课、上课、作业到评价等环节，开始全方位课堂改革。

　　"以前有老师觉得在课堂上灌得越多越好，"孙校长坦言，"看到他校学生有扎实的学前基础，我们老师非常着急，便自己在课堂上增补了很多内容。"例如，教一个"工"字，恨不得一股脑地把工厂、工人、工作等相关词语全部教完，逼着学生去记、去默，结果适得其反。老师累，孩子苦，甚至失去了学习的兴趣和信心。课题组要求老师放慢速度，一个字一个字教，一个词一个词学，陪着孩子一起慢慢来。市、区教研员严格把关，课堂上的每张测试卷都绝不超过课程标准，让教师教得扎扎实实。

　　课题组组长、教语文的蒋老师班上有个女孩，入校时只认识"一"和"到"两个字，自己的名字也不会写。遇到二期课改语文课强调的是整体认读，一段段课文如天书一般"横"在面前，小姑娘上课紧张得都要哭出来了。蒋老师发现后便针对这种情况设计出多种识字游戏，带着识字量较少的孩子编儿歌、猜谜语，上课经常请她发言，建立自信。一个学期以后，这个孩子在课堂上的神情渐渐放松了。三年级时，这个女孩已经成了班上的识字冠军。

　　课堂上的"减法"，教师做起来可不轻松。每天课后，学校都有1小时左右"圆桌学习"时间，教师和学业上有困难的学生围坐在一起，为他们答疑纠错；学有余力的，可以到"330课堂"的十几门课程中选自己感兴趣的发展特长。

案例评析：

　　案例中学校教师紧扣课程标准，帮学生打下扎实的基础，使孩子爱学、乐学，并能兼顾吃不饱的学生的需要，通过选修课发展学生的爱好与特长，取得了很好的效果。该案例给了我们以下三点启示。

　　第一，减轻学生的学业负担，首先要减轻教师的心理负担。许多教师往往为求得班级学生的排名而努力，利用大运动训练的办法，乃至揠苗助长，加重学生负担，结果适得其反。在这里，第一责任人是校长。该小学的校长教育思想端正，严格按照课程标准，不随意增加教材难度，引导教师以平和的心态对待测验成绩。这显然是他们取得教学成效的关键所在。

　　第二，成功教学的关键在于调动学习者的兴趣和积极性。从"一"开始即从基础出发，让"学问"变得可懂可学，使学生不把学习视作畏途，因而自信满满，对学习饶有兴趣。这是教师作为一个专业工作者与其他专业人员的区别。例子中的蒋老师就是这方面的专家。

第三，教学还需满足不同学生的发展需要。拒绝划一化的教学，是减轻负担的路径之一。这所学校实施个别教学、设计学习游戏，举办圆桌学习，实施课程选修等，都是值得借鉴的经验。

- -

（三）学习压力与负担

当前，中小学校内外学习时间长、课程难度大，学校考试频繁，家庭作业形式单一、耗时长，学生参加校外补课现象普遍存在，这势必挤占学生自主活动时间等，导致学生的学习压力与学业负担过重，影响青少年睡眠和健康水平。近年来快速增长的中小学生肥胖率、近视眼率就是这一危害的直接表现。

减轻学习压力和学生过重学业负担是一项复杂的系统工程，需要政府、学校、家庭、社会共同努力。需要标本兼治，综合治理；需要把减负落实到学校教育、家庭教育、社会教育的方方面面和各个环节。《教育规划纲要》等政策文件提出要建立中小学生课业负担监测和公告制度，加大对违反中小学办学行为规范的惩处力度；建立各种教辅材料和课外补习班的管理制度，鼓励家长、社区和新闻媒体进行监督。同时要改革学生考试和评价机制，综合考虑学生的整体素质和个体差异，改变以升学考试科目分数简单相加作为唯一录取标准的做法，不得下达升学指标，不得以升学率作为评价学校工作的标准。

考察中小学生的学习压力与学业负担时，我们可以通过考察学生在学习过程和生活中的状况来考察学习压力是否过重，也可以通过学生学习或作业时间、活动时间、学生评价等来考察学业负担是否过重。

1. 学习压力

在中小学生学习的过程中，合理适度的学习压力是必要的，有适度的学习压力，才能有助于激发学习者的意志和潜能，从而不断取得发展。现实的情况是中小学生普遍感到压力太大。有人曾在某学校高一年级做过关于学习压力的问卷调查，其中有 47.15％的学生认为学习压力过大，很多人用"好烦""太沉重""好辛苦"等字眼来形容自己的生存状态。学习压力过大，已经是目前青少年学生普遍面临的问题。过大的学习压力会导致学生丧失自信。长期体验不到成就感、愉悦感，让很多青少年过早丧失了学习的热情和兴趣。有的同学干脆自暴自弃，放弃了学习，沉迷于网络虚拟世界来逃避现实，甚至使学生由厌学走向厌世。

考察学生的学习压力是否过大，主要考察学生在学习过程和生活中的状态，包括以下内容：（1）是否对老师传授的知识不感兴趣，如看到课本就厌烦，上课无精打采，做小动作，甚至破坏课堂纪律；（2）生活上感到乏味，对什么都提不起兴趣，经常抄同学作业或根本不完成作业，甚至一见到作业就厌烦，就有无名之火，严重的还会出现恶心、呕吐等生理反应；（3）与教师的关系过分紧张，从心里不喜欢、憎恨老师，甚至对所有的老师都没有好感；（4）和家长的关系紧张，特别厌烦家长督促检查自己的学习，不愿意和家长讨论有关学习的事，经常和家长发生冲突；（5）害怕考试，对考试表现出明显的焦虑，考前过分紧张，睡不好，考试时脑子一片空白，平时会做的题都忘得一干二净。

2. 学业负担

《中共中央国务院关于深化教育改革全面推进素质教育的决定》指出，减轻中小学生课业负担已成为推行素质教育中刻不容缓的问题，要切实认真加以解决。各级政府都要建立健全减轻学生课业负担的监督检查机制。1994 年，国家教委《关于全面贯彻教育方针减轻中小学生过重课业负担的意见》指出：要采取切实办法，减轻中小学生过重课业负担，"中小学生课业负担过重突出表现在，有的学校随意增加课时，超纲授课，作业量大，考试频繁，资料泛滥；社会上各种竞赛、奥校、奥班、读书、评奖等活动名目繁多；一些领导部门向教育部门和学校下达升学指标等"。《国家教育事业发展第十二个五年规划》更是明确提出到 2015 年要基本实现中小学生全面减负的目标。

考察学生负担主要从以下几个方面入手：（1）学生学习或做作业时间

是否超过国家教育部或地方教育行政部门有关规定的时限；（2）学生自由活动时间是否明显减少；（3）学生的练习册是否繁多；（4）学校是否随意变更教学计划；（5）学校是否对学生的评价只注重学生的学习成绩，而忽视学生其他方面能力的培养；（6）学校是否采取有效措施减轻学生过重的学业负担并落到实处。

 案例 2.15

- -

减负不减质

案例描述：

　　"一、不许变相体罚学生，字错之后最多写三遍；二、不许让家长出任何练习作业；三、不许留过多的、无用的、机械性抄写的作业……"2007 年 3 月，某市的城关小学正式打响减负行动第一枪，出台了《城关小学"教师七不许"》条例，要求全校教师重新思考提高课堂教学效率的策略。教师们在教学实践中渐渐发现，那些"不许"，非但没有降低对他们教学的要求，相反地却在不断督促他们提高课堂效率，向 40 分钟要质量。

　　探索中，学校大胆进行学科教材整合的尝试，创造性地使用国家课程，开发校本课程，改革教学方法，提高课堂教学效率。例如，语文学科重点进行了"巧用结合点，提高课堂教学效率"的研究，教师们经常将有共性或有差异性的课文组合到一起讲，高效地完成教学任务；数学学科对教材进行重组，尝试数学"瘦身"与"强体"的做法，其中在教多位数乘一位数时，数学教研组总结出将 13 课时的内容浓缩到 6 课时，并高效完成；英语学科则通过"三个关注"，即关注语言环境，关注课堂实践，关注课后发展，不断减轻学生的心理负担、学习负担和作业负担，最终实现减负与增质的双赢。

为了将理念真正落到实处，城关小学在制定的减负工作思路中，明确指出了学生、教师和家长减负的内容，并分别规定减些什么、如何做、要达到什么效果。责任到人的减负行动，"减"得扎实而有效。

为了让家长也支持学校的减负运动，学校索性开放课堂，邀请家长走进减负课堂，共同体验孩子们从"要我学"到"我要学"的转变……"为了提高学生的综合素质，我们提出在学生的课外活动中'做加法'。"校长介绍说，学校开展"享受我的课余生活，秀出我的个人风采"主题实践活动，鼓励学生参加各种各样的课外活动，并在活动中倡导学生自己的事情自己做，不给家长添麻烦，提高自理能力和责任意识。

案例评析：

案例中城关小学立足学生全面成长、整体规划学生学习内容，调动了教师、学生、家长三方面力量，合理解决了学生负担过重的问题，切实减轻了学生学习负担，收到了很好的效果。从以上案例，我们可以获得如下两点启示。

第一，减负的核心还在于课堂教学效率的提高。教师只有在备课、讲课上下功夫，创造性地使用国家课程，开发校本课程，进行教材整合，改革教学方法，才能提高课堂教学效率，把学生过重的学习负担减下来。

第二，学校要注意多方面力量的整合，取得教师、学生、家长多方面的支持与配合，才能使减负取得成效。

第三章 课程与教学管理

课程在学校教育中具有核心地位，学校的一切工作都是围绕建设课程、实施课程开展的，而教学是实施课程的基本途径。课程与教学管理是依据和运用管理科学、课程论和教学论的原理、原则与方法，对课程系统和教学过程加以统筹优化和安排，进行管理与评价，使之有序运行和提高效能的过程。2001 年教育部印发的《基础教育课程改革纲要（试行)》指出，大力推进基础教育课程改革，调整和改革基础教育的课程体系、结构、内容，构建符合素质教育要求的新的基础教育课程体系。2010 年 4 月教育部印发的《关于深化基础教育课程改革进一步推进素质教育的意见》指出，要深化课程与教学改革，进一步推进素质教育。2010 年 7 月中共中央国务院印发的《教育规划纲要》又指出，要改革人才培养模式，倡导启发式、讨论式、参与式、探究式的教学方式。上述文件对学校课程与教学管理工作提出了相应的要求，也是评价课程与教学的主要依据。

本章包括课程管理和教学管理两部分：课程管理包括课程规划、课程开发、课程实施和课程评价；教学管理包括教学常规管理、课堂教学改革、教育教学研究和教学质量评价。

一、课程管理

课程是为实现各级学校的教育目标而规定的教学科目及其目的、内容、范围、分量和进程的总和，是学校学生所应学习的学科总和及其进程与安排。课程管理即对课程的管理，是对课程活动的全过程进行管理，是对课程编订、实施、评价的组织、领导、监督和检查等全方位进行的管理。2001年，《国务院关于基础教育改革与发展的决定》明确指出，必须全面贯彻党的教育方针，加快构建符合素质教育要求的新的基础教育课程体系，实行国家、地方、学校三级课程管理。这对课程建设提出了新的要求。

本章结合相关政策精神和中小学课程建设实际，对课程管理主要从课程规划、课程开发、课程实施和课程评价四个方面进行考察。

（一）课程规划

学校课程规划是学校根据相关政策，立足于本校实际情况，利用一切可以利用的资源对学校课程（包括国家课程、地方课程、校本课程）的设计、实施与评价等进行优化的过程。课程规划为课程的管理实施提供基础和决策依据。考察课程规划可以从以下两个方面进行。

1. 课程规划文本结构设计的科学合理

（1）课程规划框架的完整性，包括学校的愿景与目标、学校课程方案（课程设置）的编写、学校课程的实施策略、学校发展性课程评价纲要、学校课程委员会的运行（课程的管理）五个方面。

（2）课程规划方案的适切性。课程规划方案是否体现学校的办学理念，在课程目标、课程范围、课程内容、课程设计模式、课程实施步骤、课程评价手段等方面能否结合学校所处地域、学生实情进行构想。

2. 课程规划内容结构设计的科学合理

《基础教育课程改革纲要（试行）》明确提出，为保障和促进课程对不同地区、学校和学生的要求，要实行国家、地方和学校三级课程管理。其中，国家制定中小学课程发展的总体规划，确定国家课程的门类和课时，制定国家课程标准，宏观指导中小学的课程实施。在义务教育阶段，学校课程应以国家课程为主，地方课程和校本课程为辅；随着年级的升高，在高中阶段应加大地方课程和校本课程的比例，以适应不同地区和学生发展的需求，体现课程结构的全面性、针对性和多元性。为此，需从以下三个方面考察学校课程规划中课程结构设计的科学合理性。

（1）全面性。学校课程规划要充分体现按国家课程方案开设各类课程，学科与学科之间、学科活动与课时安排之间、学科内容之间的关系要考虑全面，关注学生全面发展。课程结构的全面性应从两个方面切入：第一，对学习领域的规划和设计，或者学科与活动的规划和设计必须全面；第二，对各学习领域，或者学科与活动的课时安排必须均衡。

（2）针对性。课程结构的针对性可以从学校的课程规划中反映出来，由于小学、初中、高中各个阶段各有侧重点，为此需分段进行考察。

（3）多元性。课程结构的多元性是依据地方、学校与学生的差异客观存在的现实及课程的适应性要求而提出的，它主要涉及各级地方教育主管部门、学校（校长与教师）、学生有什么样的权力和有多大的权力对课程做出选择。课程结构的多元性体现在：学校是否根据地方、学校与学生的差异提供了可供选择的课程；学校是否制定适合本校学生的选修课制度并加以实施。

 案例 3.1

- -

重庆市珊瑚小学课程规划掠影

案例描述：

珊瑚小学地处重庆市主城区，学校师资雄厚，生源富足。在新的历史时期，学校领导高度重视课程规划的整体构想。学校成立了课程规划领导小组，具体负责三级课程管理、课程实施、课程实施的检测与分析、课程实施的总结与分析等工作。学校制订了课程设置规划方案。结合"珊瑚最红，孩子最亲"办学理念，学校提出课程建设的三年目标：构建适合全校师生的"亲"可贴心拥抱、"近"可触摸参与的课程体系，以促进师生的共同发展。

学校从结构、内容和形态三个维度建构学校的亲亲课程体系，对课程的设置进行全方位规划。

在课程结构上，以孩子成长为圆心，建立起"同心圆"课程。第一个同心圆为学科基础课程，囊括所有国家规定的课程，教好每门课程，促进学生全面发展。第二个同心圆为趣味拓展课程，由 10 大类 100 个模块组成。第三个同心圆为特长彰显课程，由 3 大类 9 个模块组成，向学有余力和具有特长潜质的学生开放，旨在做好拔尖创新人才的早期培养。

在课程内容上，以孩子的生活为依托，将课程与孩子的心意、心向、心结贴在一起。在课程形态上，以开发性实施为抓手，让课程变成孩子喜欢的"样子"。特别注重课程实施中的"二次开发""三次开发"，乃至"N 次开发"。

为了确保课程设置得以正常实施，学校根据多年来在课程管理的经验，在规划中拟定了学校课程实施四大策略：构建完善课程管理制度、强化课程实施过程管理、注重课程实施效果呈现、重视反馈促进实施优化。

在"珊瑚最红，孩子最亲"办学理念的深度实践和建构过程中，学校实现了飞跃式发展，成长为重庆市家喻户晓的名校。中科院院士王乃彦评价该学校"是一所拥有自己校园文化、独特科学教育发展路径的小学"。①

案例评析：

这个案例讲的是一所小学结合学校实情，围绕办学理念而对学校课程进行的整体规划。该校根据《基础教育课程改革纲要（试行）》中关于基础教育课程改革的具体目标、课程结构的相关要求，构建了较为完善的课程规划，能结合学校发展实情、根据学生需求设计规划"同心圆"课程结构，以构建适合全校师生的

---

① 廖茂：《珊瑚最红，孩子最亲》，《科学咨询（教育科研）》2012 年第 9 期。

"亲"可贴心拥抱、"近"可触摸参与的课程体系，以促进师生的共同发展。该案例给我们的启示有以下三点。

第一，科学合理的课程结构设计，能促进符合素质教育要求的课程体系形成。该校课程规划紧扣学校办学理念，构建符合学校实情的"亲"可贴心拥抱、"近"可触摸参与的课程体系。从规划中可以看出，学校一方面将国家课程设置为第一个同心圆，囊括所有国家规定的课程，要求学校集全力教好每门课程，促进学生全面发展；另一方面将趣味拓展课程设置为第二个同心圆，同时将特长彰显课程设置为第三个同心圆。这样的规划和构想较好地兼顾了《基础教育课程改革纲要（试行）》对课程结构在全面性、针对性和多元性方面的要求，有利于学校课程结构的臻于完善，课程体系切合学生实情。

第二，完善的课程规划文本设计，能为课程的管理实施和决策提供保障。该校的规划构建了较为完善的课程设置方案。课程设置方案各方面的内容能够很好兼备，并做了一定程度的阐释和说明。特别是能结合学校自身实际，展开规划的构想和设计。构建学校课程规划的目标、课程设置的思路、学校课程的实施策略、学校发展性课程评价纲要、课程的管理等方面的内容能够很好指导学校的课程规划工作，为课程的管理实施和决策提供切实可行的保障。

第三，选修课程的合理设计，能充分满足每一个学生的需求。学校在选修课程的设计中为学生构想两个圆：趣味拓展课程之圆和特长彰显课程之圆。这样让学生有了适合个性需求的发展之圆，真正发挥了地方课程和校本课程的功效。可以设想，这样的选修类课程的设置，无疑让学生选择性学习的空间更广，获得的学习机会更多。

该案例为我们呈现了一个学校较为科学合理的课程规划，将为学校和学生的可持续发展奠基。当然，该校的规划在如何进行动态的监控、建立健全科学合理的选修制度等方面还可以做进一步的改进和细化。

（二）课程开发

课程开发是指通过学校教育改革需求和可行性的调研分析，确定课程目标，再根据这一目标选择某一个学科（或多个学科）或某几个专题的教学内容和相关教学活动进行设计、组织、实施、评价、修订，以最终达到课程目标的整个工作过程。1999 年 6 月，《中共中央国务院关于深化教育改革全面推进素质教育的决定》指出：调整和改革课程体系、结构、内容，建立新的基础教育课程体系，试行国家课程、地方课程和学校课程。2001 年，《基础教育课程改革纲要（试行）》明确提出，基础教育课程改革的具体目标之一，是"改变课程管理过于集中的状况，实行国家、地方、学校三级课程管理，增强课程对地方、学校及学生的适应性"。2001 年，教育部发布的《学校课程管理指南》指出，校本课程开发的类型有三种：选用、改编、新编。课程选用是校本课程开发中最普遍的活动，是教师从课程资源中选择比较适合的课程；课程改编是教师根据学生的实际情况和学校或自身的现实条件，对已有的课程进行局部的内容修改或结构调整；课程新编是指教师根据需要与可能而开发的全新的课程。上述文件对课程开发提出了要求，也是考察课程开发的主要依据。这里考察课程开发主要着眼于校本课程的开发。校本课程开发过程涉及课程的需求、课程目标的确立、课程材料的选择、课程的实施、课程的评价等因素。为此，考察校本课程开发须从课程的需求、课程目标的确立、课程材料的选择、课程的实施、课程的评价五个方面进行。

（1）校本课程的开发符合需要。校本课程的开发应在办学理念指导下进行需求分析。需求分析的对象包括学生、地区和社会。对学生需求的分析，涉及学生知识需求和身心发展需求。对地区需求和社会需求，考察地区乃至社会在经济文化等方面发展对人才和信息的需求状况及特点，以期开发出既满足学生需求又有利于地区和社会发展的校本课程。可以察看学校是否进行了学生需求的问卷调查、人才市场分析、网络信息分析、地区发展报告分析等。

（2）校本课程开发目标定位准确。学校应汇总需求评估、资源分析情况，理清办学思路，提炼核心理念，确定校本课程开发总目标，形成课程开发的总体设想。校本课程开发的目标应着眼于学生、教师和学校的发展。从学生角度尊重学生的自主选择，面向学生的生活世界和个性充分发展创造的空间，从教师角度立足于教师专业发展，从学校角度着眼于学校的特色化发展。可以通过察看学校的课程设置方案，校本课程开发的进程等，考察校本课程开发目标定位。

（3）校本课程开发的材料选择组织合理。校本课程开发应充分挖掘校内外一切资源，并结合学生、教师、学校实情进行系统整合。考察材料选择合理可以从三个方面切入：第一，充分挖掘人文教育资源；第二，充分挖掘地方自然资源；第三，充分整合社区教育资源。

（4）校本课程的实施具体落实。校本课程开发中校本课程的实施是重要一环，考察实施具体落实可以从四个方面切入：第一，是否制定了合理的校本课程实施方案；第二，是否制定了完善的保障措施制度；第三，是否建立了落实过程管理、健全课程实施的监控机制，即学校是否有对校本课程实施的检查记录；第四，是否有课程实施的反馈及改进措施。

（5）学校建立合理的校本课程的评价系统。校本课程的评价应遵循多元性评价、过程性评价、发展性评价的原则。从对象来分可以从学生和教师两个方面分析。

首先，校本课程实施中对学生的评价合理。这包括：第一，确定学生评价的内容；第二，形成学生评价的标准；第三，确立学生多元评价的方法；第四，构建科学的评价方式。

其次，校本课程实施中对教师的评价合理。这可以从五个方面考察：第一，教导处有教师对校本课程计划、进度安排的记载，有教案，有考勤评估记录；第二，教师按学校要求，达到规定的校本课程的教学课时与目标；第三，教师保存学生的作品及在活动、竞赛、上课中的全套完整资料；第四，学校每学年通过听课、查阅资料、调查访问等形式对教师进行考核；第五，学校对于参加校本课程开发的教师给予适当的奖励。

 案例 3.2

乡土音乐进课堂行不行

案例描述：

"横山昆词"民间艺术现场演出在某城区隆重举行。演出深深吸引了城区一所学校的众多师生。演出中横山昆词浓郁的乡土气息、曲折婉转的节奏使得现场观看的该校学生对其产生了浓郁的兴趣。

近二十名该校的学生集体向学校的音乐老师反映，是否可以将本地区的横山昆词引进音乐课堂。音乐组教师对横山昆词作为音乐课的拓展课程的可行性进行了分析，对全校学生进行问卷调查。反馈显示 68% 的学生对横山昆词这一乡土音乐感兴趣，有想学想唱想打的愿望。他们同时分析了本地区横山昆词这种乡土音乐的特点，结合学校音乐课堂的现状，认为在师生的共同参与下将横山昆词引进课堂一方面可以将乡土音乐更好地传承下去，另一方面也可以培养学生的个性特长。音乐组教师利用休闲时间多次走访了本地横山昆词的传承人张桂银老人，向其讨教有关本地区乡土音乐的音调特点、演唱技巧等相关问题，以及校本课程开发的内容选定、开展步骤等有关事宜。最后在通过学校校本课程管理委员会的确认后，以"面向全体、基本普及、尊重差异、个体发展"为教学目标，为原有"艺术特色学校"增添民间艺术的元素，在全校学生中展开了多元化、多层次的乡土音乐进课堂的校本课程开发。

　　一学年后，音乐组教师向学校校本课程管理委员会汇报了"横山昆词进课堂"校本课程开发和实施的情况。他们陈述了横山昆词进课堂的整个实施过程，对课程的进程安排，开设的内容和形式，老师所开发的资源进行了介绍。音乐组教师以开展兴趣小组，举办民间音乐讲座为起点，激发学生吹奏清唱乡土音乐的兴趣。课堂上选择以吹奏、干打等作为切入点，通过教学"昆词点江诗本"开展乡土音乐教学。同时，引导学生走进乡土音乐生长的土壤，组织学生前往横山地区采访横山昆词传承人张桂银老人，聆听这些传承人吹奏，清唱，并讲述他们当年学横山昆词的故事，丰富课程内容。学年末学校围绕横山昆词举办了一场师生现场汇报演出活动。

　　音乐组教师在汇报的同时，也带来了部分学生学习乡土音乐这一课程的学习记录袋。学生的成长记录袋详细地记录了学生参与这门课程的次数、完成作业情况、学月及学期评价等级、师生评语等。学校校本课程管理委员会根据四位音乐教师的陈述，对横山昆词乡土音乐进课堂这一校本课程的开发和实施给予了肯定。但横山昆词进课堂校本课程也遭到部分教师的质疑，他们认为这种乡土音乐不能登大雅之堂，让学生学它无疑是浪费时间。

案例评析：

　　这个案例讲的是一所学校"乡土音乐进课堂"这门校本课程的开发和实践过程。在该校校本课程管理委员会的领导下，学校音乐组教师根据学生需要，结合本地区乡土音乐的实情，将横山昆词这一民间艺术引入音乐课堂。从校本课程开发的一般流程来看，该学校校本课程的开发是比较科学合理的。该案例给我们的启示有以下三点。

第一，校本课程开发要兼顾多方选择，才能更加科学合理。校本课程的开发要兼顾学生、学校和地区需求的选择，兼顾学生兴趣特长发展的选择，兼顾校内外资源的选择，才能不断趋于合理。本案例中，学生、学校、地区发展对乡土音乐需求上是有选择的，学生在个性特长的发展中对乡土音乐也是有选择的，同时，音乐组教师对乡土音乐资源的运用也是有选择的。正因为如此，其校本课程的开发才收到了较好的成效。

第二，校本课程的开发成功有赖于因地制宜利用资源。校本课程的开发离不开人文教育资源、地方自然资源、社区教育资源的整合。只有因地制宜对各类资源进行整合，才能真正开发出适合学生、教师、学校的校本课程。该案例是对地区人文资源的整合运用的范例，几位音乐教师围绕横山昆词挖掘其可利用的教育资源，让其为乡土音乐进课堂服务。在其开发过程中还可就当地的地方自然资源和社区教育资源进行发掘，让其成为横山昆词唱词中的内容，以此丰富横山昆词"打、吹、唱"的内容。

第三，课程实施的落实和科学的校本课程开发评价体系确保校本课程开发的质量。该案例中，学校对学生的评价有具体的方法、标准和方式，对学生学习乡土音乐横山昆词能够起到推动作用。

但从案例呈现来看，学校课程管理委员会仅就几位音乐教师的陈述进行评价，这样的教师评价显然尚缺乏科学性，既没有对过程进行监控的记录，也没有一定的奖励措施。这无疑会导致该校本课程在实施过程中出现漏洞，导致该课程可能走形式、摆花样。从案例中还可以看出，学校在对校本课程开发中相应规章制度还不够健全，需要进一步在操作机制上给予完善。

（三）课程实施

课程实施是将课程规划付诸实践的过程，是达到预期课程目标的基本途径，是课程建设中最能体现师生创造价值的环节。2001年，《国务院关于基础教育改革与发展的决定》提出，在保证实施国家课程的基础上，还要实施好地方和校本课程，探索课程持续发展的机制。同年，《基础教育课程改革纲要（试行）》对课程实施中的"教学过程"部分从教学活动、信息技术的应用两个方面提出了明确要求。2010年，教育部《关于深化基础教育课程改革进一步推进素质教育的意见》提出，坚持以促进学生德智体美全面发展为宗旨，把指导和规范学校全面落实课程方案，突破课程实施的薄弱环节作为重要任务。2013年，国务院教育督导委员会办公室印发了《中小学校责任督学挂牌督导办法》，要求责任督学要将"课程开设和课堂教学情况"作为经常性督导的主要内容之一。

结合相关政策精神和中小学实际，这里选择从课程实施方案、课程实施途径（包括课堂教学、课外活动）和课程实施效果三个方面进行考察。

1. 实施方案

课程实施方案是学校教学管理部门根据课程规划具体落实各门课程的开设顺序、课时分配，安排教学任务，提供实施条件等全过程的方案。学校应根据国家课程方案、省级教育行政部门的课程计划和学校校本课程开设的意见，一般以一个学年或学期为单位，具体安排各个年级一个周每门课程的课时，同时还要将每个班级每门课程的教学任务分配给相应的任课教师。考察一所学校的课程实施方案可从以下两个方面进行。

（1）科学规范安排课程。学校应按照各学段国家课程设置方案开齐开足国家规定的课程科目，不随意增减课时，不挤占艺术、体育、综合实践活动和技术等非考试科目的教学时间；按照地方教育行政部门的规定开设地方课程；结合学校校本课程的规划和学生的选择开设校本课程。学校还应建立选修课程指导制度。

（2）认真落实实施方案。学校应该保证学生实际所上课程与课程安排表上安排的科目与周课时一致。防止出现学校在应付检查时有一套课程表，学生实际上的是另一张课程表的"阴阳课表"现象。学校还应建立规范的调课制度，并至少提前一天告知学生，尽量防止临时调课的现象。

 案例 3.3

一次过程督查中的"发现"

案例描述：

  在一次例行的课程实施情况督查中，西部某县教委检查人员来到一所小学。检查人员没有先到校长办公室，而是走到操场上，看见三个孩子正在玩耍，于是便问他们是哪个年级哪个班的学生。孩子也不陌生，聊了几句后，检查人员便问他们每周上了几节音乐、体育和美术课。其中一个孩子说，是听真话还是假话，检查人员说当然是听真话。于是这个孩子说，他们一周只上了两节体育课，音乐课有时上有时没有上，美术课基本没有上，课表上安排的美术课基本上都是上的语文或数学。

  然后，检查人员来到这几个孩子所在班级，正准备查看课表时，该班班主任也来到教室。检查人员问了班主任同样的问题，班主任回答这几门课程都是按要求上了的，不信的话可以看课表。课表上的确是按要求的周课时安排了这几门课程。恰好此时，在操场上玩耍的那几位孩子回到了教室，他们似乎并不怕老师，马上说不对，这时班主任的脸马上就红了，检查人员也明白了真相。

案例评析：

  这个案例反映了一所学校在课程实施中违反国家课程计划，未开齐开足国家课程的行为。该案例给我们的启示有以下三点。

第一，该校校长和教师课程意识淡薄。国家课程体现了国家对学生发展的基本要求和共同质量标准，学校作为课程改革的主体，有责任也有义务履行国家课程方案。

第二，该校应试教育思想严重。对艺术、体育等非考试科目不重视，挤占这些科目的时间上语文、数学等考试科目，影响了学生身心健康，不利于学生的全面发展。

第三，各级教育行政和督导部门应加强督查，特别要重视学生和家长的意见反馈，在考核学校时深入了解真实情况，严肃纠正违反国家课程计划的行为。

----

2. 实施途径

课程实施途径主要可从课堂教学和课外活动两个方面考察。

（1）课堂教学。课堂教学是落实课程标准和教学目标的具体行动，是国家课程、地方课程、校本课程在教学中的具体表现。考察一所学校的课堂教学，主要是查看教师的教案并进入课堂观察。主要考察点包括教学准备、教学过程、教学效果和课后分析四个方面。

一是教学准备。教学准备的主要工作是做好教学设计。教育部颁布的《中学教师专业标准（试行）》提出教学设计包括三个方面的内容：科学设计教学目标和教学计划、合理利用教学资源和方法设计教学过程、引导和帮助学生设计个性化的学习计划。因此，教师在备课时要能准确把握课程标准，准确分析重点、难点；准确把握学生实际，课时目标恰当；教学环节设计合理，练习设计针对性强；能有效利用各种课程资源优化设计教学内容。教学设计应为实施教学过程做好准备。教学设计的文本成果一般表现为教师的教学方案。

二是教学过程。《基础教育课程改革纲要（试行）》指出："教师在教学过程中应注重培养学生的独立性和自主性，引导学生质疑、调查、探究，在实践中学习，促进学生在教师指导下主动地、富有个性地学习。教师应尊重学生的人格，关注个体差异，满足不同学生的学习需要。"因此，考察教学过程，通常需要进入课堂进行现场和即时观察，主要看以下几个方面：第一，教学活动是否围绕教学目标展开；第二，教学内容是否科学、准确，容量是否恰当，重难点处理是否得当；第三，教学方法是否灵活多样，是否注重启发引导，是否指导学生科学的学习方法和思维方法，现代教育技术运用是否恰当；第四，是否及时进行评价和反馈；第五，教学环节是否紧凑、合理、完整，教学进度是否适宜、与学生思维是否合拍，教学的时间分配是否合理；第六，教学语言是否准确、精炼、生动形象，板书设计是否简明扼要、重点突出、美观大方，教态是否亲切自然；第七，练习的针对性是否强，有无分层要求；第八，是否面向全体，关注学生差异。

三是教学效果。教学效果是教学取得的成效，是经过教学过程之后学生获得的实际结果。考察一所学校的教学效果，主要是观察课堂和学生反馈，可以从以下要点进行考察：课堂教学目标是否得到全面落实；学生积极性是否高涨，课堂气氛是否活跃；学生当堂掌握知识、技能的情况如何；师生配合是否默契，学生思维是否活跃；学生创新精神、实践能力和良好学习习惯是否得到培养与发展；学生在学习过程中是否获得积极的情感体验。

四是课后分析。教师应当从成功方面、不足之处、教学机智、学生创新等方面经常反思自己的教学。对学生布置的作业教师应该先做，作业量和难度适当，有分层要求，做到有发必收、有收必批、有批必评，并做好学生作业情况记录。教师要善于从学生课堂表现和作业情况判断教学效果，注重教学反馈，针对学生问题提出矫正方案和自身教学行为的改进、跟进措施。

案例 3.4

一位"懒老师"的收获

案例描述:

一位教师在执教课文《鸟岛》时突发奇想,自己累了一个学期了,这次做一回"懒老师",让学生自己教自己如何呢?于是,他在自习课上先鼓励学生充满自学的热情,相信自己能够把自己教会,也能够把同学教会,相信自己,只要积极地动起来,就会创造属于自己的课堂精彩。紧接着,他把学生分为两个组,一组和二组成员互为小教师,各组组长为负责人,按照老师的提示和要求进行学习。课后进行比赛,看哪组的学习通关人数多,孩子们的热情马上被调动了起来,一个个像站在起跑线上的运动员,整装待发,充满信心。

下面是这位教师描述的情景。

情景一:学生紧张备战,在我的巡视过程中,我发现有个小姑娘在趴着哭。我赶紧走上前去,还没等我张口问,就听到一个男孩说:"别急,我来教教你,看,这个生字……"呵呵,小教师出现了,我这个大教师显得有些多余啊,我还是到别处看看吧。

情景二:第二组的几个同学好像起了争执,几个男孩争得面红耳赤。我快步走上前去看个究竟,原来,在同步练习题中出现了一道题,大家的答案有了分歧。哈哈,这下终于轮到我出场了,我三两下就解决了他们的问题。我想孩子们对这个知识点一定印象非常之深刻了吧。

情景三:通关比赛中,听写测试时学生们个个正襟危坐,写完自觉检查,生怕被别的组落下,自然学习结果很不错。

案例评析：

这个案例展示了一位富有经验的教师在课堂教学中以学定教、顺学而教的过程，取得了较好教学效果。该案例给我们的启示有以下三点。

第一，这堂课彰显了学生为主体的新课程理念。教师退到后台当导演，学生是演员，充分发挥了学生的主动性，学生的自主学习真正落到了实处。

第二，这堂课也较好体现了教师的主导作用。这位教师善于根据学生心理特点设计教学活动，表面看似懒，实际上学生的整个学习活动都是在老师指导下进行的，课堂中当学生遇到不能解决的问题时老师需要适时进行点拨和引导。

第三，应当充分相信学生。只要学生的学习积极性调动起来了，就会激发起他们学习的潜能，有很多知识是学生自己能够学会的。相关研究表明，采取学生相互教学的学习方式对知识的理解和掌握效果最好。这位教师正采取了这一方式，取得了很好的效果。

（2）课外活动。课外活动是课程实施的重要组成部分，这里主要是指课堂教学以外培养学生动手实践能力和创新精神的有关活动。2011 年，教育部在《关于联合相关部委利用社会资源开展中小学社会实践的通知》中明确要求要努力构建开展中小学社会实践的工作机制，将开展社会实践工作作为推进义务教育均衡发展的重要举措，探索建立开展社会实践活动的经费保障机制，广泛利用各种资源，建立更多面向中小学生、推动中小学社会实践的活动基地，构建中小学生社会实践大课堂。可见，学校应组织学生积极参加社会实践活动。另外，学生社团和课外兴趣活动小组的开展也是落实校本课程的重要途径。学生参加社区活动更是国家综合实践活动课程的重要组成部分。因此，对一所学校的课外活动进行考察，主要应

看学生参加社会实践、学生社团和兴趣小组以及社区活动三个方面的情况。

一是组织学生参加社会实践活动的情况。学校应当有计划地组织学生开展多种形式的社会实践活动，如参观访问、现场考察、动手操作、亲身体验等方式，还应安排好指导教师。对小学高年级及以上的学生还要指导他们撰写社会实践调查报告。

二是学生社团活动和课外兴趣小组活动的开展情况。学校应当通过文学社、科技小分队、小记者站以及其他课外兴趣活动小组等学生组织，发展学生的各种兴趣特长，培养他们的科学态度和创新精神。

三是组织学生参加社区活动的情况。学校应当充分利用校园所处的社区和学生家庭所在的社区平台，引导学生开展形式多样、内容丰富的各种社区活动，如环保行动、社区志愿者服务等，让学生磨砺自我，战胜困难，增强抗挫能力，促进自我发展。

 案例 3.5

- -

丰富多彩的课外活动给学校带来的变化

案例描述：

重庆市綦江区三江中学是一所农村完中学校。长期以来，由于学校生源质量差，高考质量不高，课外活动少，学生学习积极性差，年辍学率高达 20％。几年前，学校将班级值周、社团活动、长途拉练等教育活动规划为课程。此外，学校每年都要受理、批准 20 个左右社团，如文学社、校园广播站、舞蹈队、科技小分队、生物课外兴趣小组、音乐社等。导师精心指导，培养学生的兴趣特长，锻炼他们的组织能力、交际能力等。长途拉练固化为活动课程，每年 11 月份第一周进行一次 40 公里左右长途拉练，高三学生也要参加，主要进行团结协作、意志磨砺体验。另外，还利用寒暑假的时间，积极组织学生走进社区，参观各种当地的农业种植园、养殖园和工矿企业，参加一些力所能及的劳动。

通过这些课外活动的开展，该校学生自信心大大增强，学习积极性显著提高，学生综合素质得到有效提升，高考质量大幅上升，高中学校学生年辍学率已降至3%以下。

案例评析：

这个案例反映了一所农村薄弱学校充分发挥各种课外活动的作用，并将部分课外活动上升为课程进行规划和实施，收到了明显效果，促进了学生素质的提高和学校的良性发展。该案例给我们的启示有以下三点。

第一，课外活动对促进学生的全面发展非常重要。一所学校课外活动抓得好，不仅能培养学生的动手实践能力、团队合作精神，而且能激发学生在课堂上的学习积极性，有效提高学生的学业成绩。有的学校认为，组织学生参加课外活动会耽误孩子的学习时间，因此减少甚至不安排课外活动。这种做法适得其反，可能导致学生不爱学习，甚至厌学。

第二，抓好课外活动有利于提高学业成绩差的学生的自信心，从而转化为学习积极性。有的孩子并不是智力差，而是对过多的课堂学习时间不满意而不愿意学。课外活动的开展，至少可以起到调适作用，从而逐步提高学生学习的积极性。

第三，课外活动更能彰显学生的个性和特长。学生做自己愿意做的事，才会开心快乐，也才会尽力去做好。即使对个别学业基础较差的孩子，让他在自己感兴趣的活动中体验快乐，这也是我们学校教育的一种成功。

123

3. 实施效果

课程实施效果是指师生通过各种教学和教育活动实施课程之后表现出来的结果，是观察预期课程目标达成度的重要指标。不管课程方案有多科学完备，实施过程有多丰富精彩，如果没有好的结果，或者说结果与预期的目标相差甚远，那就说明实施效果并不好。考察一所学校课程实施的效果，主要是看以下两个方面。

（1）师生对课程的满意程度。可以采用问卷调查、访谈等形式进行考察。如果学生认为在学习课程的过程中比较轻松愉快，学习内容适合自己，学习方式有效，学习效果较好；教师认为课程的实施有助于提高自己的专业素养，有助于促进学生的全面发展，那么这样的课程就是教师和学生满意的课程。反之，学生认为课程难学，课业负担重，缺乏学习兴趣；教师认为课程难教，敷衍了事，说明这样的课程不是师生满意的课程。

（2）课程实施为师生带来的变化。通过课程的实施，学生的道德品质、学业质量、身心状况、兴趣特长等得到全面发展，教师的专业理念与师德、专业知识、专业能力得到有效提升，实现了课程目标，这样的课程实施效果就好。如果课程实施未能促进学生的发展或者对学生的成长影响不大，对教师提高专业素养也没有帮助，这样的课程实施效果就不好或者不明显。

 案例 3.6

这样的课程为何会夭折

案例描述：

某普通高中在开学初经过初步调查以后，决定开设一门校本课程，名称叫"生活中的数学"，安排在每周星期二和星期四下午的第三节课，并且确定了主讲教师。学校在海报中宣传，生活中处处有数学知识，很多有趣的生活现象可以用数学知识进行解释，通过这门课程的学习，你将会发现数学之美。

　　看了这样的宣传，不少学生猜测究竟是什么样的数学课还能发现美，当即就有 60 多人报了名，就连平时不喜欢数学课的几个女学生也报名参加该门课程的学习。

　　一个星期过去了，有学生开始嘀咕，不是说学生活中的数学吗？怎么老师讲了如何学好数学之后，就讲数学竞赛题呢？好像与生活联系不大。一部分学生就打退堂鼓了，不去参加这门课程的学习。还有一些的确对数学感兴趣的和观望的学生在继续坚持。也有学生向老师提出了建议，但老师说本来的计划就是辅导数学竞赛，是学校要求这样写宣传口号的。

　　两周过去了，老师还是在讲数学奥赛试题，于是又有一部分学生退出了学习。四周之后，只剩下三个学生在坚持。老师感觉也没啥意思，这门课程就这样夭折了。

案例评析：

　　这个案例呈现了一所普通高中学校校本选修课程实施效果不好，不受学生欢迎终于夭折的事实。该案例给我们的启示有以下三点。

　　第一，课程实施的效果好不好，最有发言权的是学生。学生认为有兴趣又能增长知识的课程就愿意学，尤其是选修课程，在课程内容的选择上一定要符合学生兴趣特长发展的需要，不要一味地考虑怎么样提高学业成绩而搞成学科课程的延伸和拔高。

　　第二，学校在决定课程实施之前一定要充分尊重教师和学生的意见。教师有哪一方面的特长，学生有什么样的爱好，应该将两者有机结合来决定开设何种选修课程。只有师生都认为满意的课程实施效果才会好。

　　第三，该门课程夭折的根本原因在于学校仍然是应试教育的思想主导了选修课程的实施。课程内容非教师强项和学生意愿，而且在学生选择环节的海报宣传中采取了欺骗行为，结果学生在经过了一段时间的学习之后会发现并非想象中的课程而很快消除了继续学习的热情和兴趣，课程实施中途夭折也就在情理之中。

（四）课程评价

课程评价是依据一定的评价标准，采取定性与定量相结合的方法收集信息，对课程体系构建的合理性与科学性以及课程实施条件、实施过程与实施效果进行价值判断的过程。《教育规划纲要》指出："根据培养目标和人才理念，建立科学、多样的评价标准。开展由政府、学校、社会各方面共同参与的教育质量评价活动。完善学生成长记录，做好综合素质评价。探索促进学生发展的多种评价方式，激励学生乐观向上、自主自立、努力成才。"《基础教育课程改革纲要（试行）》指出，要"建立促进学生全面发展的评价体系、建立促进教师不断提高的评价体系、建立促进课程不断发展的评价体系"。发展性课程评价体系除了具有检查、选拔、筛选功能以外，还具有反馈调节、展示激励、反思总结、记录成长、积极导向等重要功能。在具体的评价体系中，应该体现评价主体互动化、评价内容多元化、评价过程动态化等基本理念。

按照相关政策精神，根据发展性评价的基本理念和功能，这里选择从学生发展性评价、教师发展性评价、课程发展性评价三个方面进行考察。

1. 学生发展性评价

《基础教育课程改革纲要（试行）》指出，对学生的评价不仅要关注学生的学业成绩，而且要发现和发展学生多方面的潜能，了解学生发展中的需求，帮助学生认识自我，建立自信。发挥评价的教育功能，促进学生在原有水平上的发展。考察一所学校对学生开展发展性评价的情况，主要考察点包括以下四个方面。

（1）评价内容全面。应当从道德品质、学业质量、身心状况、兴趣特长等各个方面对学生进行综合评价，突出社会责任感、创新精神和实践能力的要求而不仅仅是以考试分数来评价学生。

（2）评价方式多样。实行自评与互评、他评相结合，过程评价与结果评价相结合，终结性评价与形成性评价结合的方式进行。学校和教师不应独霸对学生评价的权利，对学生的评价既要有教师的评价，家长的评价，同时也要重视学生的自我评价和相互评价，这样才能充分体现学生的主体地位，充分发挥评价的激励作用。评价既要关注学生学习的结果，更要关注他们的学习过程，关注他们在学习活动中所表现出来的情感与态度。还应当给予学生多次评价机会。

（3）评价过程公正。建立以学生的关键表现和实证材料作为评价重要依据的档案袋评价形式。学校应当为每个学生建立成长档案袋，有意地将各种有关学生表现的材料收集起来，并进行合理的分析与解释，以反映学生在学习与发展过程中的努力、进步状况或成就。档案袋中既要收集过程性资料，也要收集结果性材料，还要收集其他一切可以描述学生进步的材料（如观察记录、他人的评价、测验试卷等）和学生的自我反省、自我评估材料。

（4）评价结果公平。以等级和综合评语的方式呈现对学生的评价结果。评价结果应获得学生本人认可。一方面对学生的评价用综合评语予以整体描述，应突出学生的特点、特长和潜能；另一方面用优秀、良好、合格、需要帮助的等级表现评价结果。评价结果应当与学生本人见面，得到学生本人认可。

 **案例** 3.7

每个孩子都能当小明星

案例描述：

江苏省吴江市实验小学在制订学生评价方案时，首先是根据对学生素质要求的各个方面设计了文明之星、勤学之星、健体之星、才艺之星、劳动之星、环保之星、科技之星等评选项目，然后在此基础上设金钥匙奖、银钥匙奖和铜钥匙奖。并且明确规定，100％的学生至少每人应获一个单项奖。

评比以过程评价和结果评价相结合，每个学生备有一本评价手册，可以从自我评价、学生评价、家长评价、教师评价四种形式中至少选择两种进行考评，每个奖章至少有一次平时评价，期末对每个奖章进行一次总评。评价等级由四种符号表示：优秀（打☆），良好（打√），合格（打△），需要帮助（打×）。评比要充分体现民主程序，对于综合奖评比，可由学生根据自己获评情况进行申报，再由学生投票，学生满意率必须超过二分之一，同时征求各科任教师意见，做到公正、客观。该评价方案得到了学生和家长们的认同。

案例评析：

这个案例展示了一所学校如何按照新课程的评价观来建立促进学生素质全面提高的评价制度。该案例给我们的启示有以下三点。

第一，一所学校在评价学生时应该从各个方面进行考察，因为根据多元智能理论，各个方面都很优秀的儿童毕竟是少数，但每一个孩子都能够在某一个或几个方面表现优秀，应该得到鼓励和赞赏，这有利于孩子的成长。

第二，只要学校将过程评价和结果评价相结合，充分发扬民主，给予每个学生机会，做到客观、公平、公正，就会得到学生和家长的认可，也会调动学生的学习积极性，促进他们更好发展。

第三，该学校制订的方案略显不足的是没有体现给予学生二次评价的机会。中小学生思想单纯，犯错误在所难免，学校不能因为学生的一次错误就打上标记，只要改正了错误照样还可以给予评星的机会，这才是新课程要求的发展性评价的要义。

- -

2. 教师发展性评价

新课程观下的教师评价强调对教师进行综合评价。综合评价就是用动态的、发展的眼光，对教师工作的各个环节进行系统的、全程的、较长时间的、循环往复的评价。[①]《基础教育课程改革纲要（试行）》指出，要建立促进教师不断提高的评价体系，强调教师对自己教学行为的分析与反思，建立以教师自评为主，校长、教师、学生、家长共同参与的评价制度，使教师从多种渠道获得信息，不断提高教学水平。考察一所学校对教师实施评价的情况，主要考察点包括以下三个方面。

（1）评价方案科学。学校对教师评价方案的科学性主要包括以下四点。第一，评价内容的全面性。学校应当从教师在教育教学过程中的工作态度、敬业精神、对学生的关爱情况、教育教学效果等方面对教师进行综合评价，而不是以学生考试成绩作为评价或奖惩教师的唯一标准。第二，评价主体的多元性。应当实行教师自评为主，行政人员、其他教师、学生、家长和社区代表共同参与的多元化评价方式。在选配参评人员上注意相关性，注意多渠道、多层次、多方面、全方位选配参评人员。在对教师的评价中，教师不能仅作为评价对象被动地参与评价过程，而应以主人翁的身份参与。第三，评价程序的规范性。应当先有自上而下再自下而上，经过教职工广泛讨论并经教代会通过的方案，然后按照方案规定的程序进行评价。第四，评价标准的差异性。一所学校有老教师、年轻教师，有经验丰富的骨干教师、实践能力一般教师，在评价标准的要求上应有所差异，尽可能体现与教师个性化发展特点和专业发展追求相结合。

---

① 李香艳：《浅谈发展性教师评价的作用》，《辽宁行政学院学报》2012 年第 3 期。

（2）评价过程公开透明。学校应当建立具有广泛代表性的教师评价与考核的监督机构，应当保证被评价教师的知情权和申诉权，不能进行暗箱操作。

（3）评价结果发挥激励作用。教师是培养人的职业，学校对教师的评价将可能影响到教师的工作态度甚至生涯发展。在保证评价结果公平公正的基础上，应考虑到教师的自尊心，以激励为主，有针对性地对每位教师提出改进建议、专业发展目标和进修计划等。只有这样，才能充分挖掘教师的潜能，发挥教师的特长，更好地促进教师的专业发展和主动创新。

 案例 3.8

学生考试成绩不是评价教师工作的唯一标准

案例描述：

　　某学校制订的教师评价方案，从评价的目的和意义、评价原则、评价内容、评价方法、评价要求五个方面提出了明确要求。其中评价内容包括职业道德、教育教学能力和业务素质。评价方法包括自我评价、教师评价、学生评价、家长评价、学校行政评价和档案袋评价。评价要求明确指出：要强化教师参与评价的主体意识，突出教师在评价过程中的主体地位，要注重领导、同事、学生、家长的反馈信息，要注意充分发扬民主，做到公平、公开、公正，增加评价过程的透明度，要注意评价过程的全员参与，调动全体教师参与评价的积极性、主动性。要注意单项评价和综合评价相结合、定量评价和定性评价相结合、纵向评价和横向评价相结合，提高评价结果的有效性，降低主观性和随意性。评价方案还明确提出对教师工作的评价，要参考教师所任学科学生掌握知识情况以及学生考试成绩，但不把学生考试成绩作为评价教师工作的唯一标准。

案例评析：

　　这个案例展示了一所学校按照新课程的评价观，建立了促进教师不断提高的评价制度。该案例给我们的启示有以下三点。

　　第一，学校在评价教师时，应当采取全程评价和全面评价的方式。既要看一贯的师德表现和工作态度，也要看业务素质和教育教学效果；既要有他评，也要有自评；既要有定量评价，也要有定性评价。

　　第二，学校评价教师的工作，根本目的应该是为了帮助教师找到问题加以改进，不断促进自身专业发展和进步，而不是根据评价结果将教师分为多少个等级，更不应以学生考试成绩作为评价教师工作的唯一标准。

　　第三，学校在制订教师评价方案时，必须考虑到教师群体的特殊性。绝大多数教师并不是单纯追求物质和金钱，他们还有社会、心理等方面的多层次需求，希望受到尊重，归属感较强。这方面的满足程度越高，教师的工作热情越高，工作就越积极。

----

3. 课程发展性评价

学校发展与课程发展息息相关。一方面课程是学校教育的主要组成部分，另一方面学校是课程实施的基本单位。因此，促进学校发展的评价体系包括对课程发展的评价。新课程改革赋予了学校更大的自主权，学校不仅是课程实施的阵地，而且成为课程开发和建设的阵地（如校本课程的开发与建设）。因此，如何通过学校评价改革促进新课程的实施与发展，也是本次课程改革的重要课题之一。《基础教育课程改革纲要（试行）》指出，建立促进课程不断发展的评价体系。周期性地对学校课程执行的情况、课程实施中的问题进行分析评估，调整课程内容、改进教学管理，形成课程不断革新的机制。

考察一所学校的课程发展评价，主要考察点包括以下三个方面。

（1）评价内容全面。学校应当从课程目标与规划、课程开设准备与投入、课程实施过程、课程实施效果等方面建立学校课程评价方案。

（2）定期开展评价。学校应建立周期性开展课程评价的制度，一般应以一学年为单位，对学校课程目标的达成情况、课程实施中的问题以及实施效果进行分析评估，并提出改进意见。

（3）评价主体多元。学校应当充分发挥教师和学生在课程评价中的主体地位。充分尊重教师和学生的创造性，听取他们对学校课程建设和发展的建议，及时调整课程内容、改进教学管理，使学校课程更加符合实际，不断得到优化。学校课程的发展还离不开专家指导和家长的支持。学校应当定期邀请有关课程专家、专业人士和家长对课程实施中的问题进行诊断，提出不断完善的意见，促进学校课程发展更加科学有效。

 **案例** 3.9

一次特殊的师生座谈会

案例描述：

某初中学校在学年工作即将结束之际，召开了一次特殊的师生座谈会。座谈会分年级召开，每个年级有一名学校领导、各学科教师代表和学生代表参加，学生代表中还有成绩较差的学生。主要议题是对学校课程进行评价。重点讨论本学年学校各门课程在实施中还有哪些不足，校本课程是否满足了学生需要及如何改进等。学生们没有想到学校能够请他们对课程进行评价，在愣了一会儿之后，大家纷纷发言，有的说数学课比较难，作业偏多，有的说英语学科听力比较难，还有的说应该增加校本课程开设课时。

学校安排人员——做了记录，并在暑期进行了研究，结合教师与学生意见对课程安排进行了调整，对课程实施提出了新的要求。

案例评析：

这个案例展示了一所学校按照新课程的评价观，建立了促进学校课程不断发展的评价制度。该案例给我们的启示有以下三点。

第一，学校应当重视对课程的评价。因为事物是不断发展变化的，课程在具体实施过程中也会发生变化，产生与预设课程实施方案不同的情况。为此，学校应当建立课程评价机制，定期对不合理部分进行调整和改进。

第二，学校应当充分发挥教师和学生在学校课程评价中的主体地位。通过多种方式听取他们对学校课程建设和发展的建议，及时调整课程内容、改进教学管理，促进学校课程不断发展。

第三，课程评价关注的焦点应该是能否符合学生的需要，是否能够促进学生的发展，而不应该是专家设计的标准和学校的主观判断。特别是对校本课程的评价，尤其应当重视学生学习的反馈信息，从而做出改进和调整。

二、教学管理

教学管理是学校工作的主要组成部分，也是学校管理的中心工作。《教育规划纲要》《基础教育课程改革纲要（试行）》等纲领性文件是学校实施教学管理工作的行动纲要。学校教学管理工作要依据《教育规划纲要》，结合学校实际情况扎实、有效开展。在考察学校的教学管理工作时，要重点关注考察和分析学校教学常规管理、课堂教学改革、教育教学研究、教学质量评价的开展和实施情况。

（一）教学常规管理

教学常规管理，是指学校在教育教学过程中，为全面实施素质教育，完成教育教学任务而做出的一些具体规定和采取的一些行之有效的做法。按照《中小学教师职业道德规范》（2008 年修订）的规定，教师要培养学生良好品行和学习习惯，激发学生创新精神，促进学生全面发展。教师要对工作高度负责，认真备课上课，认真批改作业，认真辅导学生。

对于学校的教学常规管理工作，学校要着力抓好三个方面：一是管的常规；二是教的常规；三是学的常规。

1. 管的常规

教学工作是学校的中心工作，教学工作的成败决定着学校育人质量的高低。学校常规管理是教学工作顺利开展的保障。因此，加强对教学常规的管理，是学校工作中的重要内容。考察一所学校教学常规管理工作中管的常规可从以下三个方面展开。

（1）管的制度。制度健全是学校教学管理的基本要求，学校要科学制定教学管理规章。规章制度要全面、实在。学校教学规章制度应对教师教学和学生学习要达到的基本要求做出明确规定，从制度上规范教学管理行为。规章要重导向，重激励，重实效。

（2）管的标准。教学管理标准是学校促进教学工作的基本要求，它依赖于对常规行为不断地总结和完善。学校应对教师教学和学生学习要达到的程度规定出明确的标准。教学管理标准直接关系着教学质量的优劣。标准要适用，适宜，适度。

（3）管的过程。教学过程管理是学校推动教学工作周期性有序运转的基本要素。教学管理的规范化就是在计划的链条上节节展开，条理清晰，阶段性强，各有侧重。通常情况下，学校教学管理在期初重点抓好秩序，在中途重点抓好检查，在期末重点抓好总结，所有这些工作都应按计划规范运行。过程管理要求科学，求精细，求规范。

 **案例** 3. 10

出色的竞聘答辩

案例描述：

　　一所省级重点中学要选拔任用一名教学副校长。东关旎老师以省骨干教师的身份，符合本次选拔任用条件，参加了竞聘。在参加竞聘答辩时，他抽到的竞聘题目是：假如你是学校的教学副校长，请结合实际，谈谈你如何从管理的层面抓好学校的教学常规管理工作？

　　东关旎老师针对该校学生常年 6 000 余人、教职工约 500 人，办学规模大的校情，从以下三个方面进行了竞聘答辩。一是，要狠抓管的常规。例如，进一步修订完善《教学常规管理条例》，重点从教学常规管理、教师发展管理、学生发展管理等方面做出全面细致的规定。并且还要针对学校教学管理人员、教师、学生分别制订出各自的日常规、周常规、月常规、期常规。做到标准明确，惩戒分明。二是，分学科拟定教学规范。如《物理教学规范》，就应该从教学准备、教学设计、课堂教学、实验教学、作业与评价、课外资源、命题与学业检测、课外辅导等多个角度规范物理教师的教学行为。三是，扎实抓好过程管理。如期初以"三表三书三名单三计划"狠抓秩序："三表"即课表、时间表、校历表；"三书"即学生用书、教师用书、教辅书；"三名单"即班级学生名单、任课教师名单、年级组或教研组教师名单；"三计划"即教学教研工作计划、教研组计划、科任教师教学计划。中途以"三检查两座谈"狠抓督促:"三检查"即常态课检查、教学质量检查、教研检查;"两座谈"即教师评教评管、学生评教评学。期末以"一考评三总结三分析"狠抓评价:"一考评"即期末考评;"三总结"即教学总结、教研总结、管理总结;"三分析"即学习质量分析、教学质量分析、管理质量分析。

这一出色答辩,征服了所有评委,最终东关旄老师以优秀的成绩竞聘成功。

案例评析:

该案例很好地体现了教学管理工作中制度、内容与过程的有机融合,为中小学校教学常规管理工作中管的常规提供了一个很好的范例。该案例给我们的启示有以下两点。

第一,学校教学工作靠管理出效益。教育教学质量是学校发展的关键,直接影响着学校办学效益。因此,管的常规要体现加强组织领导、完善管理制度、健全管理体系,做到分工合作,标准明确,科学导向,注重激励,讲究实效。要依托各种形式的检查、督促,精细过程管理,形成环环相扣的管理机制,规范教学秩序,强化制度的贯彻实施。

第二,学校教学工作管理要充分发挥教师主观能动性。教师是学校的主人,学校管理只有发挥了教师的主体作用,调动了教师的主观能动性,让广大教师养成按学校教学常规要求进行工作的自觉行为习惯,教学常规才能真正得到较好落实。

- -

2. 教的常规

教的常规是落实学校教育教学任务的重要制度,是提高育人质量最基本的保证。考察一所学校教学常规管理工作中教的常规可从以下六个方面展开。

（1）备课。考察教师在课前准备工作中是否做到资源钻研透彻，教学目标明确，过程设计缜密，教案规范完整，资源开发充分，教法合理有效，关注全面发展等。

（2）上课。考察教师是否做到目标明确，内容准确，寓德于教，激情激趣，善于启发，面向全体，关注差异，注重反馈，行为规范，艺术精当，反思有效等。

（3）作业。考察教师是否做到精选、先做、全批，布置适当，反馈及时等。提高这一环节的有效性关系到能否切实落实减负的要求，教师负有十分重要的引导作用。

（4）辅导。考察教师是否做到尊重差异，分类指导，精心实施，讲究实效等。要重视对少数个别学习确有困难的学生进行针对性辅导，但不允许以辅导名义对学生进行全班性集体补课。

（5）实验。考察教师是否做到精心预设，规范操作，增强效果，创新实验，注意安全等。

（6）评价。考察教师是否做到科学组织，认真命题，严格监考，改进考评，客观评定，强化分析等。考试形式应根据不同学科、不同阶段，采取多样化方式进行，不应局限于书面答卷和闭卷的形式。

 **案例 3.11**

- -

从细微处做起

案例描述：

十年前，刚从大学毕业的承塽被聘到一所乡镇中学任教。虽然条件艰苦，但他仍乐观工作，深受学生欢迎。由于工作积极、乐于钻研，成绩突出，各种荣誉纷至沓来，今年还被评为省骨干教师。

当承塆的朋友问他为什么成长这么快时，他谦逊地说，其实我的成长并没有什么捷径，我只是从细微处做起，尽最大努力做好工作中的点点滴滴（履行好了教的常规）。备课做到：研读课标、教材、学生、教法；明确重难点、关键点、能力训练点、教育点；充分利用各种资源，结合学生实际，编写适合学情的教案。上课做到：始终以学生为主体、训练为主线、思维为核心、能力为目标，激发兴趣，面向全体，尊重差异，教师精讲，学生多学。作业做到：试题精选、控制数量、讲究弹性。尽量当堂完成、面批、面评、面纠，从不留惩罚性作业、过量和重复性作业、没有梯度的作业。辅导做到：依据对象、制订方案、分层辅导、优化上层、提升中层、扶助学困层。优生以扩充与提高为主，丰富课余，以求竞赛获胜和特长发展；中等生以补充与转化为主，促进向优生转化；多关心、接触学困生，建立档案，促进提高。评价做到：检测规范，及时批改，强化分析，反馈讲评，查漏补缺。反思做到：课课有反思，及时进行"教学结果、教学行为、教学理念"的总结，每月有感悟，每期有论文，记录自己的教学得失、感悟或教案重建的意见。科研做到：每期制订一份有效的学科教学计划，写好一份有价值的教学总结，研究一节经典课例，上好一堂公开课，参与互说、互听、互评，写一篇随笔式的教学反思。

案例评析：

该案例讲述了教师专业成长的成功源于日常教学行为的规范和自觉，为中小学校教学常规管理工作中教的常规提供了一个很好的范例。该案例给我们的启示有以下三点。

第一，学校教的常规贵在认真落实。教学常规既是一个古老的话题，也是一个常谈常新的话题，不管多么高明的教学常规，都离不开认真二字，也只有认真落实才能见成效。

第二，学校教的常规重在坚持。教师在工作中要尽职尽责地做好自己的本职工作。如果学校能促使每一位教师持之以恒地做好教学的每一个环节，那么教师就会收获专业成长的成功，学校教学工作就会得到扎实推进，学校教育质量就能得到逐渐提升。

第三，学校教的常规要讲究激励。学校只有实施各种激励策略，才能有效地激发广大教师的工作热情，才能充分调动广大教师的工作积极性，才能充分发挥广大教师的主观能动性，才能促进学校可持续发展。因此，对于学校而言，要与时俱进地、千方百计地激励教师认真做好备课、上课、作业设计与批改、辅导、实验、评价等各个教学基本环节。学校要结合实际经常发现和表彰在执行教的常规方面做得好的教师的典型，激励和引导更多教师做好这项工作。

---

3. 学的常规

学的常规是优化学习过程、提高学习质量与效益的重要保证，对学校提高教学质量意义重大，更是以学生为本的管理理念的具体体现和学生获取终身学习能力的重要方面。考察一所学校教学常规管理工作中学的常规可从以下三个方面展开。

（1）课前预习。考察学生在课前是否做到了了解新课内容，找出重点及不能解决的问题，巩固复习与新课有关的旧知识，尝试做预习笔记和演练部分习题，为课堂学习做好准备等。要关注学校在培养学生课前预习方面有否建立和落实必要的制度。

（2）课堂学习。考察学生在课堂上是否做到了专心听讲、积极思考、重点笔记、敢于质疑、踊跃展示等。要了解和关注学校有否结合对学生行为规范养成教育和对学生在课堂学习上的要求，建立和落实必要的基础学习规范，有否建立与组织发扬学生主动、有效参与学习以及交流成功学习方法的制度和活动。

（3）课后复习。考察学生在课后是否做到了认真及时、把握重点、融会贯通、举一反三等。要关注学校有否建立和落实引导学生养成良好的课后复习习惯的有效做法，形成制度和经验。

案例 3.12

转学之后

案例描述：

今年9月，甄浩诩从乡下的村小转入城区的一所示范小学上三年级。期末快到了，在远方打工的爸爸拨通了班主任郝老师的电话，爸爸听着听着脸上瞬间就堆满了灿烂的笑容，因为电话中传来了儿子健康成长、学习进步的好消息。

郝老师在电话中说，甄浩诩刚转入的时候是有些跟不上步伐，但半学期过后就逐渐适应了。郝老师告诉家长，是"六做好"使他儿子天天向上的。一是课前准备做得好：乐观向上，学习用品准备充分，预习习惯好、有适合自己的预习方法。二是课堂学习做得好：认真听讲，善于思考，勤做笔记，认真练习，会倾听、会阅读、会表达、敢质疑、讨论合作交流积极。三是课后复习做得好：会合理安排时间及时复习，做到课后回忆、精读教材、整理笔记、练习、看参考书、填写联系卡等。四是作业做得好：书写规范，按一定格式正确书写，按时独立完成，及时改错。五是检测做得好：考前准备充分、考中认真审题、答题从易到难、书写工整，考后善于反思。六是课外阅读做得好：每天能按规定选择一篇文章阅读、做好笔记、填写联系卡。

郝老师说，如果甄浩诩就这样持之以恒地坚持下去，一定会得到良好的发展。

案例评析：

　　该案例以重习惯养成促进学生良好发展，为中小学校教学常规管理工作中学的常规提供了一个很好的范例。该案例给我们的启示有以下四点。

　　第一，学的常规重在帮助学生会学。教给学生获取知识的方法比教知识本身更重要，正所谓"授人以鱼，不如授人以渔"。可见，教师的作用关键是要教会学生学会学习、教给学生获得知识、提升技能的方法，帮助学生在学习过程中获得良好的、积极的情感体验。学生在成长的过程中，是少不了教师的启发与助推的。

　　第二，学的常规重在激发学生乐学。常言说："知之者不如好知者，好知者不如乐之者。"只有当学生有了乐在其中的情感体验，才会让学生拥有持久的学习动力。因此，教师要精心创设情境，营造良好的学习氛围，充分激发学生的学习兴趣，调动学生的学习热情，吸引全体学生积极主动地投入到学习活动中去。

　　第三，学的常规重在促进学生爱学。人们都爱做习以为常的事情，学生对待学习也不会例外，对于学生而言，教师要善于变"要我学"为"我要学"。教师只有促进学生养成了爱学习的习惯，才会让学生在学习和成长的过程中产生不竭的动力，才会让学生踊跃质疑，才会让学生善于发现问题、提出问题、解决问题，才会让学生的创新意识与能力得到不断的提高。可见，良好的学习习惯会让学生终身受益。

　　第四，学校的教学常规管理，更应着眼于把教师对学生学的科学引导变成一种常规管理机制，持之以恒，常抓不懈，才能收到实效，既注重培养学生终身受用的良好学习品质，又可以帮助教师特别是年轻教师掌握和探寻如何在育智中育人的方法与规律。

(二) 课堂教学改革

课堂教学改革就是要改变重教师教、轻学生学的错误倾向，让课堂成为平等主体的师生之间、生生之间增长知识、提升能力、交流思想、培育情感、生成智慧、播种希望的学习场所。《基础教育课程改革纲要（试行）》从改革目标和教学过程两方面，倡导改革课堂教学要促进和实现教师教学方式和学生学习方式转变，关注个性差异，推进信息技术与课堂教学整合。《教育规划纲要》强调改进教学方法，以学生为主体，以教师为主导，面向全体学生，激发学生学习兴趣，充分发挥学生的主动性，提高学生的学习能力，培养学生创新精神和实践能力，增强课堂教学效果，切实减轻学生过重课业负担。2012 年，《教育部关于进一步加强中小学校督导评估工作的意见》再次重申"创新教学方法，注重因材施教，增强教学效果"的要求。因此，考察一所学校的课堂教学改革，可以从教师教学方式转变、学生学习方式转变、课堂文化构建三个方面展开。

1. 教师教学方式转变

教学方式是教学活动的呈现形式。教学方式转变需要转变教师的教学观念、教学方法、教学手段，树立以学生发展为本，面向全体学生的育人观，采用互动、探究、讨论、展示等形式，用计算机和网络作辅助开展教学活动。考察教师教学方式转变可以从以下几个方面进行。

（1）由重教师教转向重学生学。改革前，课堂教学普遍存在"讲过就是学过，讲会就是学会"，教师"以讲代教，以练补教"，学生"以听代学，以练补学"的现象。改革后的课堂教学，要求教师把指导学生学会学习作为衡量教学效果的关键，实施多学少教、以学定教、先学后教、以学论教的策略；注重学思结合，倡导启发式、探究式、讨论式、参与式教学，培养学生兴趣爱好，提高学生学习积极性；要求引导学生质疑、调查、探究，促进学生主动地、富有个性地学习。

（2）由培养精英到面向全体学生。改革前，在片面追求升学率的驱压下，不少学校的课堂教学只重视优生、歧视差生；改革后的课堂教学，引导和要求教师要面向全体学生，因材施教；要真诚、热情、平等地对待每一个学生，关注学生的不同特点和个性差异，推进分层教学，为学生创设体验成功的机会；要求把课堂教学的起点放在学生经过努力可以达到的水平上，将挫折和失败降到最低，让学生充满信心，实现"积跬步而至千里"；① 鼓励学生参与学习活动，为他们提供自我表现和展示才华的机会，肯定点滴进步、帮助克服失误，使每个学生都能得到良好的发展。

（3）从机械执行教学预设到注重课堂生成。改革前，课堂上往往呈现的就是教师想方设法引导学生完成预定教案，课堂成为"教案剧"的演出舞台。改革后的课堂教学，引导和要求教师要树立学生是课程资源的意识，创设活泼、和谐、自由的课堂氛围；发现问题应当延缓判断，留足时间和机会给学生，对学生有期待，鼓励学生质疑问难、提问和辩论；根据学生的心理需求，创设具有针对性、现实性和有效性的学习情境，采用引人入胜的方法，启发、引导学生进入学习状态；或创设问题情境，引导学生从学习内容中、日常生活经历中发现问题、提出问题，并综合运用各种知识去解决问题；或以课堂教学中的生成性资源为载体，创设一种探究性、开放性和生活化的情境，激发学生积极思考，切实转变教学观念。

（4）从偏重知识传授到知行统一。改革前的课堂教学，教师讲实验代替学生做实验，黑板上栽树、图片中养花成为课堂教学的潜规则。改革后的课堂教学，引导和要求教师要让学生通过参与实验、实践感受、理解知识产生和发展的过程，通过实践、实验指导学生学会知识、形成技能，学会动手动脑，培养学生的实践能力，力争做到教学内容生活化、生活过程学习化、学习活动快乐化；让教学活动与生产劳动、社会实践相结合，让学生学会生存生活，学会做人做事，促进学生主动适应社会。

（5）从粉笔加黑板到现代信息技术进入课堂。改革前，教师只习惯于用粉笔在黑板上写、画出所要呈现的信息，无法适应信息时代的教学需求。改革后的课堂教学，引导和要求教师要合理利用学校已有的、不断发展更新的现代信息技术手段开展教学，利用动画、影视、图片、音频、视

---

① 张天宝著：《新课程与课堂教学改革》，人民教育出版社 2003 年版，第 249 页。

频等素材，与课程教学进行有机整合，让教学内容丰富全面，知识呈现准确清晰，课堂活动展现鲜活灵动，教学结构简洁明朗。

（6）从题海战术转向作业优化。改革课堂教学前，往往由于不正当的教学竞争，导致学生学习压力巨大，作业堆积如山，学业负担过重。为此，学生把学校视为监狱、上课视为坐牢。改革后的课堂教学，引导和要求教师要精心设计作业，作业数量适当；学习任务要有层次、有梯度；要让每位学生能自觉、自愿、积极主动地在规定时间内完成作业，提高学习效率和效益。

2. 学生学习方式转变

学习方式是学生完成学习任务时表现出的行为和认知的取向。学习方式转变是要转变学生学习观念、学习方法、学习手段，提倡自主、探究、合作的学习方式，合理利用现代信息技术，提高学习效率。考察学生学习方式转变可从以下几个方面进行。

（1）有否由被动学习向自主学习发展。改革学习方式前，绝大多数学校存在教师教什么学生就学什么的情况，学生的学习被教师主宰。改革后的课堂教学，学生转化为学习的主体，在问答、交流、讨论、辩论、角色扮演、主动展示、实验、操作等学习活动中，学生的学习逐渐具有渴求的、发自内心的强烈动机。他们的学习行为体现出主动的、有效的追求；学习时间是自定的、省时的；学习方法是自选的、有效的；学习环境是适应的、科学的。

（2）有否由个体学习向合作学习发展。改革学习方式前，课堂学习主要是学生单独的、自我封闭的学习。改革后的课堂教学，能够较为充分发展每一个学生的潜能，发挥集体的力量，汇集多方智慧，完成学习任务，培养合作精神、增强交往能力、形成竞争意识，表现为老师与学生合作、学生与学生合作、小组与小组的合作、学生与小组的合作等多种形式。

（3）有否由接受学习向探究学习发展。改革学习方式前，教师单向地教学生学，学生成为教师灌输知识的"容器"。改革后的课堂教学，积极倡导学生应独立或在教师指导下，开展探索和创新，能在自主学习或合作学习中发现问题；准确、大胆地向老师、同学提出问题，求得帮助和解决；通过实验、实践、查询等手段搜集、识别、管理、使用信息分析问题，通过讨论、交流、展示、表演等途径解决问题，或生成新的问题，再进入新一轮的探究学习中。

（4）学习辅助工具有否由单一向多元发展。改革学习方式前，书本、学具、小黑板等是学生的主要辅助学习工具。随着信息时代的来临，改革后的课堂教学，为拓宽视野、丰富信息，活跃思维，培养兴趣，提高效益，除原有的学习辅助工具外，计算机、网络等已经普遍进入课堂，成为不可或缺的常规学习工具。

3. 课堂文化构建

课堂文化就是运用科学的教学理念，创建、激发富有生命的、有效的课堂氛围和师生共同的价值取向，体现教师对学生的理解、关怀与尊重，目的在于更好地完成教学任务，培养学生的创新精神和实践能力，让师生在和谐、愉悦的教学合作互动中得到成长和发展。考察课堂文化构建可从以下几个方面进行。

（1）能否建立民主、平等的师生关系。学生是主体，教师是主导，二者都是课堂的主人；学生发言大胆，展示积极主动，敢于发表不同意见；教师不固执己见，善于吸纳不同的意见和观点；教师鼓励学生的奇思妙想，不歧视个体"另类"的思维、武断否定"独特"见解，宽容学生失误；师生互动、交流、辩论等相互尊重、取长补短、密切配合。

（2）能否营造宽松、和谐的课堂氛围。课堂要轻松、活跃、欢快、和睦、友好；教室的讲台、课桌摆放等能构建自由探索的环境；教室布置、课件展示等能触发学生好奇心，教师的语气、动作等能启迪学生灵感；课堂活动、研究课题能激励学生勇于创新的意识。

（3）能否建构师生、生生对话、协商的教学形式。课堂要形成沟通、交流、互动、辩论、"争吵"、合作、展示的局面；教师留有充足的时间和机会给学生表达自己的观点、意见；教师搭建良好的互动交流平台，促进师生之间和谐一致，生生之间配合得当。

（4）能否搭建科学、开放的教学平台。选学内容、走班教学，家长进课堂、课堂进社区有所体现；先学后教，兵教兵，学生登台讲、教师坐下听是正常现象。教师重方法的引导、兴趣的培养、情感的激发，学生积极参与、主动学习，小组合作、互动探究，体验性学习、个性化学习，在快乐中学习，在学习中享受快乐。

 案例 3.13

"全讲"到"少讲"

案例描述：

在中学生物教学领域，北京十一学校王春易老师的"善讲"是出了名的，20 多年的教学生涯，"讲"使她所教的学生高考考出全校最好的成绩，"讲"使她获得了无数殊荣。她的教学语言像电文一样简洁，没有一句口头语，完全达到炉火纯青的地步。

学校探索课堂教学改革，高中率先建立学科功能教室，王春易老师布置的教室墙上挂满了生物学科名言警句、生物模型、叶绿体的结构示意图等。书柜里还配置了音像、图书资料、外文教材，方便学生借阅使用。100 多个大大小小的瓶子，40 多种绿色植物，实验器材、标本全部搬进教室，教室两边的矮柜，准备陈列学生的作品，使生物学科功能教室充满了生物学科的"味道"。

2010 年秋开学，学生们走进生物教室时，全都惊呆了，感觉犹如走进生物世界一般。他们喜欢这里，愿意置身于这个舒适、惬意，能够激活热情与灵感的学习园地，这让王春易老师心旷神怡。然而，过去不做实验或少做实验还能有借口，而如今，资源就在身边，你不利用学生便会质疑"为什么要到这个教室上课？"于是，第一个单元教学中她增加了实验。没想到，学生特别兴奋，下课了追着问老师"下节课是不是还能做实验?"王春易老师担心如果继续做实验能不能完成教学任务时，校长李希贵及时鼓励老师"一定要坚持，可以再大胆一点"。她和老师们又有了信心。她拿出旁人无法想象的勇气，做出这辈子最大胆的决定："少讲"。

9月22日，是王春易老师终生难忘的日子。她将课堂改革方案发给学生，并郑重宣布："从下周开始，生物课要变了。"学生预感生物学科教学将要有一次"大地震"。

王春易老师尝试着给学生设计了学习规划书，告诉学生本单元的学习内容、学习要求、评价检测指标等。看着修改了 N 遍的学习规划书，王春易有种别样的感觉：以前，教师费很大的心思，引导学生巧妙地进入自己的教学设计，而忽视了学生自己去钻研、领悟、感受的过程，学习规划书就是在引导学生自学自研，对原有教学方法有所突破。第二个单元，王春易老师对教室做了精心布置，教室里挂满了细胞模型、挂图，学生走进教室就看到了那么多美丽的细胞。教学的流程也在发生改变，第一课时学生自主学习、查阅资料；第二课时带着问题小组交流；第三课时实验探究，进一步解决问题；第四课时交流实验报告中的问题；第五课时师生交流，总结归纳，学生梳理概念图。

现在学习规划书已经基本成为学生自主学习的导航仪、航海图。随着自主学习的深入，学生的学习变得与过去完全不同了：他们一有时间就往实验室跑，学生在实验室里发现了许许多多个"为什么"，被一种不可抗拒的吸引力诱导着去学习。他们真正从课本和教室的狭小天地里解放出来，如同鱼入大海、鸟归山林，广泛而自由地摄取自己需要的营养。

小组学习成为学生学习的加油站。课上经常出现小组内部争论得不可开交，就找其他小组辩论，还解决不了上网查资料，边查资料边动手做实验，一边观察一边寻找答案。下课了，王春易老师以为没事了，没想到第二天一大早，一位同学拿来了他昨晚上网查资料后找到的答案，王春易老师立刻让他讲给全班同学听。没想到，围绕这一内容的讨论整整持续了一个星期。

学习细胞，教室成了美丽的细胞世界；学习发酵，教室的每一个角落都在发酵。每一天，学生的每一根神经都活跃起来，每一个细胞都张开了，不停地吸收，不停地释放，这就是我们改革后的课堂教学。①

案例评析：

此案例聚焦课堂，真实地反映了课堂教学改革前后教学观念、教学方式、教学手段的极大变革。它特别详细地叙述了改革前后不一样的课堂风景：改革前的课堂是老师表演、学生观看，教师讲、学生听，教师板书、学生记笔记，教师布置任务、学生完成作业的庸人教学。这样的课堂教学造成学生被动学习，课业负担重，学习很少联系生活、脱离现实，更谈不上创新精神和实践能力培养，致使学生失去学习兴趣，学习积极性严重受挫，最后导致学生厌学、辍学。

改革后的课堂，学生是演员，教师是导演，都是课堂的主人，师生分工协作，教学相长，学生自主阅读、探究、讨论、梳理，教师指导、组织、帮助、管理、评价；课堂成为教师引导的地方、学生学习的舞台，教学的进度取决于学生学习进度，教师讲什么来自学生的问题，教学评价在于调动学生学习积极性，作业不再是负担，反而成为学生主动学习、自觉行动的指南针。

该案例给我们的启示有以下三点。

第一，课堂教学改革要营造良好的主动学习氛围，以自学方

---

① 李建平：《"讲"还是"不讲"——北京十一学校特级教师王春易的选择》，《基础教育课程》2011 年第 9 期。有删减。

案导向，转变教的方式和学的方式，让学生成为学习的主人，在自主学习中发现问题，在合作学习中探究问题，在实践操作中培养创新精神和实践能力，在展示交流中体现自身价值，品味成功喜悦，从而学会学习，提升能力，升华情感。

第二，课堂教学改革要想学生学得好，必须建立平等、和谐的师生关系，营造轻松、开放的学习氛围；教师必须精心设计，善于引导，大胆放手、及时鼓励，相信学生能学好，会学好。

第三，课堂教学改革成败与否的关键是培养学生学会学习，只有学生会学了才有兴趣，会学了才有动力，会学了才能提高效率，这样的学习就不再是课业负担，而是生活中不可或缺的一部分，更不会出现厌学、辍学。

（三）教育教学研究

教育教学研究是一种探索性的科学实践活动，是课程改革的保障，是教师专业成长的助推器。1993 年，中共中央、国务院印发的《中国教育改革和发展纲要》明确指出："各级政府和教育行政部门要把教育科学研究和教育管理信息工作摆到十分重要的地位；发挥教育科研对教育改革和发展的促进作用。"同年，《教师法》明确要求教师"从事科学研究、学术交流，参加专业的学术团体，在学术活动中充分发表意见；不断提高思想政治觉悟和教育教学业务水平"。2001 年，《国务院关于基础教育改革与发展的决定》指出："积极开展教育教学改革和教育科学研究。广大教师要积极参加教学实验和教育科研，教研机构要充分发挥教学研究、指导和服务等作用。"2005 年，教育部《关于进一步加强和改进基础教育教学研究工作的意见》指出："改进和完善教学研究制度，形成开放、民主的教学研究机制；改进教学研究的工作方式，提高教学研究的针对性和实效性；推进以校为本教研制度的建设，促进教师的专业化成长；认真研究和总结课程改革中的经验和问题，积极推广优秀的教学改革成果；加强教研机构和人员队伍建设，提高专业研究、指导、管理和服务的能力与水平。"由此可见，党和国家高度重视教育教学研究工作和要求充分发挥其对教育教学工作的推动作用。

学校教育教学研究具有鲜明的实践性、过程性、应用性和促进教育教学效果等特点。这里从制度建设、机制建设、过程管理、成效四个方面对教育教学研究工作进行深入介绍。

1. 制度建设

学校教育教学研究的制度建设是当前学校和教师成长的现实需要和紧迫任务，也是深化教育教学研究改革的方向和重点。考察一所学校的教育教学研究是否加强了制度建设，可以从以下四个方面展开。

（1）有否建立相对完善的教育教学研究制度。可从常规管理、组织机构、队伍建设、教研活动、课题研究、检查奖励、成果交流与展示、成果登记、成果应用与推广等方面，全面考察该项制度建设的完整性和内容的针对性、实效性。

（2）有否建立教育教学研究工作的档案管理制度。要具体考察有无教科研档案管理制度及档案内容的具体规定，硬件与软件建设、文本与电子资料的管理，实现该项档案管理的系统化、规范化、科学化的程度。

（3）有否建立具有校本特色的教育教学研究制度。比如：有否建立第一责任人管理制、教研组长及备课组长公推制、科研骨干教师梯队评选认定制、课题招标制、学术交流互动制、团队成员协作制；能否以制度作为保证，激活教师的参研积极性，解决校内教育教学工作中的实际问题；等等。

（4）有否制订出基于学校教科研工作发展需要与工作状况相结合的完整、切实、可行的教科研发展规划。

2. 机制建设

教育教学研究是否到位，取决于机制运行是否平衡、协调。[①] 建立健

---

① 陈言贵：《中小学教师参与教育科研的策略》，《教育研究》2003 年第 4 期。

全教科研管理机制是确保研究活动顺利开展的关键。考察一所学校的教育教学研究机制建设是否完善、有效，可以从以下四个方面展开。

（1）有否建立"教研训一体化"的运行机制。这主要看有否健全组织结构，形成管理层级，明确各级权责；有否依托组织机构，发挥职能作用，整合教学、科研和培训工作，构建网络状结构体系，推进教研训一体化；等等。

（2）有否健全教育教学研究保障机制。这主要看有否健全教科研的经费保障、物质保障、时间保障、活动保障、专家智力支持保障等方面的机制建设。

（3）有否建立教育教学研究管理激励机制。这主要看目标激励、领导行为激励、典型激励、教科研评比奖励、成果推广等方面的机制建设情况。

（4）有否建立教育教学研究评价机制。这主要看有否设立多元化的评价机制，采取发展性评价和绩效评价相结合的方式等对教师的教育教学研究进行评价。

3. 过程管理

过程管理是提高教育教学研究质量的基本保障，是维持正常教科研秩序和研究工作真正落到实处的有效方法和手段。对一所学校的教育教学研究过程管理进行考察，可以从以下三个方面展开。

（1）方案计划可行。可从下述几个方面考察：学校教育教学各处、室（组）都能制订结合实际，重点明确、针对性强，有导向作用的教研、科研、校本研修等方案及计划，并能针对所制订的方案与计划有阶段性的总结和工作改进措施，以推动下一阶段工作开展。

（2）教研活动规范。可从下述几个方面考察：制订校本教研主题活动方案，明确活动主题、活动目标、活动准备、活动形式、活动过程设计及活动任务反馈等基本要素；教研范围的拓展性，开展了多类型研究；教研活动形式的多样化，开展了学科教研、教师培养及指导、学术研讨及教学交流、教研评价、反思及成果展示等活动。

（3）科研活动规范。可从下述几个方面考察：课题选题与设计；申请与立项；课题开题；课题研究实施方案及计划制订；在研课题活动开展、过程监督、中期检查；课题研究资料、数据、成果材料等的搜集、整理、分析；研究工作总结、课题结题；优秀成果的推广应用。

 案例 3.14

A 校教科研管理实地调研活动

案例描述：

某市 C 区初中教科室主任培训会在 A 校召开。24 名参会者已准备好纸笔等着听一天讲座。会议一开始，只见主持人笑着对大家说：今天的培训不是让大家来听讲座，记笔记的，明天也不是。本次培训将同志们分成三组，对 A 校教科研管理进行一次实地调研。明天下午再进行交流汇报。指定组长后，各组成员就开始行动了。

第二天下午学习交流汇报一开始，第三组的同志发言说道：他们制定的制度有工作条例、岗位职责、培训制度、检查制度和教科研究成果奖励制度，这些与其他学校区别不大。其他组则认为有差异。理由是 A 校制度建设从学校、教科室（教研组）内部和校本教研层面上进行了设计。而且形成的常规管理制度、组织机构制度、队伍建设制度、课题研究制度、检查奖励制度等自成系列。但有的同志对学校制定的二十多种制度，其内容及实施是否有针对性、实效性提出质疑。

在讨论时，大家形成了以下几点共识。

第一，学校建立了三个层次的教科研组织网络。一是决策层，校长、主管教学的业务副校长，负责教育科研工作的组织协调。二是管理层，教科研主任负责，布置教科研的任务，组织教师开展教科研活动，具体督查教科研工作的实施情况。三是操作层，由学科组长、课题组组长、备课组长、任课教师组成，深入教学第一线开展研讨活动。

第二，建立的教科研一体化的运行机制，依托科研室机构，保障了科研和教研工作在源头的整合，工作部署与落实、监控与督导。建立的教师合作新机制，引导教师在集体备课、合作学习、听课评课、课题研究参与中合作，在交流、共享以及讨论中合作，提升了教师专业能力，促进了专业发展。建立的教研组与年级组间的信息交流平台及合作机制，促进了各组织间互助与合作，信息沟通与共享。

第三，建立的"常规教科研活动模式"，起到了教科研活动常态化目的；建立的"组级教科研活动模式"，突出了学科教研组特点；建立的"校级教科研工作模式"，体现了具有学校特色的专题教研活动。

第四，建立的以提高课堂效益为核心的备课组活动模式，加强和确保了备课组活动经常、有序、高效地开展。活动之初拟定的教研活动方案及计划能吸引众多教师深度参与，每学期确定的1~2个主题教研，在规范操作流程下得到有效开展。

通过实地考察学习，参会者感受很深，对学校教科研管理有了新的认识和思考。

案例评析：

这个案例是关于区级学校教科室主任教科研管理培训时的一次实地调研活动。通过案例描述，我们看到，该学校制度建设较为全面、规范、有序。建立了三级教科研组织机制，职能明确，责任到人。"教科研一体化"运行机制，将日常的教育教学与科研工作紧密结合，解决了教研与科研长期存在着"两张皮"的现象，课题研究联系课堂教学实际，搭建起了教研和科研之间行动的桥梁，体现了教科研来自教学、服务教学的本质。建立的教师合作新机制，形成教师间真诚合作与互助，共同营造一种开放、民主、实效的教研学术气氛和文化。开展多种类型的活动研究，突出研究的适切性。规范化的教科研活动开展，实在、有效，解决了教研活动粗放，活动内容、形式空泛的状况。该案例给我们的启示有以下四点。

第一，教科研水平的提高在于教科研工作的管理水平的高低，取决于建立科学的教科研管理体制。它的建立健全，能使学校教科研成为学校的行为而不是个别教师的行为，以此增强教师从事教科研的积极性与自觉性。对教师结合教改实践更新教育教学观念，完善教育教学行为，提高实施素质教育的能力和水平，具有积极的推动作用。

第二，建立"教科研一体化"的运行机制。这就是让课题研究走进课堂，立足于解决课堂教学的实际问题。用科研的思维方法从事教研，将教科研的成果应用于教学，不断地优化教学，提高质量。通过体验，让一体化的教科研真正成为教师的一种职业方式、生活方式。

第三，从学校自身实际出发，构建有效的教科研模式，开展基于学校的行动研究。这既是学校教育教学和教师成长的现实要求，也是当前教育教学改革的方向和重点。

第四，教科研过程管理一般包括计划、执行、检查、总结、反馈等基本程序。这要求管理者遵循教育科研规律，运用决策、计划、组织、控制等现代管理方式和方法，通过组织、协调、指挥和控制，有效地发挥人、财、物等诸多要素的效应，以完成教科研活动任务。

4. 成效

教研科研成效是指对教育教学产生的实际效果，一定程度上还应体现提升教师教育教学的专业水平以及产生的学术价值。北师大裴娣娜教授认为："作为研究成果，应具有理论性、学术性、创造性、实践性以及培养目标实现后的效益。"[①] 中小学教育研究成果的评价标准应突出其实践性。[②] 考察一所学校的教育教学研究成效，可以从以下五个方面展开。

（1）教科研成果是否指向改善学校实践。形成的成果应"以校为本"，植根于教师和学生的日常教育教学活动，与学校日常教育教学行为的改善联结起来[③]，真正有效地解决教学实践中出现的新问题。

（2）教师能否得到专业发展和专业能力提高。一方面，要考察教师的发现问题、预测设计、信息筛选、实施操作与书面表述等教科研能力的提升程度；另一方面，还要考察教师的教学技能、教学实效的提升程度和教学示范、引领作用。

（3）是否取得教科研成果。一方面，要考察学校教师有否结合本地、本校实际，围绕基础教育课程改革的重点、难点问题，系统地开展实践探索所形成的教学研究成果；另一方面，还要考察教师承担的在研及结题课题的数量和论文发表、获奖等科研成果情况。

（4）成果是否能够得到转化。考察学校有否将已经形成的研究成果直接应用于教学实践，在教学中起到了示范、启发、促进、改进作用，提高了学校教育教学水平和教育质量。

（5）是否将教研科研成效作为教师绩效考核和学校教育教学质量考核的重要指标。

---

① 裴娣娜编著：《教育研究方法导论》，安徽教育出版社 1994 年版，第 376 页。
② 魏宏聚：《中小学教育研究的阻障与对策》，《天津师范大学学报（基础教育版）》2005 年第 1 期。
③ 吴刚平：《校本教学研究的意义和理念》，《人民教育》2003 年第 5 期。

案例 3.15

- -

老师的双丰收有多重

案例描述：

某市一所重点中学为了多出教科研成果，特修订了学校教科研成果奖励办法。宣布将成果类别调整为学术论文、著作、教材、专利成果、教育科研课题成果。教科室主任在教师会上解读奖励办法时说，教师们将会获得两个丰收：依据不同成果类别设一、二、三等奖，并与奖金挂钩，获得物质丰收；再按积分排序，前五名当选当年校级教研科研先进，获得荣誉丰收。台下教师们议论纷纷，都说这个奖励办法好。

会后，有位教师开始了琢磨，如何写几篇文章，做点课题，取得成果。这位教师熬更守夜，网上搜索当前教育、教学的研究热点问题，把同一个主题别人是怎么写的文章收集起来，经借鉴学习后，就写出几篇像样的文章在正式刊物上发表了。

当年，这位老师教研科研成效考核名列前茅，名利双收。在同行中，有教师开始议论这个以往教学能力一般、教学效果欠佳的教师为何一下子不同凡响。有的教师打听到他的窍门后也开始效仿起来。第二年学校教科研成果数量大增，教科室主任很满意，但同时也遭到一些教研组长和骨干教师的抱怨，组内要求写一个主题活动方案，解决教学问题，写一份教学得失总结，推广一下优秀教师的做法，组内成员都不积极响应，而大家更加看重的却是教研科研奖励办法中规定的成果。尽管每年考核都有教师获得双丰收，但毕竟名额有限，大部分教师仍无缘获得双丰收。一些教师开始困惑起来：难道这就是学校要的成果？这就是我们的双丰收？他们对学校制订的教研科研奖励办法感到非常失望。

案例评析：

　　这个案例是关于学校教科研成果奖励条例修订后引发的成果认定问题及其带来的后果。通过案例描述，我们看到，学校为了提高教科研成果数量，鼓励教师参与研究多出成果，设计了奖励办法。但结果却是多数教师没有获得双丰收，引起教研组长和骨干教师的抱怨及许多教师的失望。这与当初奖励办法的设计者，急功近利，片面追求数量的指导思想有关。评价导向偏离了教育教学研究的根本，导向激励目的而未指向改善学校教育教学实践、提高教学质量、促进教师和学生共同发展上。由此导致成果虚假、追求功利，无视教科研对教育教学产生的实际效果，打击了大多数教师教育教学研究的积极性，也制约了学校教研科研工作的进一步开展。该案例给我们的启示有以下三点。

　　第一，学校管理者要对教育教学研究本质和规律有清醒的认识。应立足于解决课堂教学的实际问题，着眼于理论与实践的结合，教学方法的不断改进，落脚于改善学校实践、提高教学质量、促进师生共同发展。不能为了"装点门面"而研究，不能与教育教学研究的基本理念和考核评价根本目的背道而驰。

　　第二，对教科研成效的认定应突出实践性和发展性。不能只看重科研的数量成果，更要关注教师的教学研究成果在现实教育教学过程中的推广意义和使用价值，尤其要关注教师的教科研的能力提升，教学技能、教学实效的提升程度和教学示范、引领作用。

　　第三，克服教育教学研究的功利性。克服功利思想，努力降低无效教科研活动对教师专业发展的误导，扭转"务虚不务实"的虚假研究作风。加强行动与研究结合，基于教育教学真实的问题，在行动研究中解决问题，不断总结教学、教研、教改经验，让成果有效指导学科教学。

（四）教学质量评价

开展教学质量评价目的在于根据评价结果对教学进行持续改进，促进教学质量不断提高。提高教学质量是基础教育的核心任务，是学校可持续发展的根本保证。1994年，《国务院关于〈中国教育改革和发展纲要〉的实施意见》指出："基础教育应把重点放在提高儿童和青少年的思想道德水平、文化科学知识、劳动技能和身体、心理素质上来，使学生在德、智、体等方面生动活泼地得到发展。"1999年，《中共中央国务院关于深化教育改革全面推进素质教育的决定》指出："教师要不断提高思想政治素质和业务素质，教书育人，为人师表，敬业爱生；要掌握必要的现代教育技术手段；要与学生平等相处，尊重学生人格，因材施教，保护学生的合法权益。"2001年，《基础教育课程改革纲要（试行）》指出："教师在教学过程中应与学生积极互动，要处理好传授知识与培养能力的关系。"2001年，《国务院关于基础教育改革与发展的决定》指出："加快构建符合素质教育要求的新的基础教育课程体系。优化课程结构，调整课程门类，更新课程内容。"2010年，《教育规划纲要》指出："把促进人的全面发展、适应社会需要作为衡量教育质量的根本标准。建立以提高教育质量为导向的管理制度和工作机制，把教育资源配置和学校工作重点集中到强化教学环节、提高教育质量上来。建立健全教育质量保障体系。坚持德育为先、坚持能力为重、坚持全面发展。改进教学方法，增强课堂教学效果。"2012年，《国务院关于加强教师队伍建设的意见》指出："建立教师培养质量评估制度。建立教师学习培训制度。建立健全教师管理制度。严格教师资格和准入制度。健全教师考核评价制度。"2013年，教育部《关于推进中小学教育质量综合评价改革的意见》要求对学生"品德、学业、身心发展水平，兴趣特长养成，学业负担状况"进行评价。"要收集学校教师队伍、设施设备、教育教学管理等影响教育质量相关因素的数据资料，为全面分析教育质量成因提供参考。"这些重要指示和精神都是我们全面理解教育质量和开展对于教学质量评价的指导意见。

依据相关政策精神，抓住影响教学质量的关键，这里从评价方案、评价指标、评价实施、结果运用四个方面对教学质量评价进行具体阐述。

1. 评价方案

教学质量评价方案是依据评价目的，遵循教学活动及评价活动的规律、对评价目标、范围、方法、手段、过程以及组织管理工作加以规定与规范的文件。没有科学的学校教学质量评价方案，就无法对教学质量进行有效监控和评价。只有重视教学质量评价方案的研究和设计，才能保证教学质量评价活动的方向性、计划性和系统性，才能准确、有效地对学校教学质量做出正确价值判断。考察一所学校教学质量评价方案的制订，可以从以下三个方面展开。

（1）内容完整。可从评价依据及理论基础、评价目的与功能（用途）、评价原则、评价对象、评价内容与指标，评价方法与工具手段，评价实施程序与组织工作、附录（评价使用工具、量表等）等方面进行考察。

（2）依据充分。以国家教育方针、政策、法规要求为依据，符合系统科学、教育科学理论，特别是教育管理与评价理论，结合实际情况，以评价目标的要求和所预示的方向为指向设计评价方案。

（3）设计科学。可从以下几方面进行考察：目的性，即要具有明确的目的；科学性，即反映教学理论和教学规律的要求；可行性，即指标、标准在评价实践中适用的程度；指标可测性，即评价要素可以通过实际观察予以测量而获得明确的结果；可操作性，即操作简便、省工、省时、省经费；有效性，即评价的效度要高。

2. 评价指标

指标既是目标本质属性与特征的集中反映，又是通过实际观察与测定而获得明确结论的实体。它是将评价目标内容进行层层分解变成具体化、可操作、可测量的内容的过程。构建教学质量评价指标就是对整个教学过程各方面、各环节进行的全面的价值判断。建立科学、合理的评价指标，能准确、有效地导向教学质量评价，对引导管理工作者及时地发现管理过程中存在的问题，全面提高学校教学质量及管理水平具有重要意义。考察一所学校教学质量评价内容及指标，可以从以下四个方面展开。

（1）教师教学质量。教师是学校教学质量保证的核心主体。教师的教学优劣是决定教学质量高低的主要因素之一。在教学实践中，教师的教学观念、教学方法、教学策略、教学态度、教学能力、师生交往和对学生的指导程度等都会直接影响到教学质量的高低，影响到学生学的质量，影响到人才培养的质量。考察一所学校教师的教学质量，可以从以下四个方面展开评价：一是有否建立教学常规质量监控机制；二是有否建立学校的课堂教学评价指标体系；三是有否建立教师教学质量评价制度及运作程序；四是有否建立教师行动研究制度进行教学过程监控。

（2）学生学习质量。现代教育教学质量观必须是全面素质教育质量观。全面素质质量观的核心是学生思想道德水平、文化科学知识、劳动技能和身体、心理素质等方面的全面素质提高，使学生在德、智、体等方面生动活泼地得到发展。考察一所学校的学生学习质量，可以从以下三个方面展开：一是考察学业表现，可从学习知识、学习方法、学习成绩等方面进行考察；二是考察学习能力，可从思维能力、分析能力、动手实践能力、创新能力等方面进行考察；三是考察学习品质，可从学习动力、学习态度、学习情感、学习毅力、合作学习等方面进行考察。

（3）教学质量管理。教学质量管理是学校管理的重心，是对教学活动与教学管理活动及教学成果的质量监控。考察一所学校对教学质量的管理，可以从以下四个方面展开：一是有否健全的教学质量管理系统；二是有否制定科学的教学质量标准；三是有否建立常规的教学质量监控制度；四是有否建立有效的教学质量分析与评价机制。

（4）教学质量保障条件。教学质量保障条件是指对于直接或间接影响教学质量的所有因素进行必要的资源、条件提供和支持。这里主要指教学正常运作基本条件和基础设施建设条件。考察一所学校的教学质量保障条件，可以从以下四个方面展开：一是有否健全教师管理制度；二是有否建立教师研培制度；三是有否健全教师考核评价制度；四是有否健全教学管理与服务体系。

3. 评价实施

教学质量评价，就是根据教学目标、运用科学方法对教与学的质量进行衡量和判断的过程。它是调控与监督教学工作的重要手段，是教学管理重要环节，是提高教学质量的关键举措。科学开展学校教学质量评价，其根本目的就是将学校工作重点转移到科学地抓好教学质量上来，促进学校效能和质量的提高。考察一所学校教学质量评价的实施，可以从以下三个方面展开。

（1）评价主体多元化。要由学校管理者、同行教师、学生、教师本人及社会等参与评价，以自评、组评、校评、生评、家长评和社会评价相结合等方式进行评教、评学、评管活动。

（2）评价方式多样化。第一，可从教学信息监控、教学督导评价、专项监控评价进行考察。第二，可从定量评价和定性评价、分析评价和综合评价、相对评价和绝对评价、静态评价和动态评价、形成性评价和终结性评价、内部评价和外部评价等方面进行考察。第三，可从通过听汇报、听课、观察、查阅档案资料、召开座谈会、访谈、问卷调查、测试、成果取证、验证、统计等方法中采集评估内容的有关信息；通过制订资料整理计划、对原始资料的检查、确定资料分组标志并分组、对资料汇总、制订统计表进行资料整理。第四，实行分级分段评价。即以学校为单位、教研组为单位、班级为单位；以各学段学生的学业水平、品行素养、能力培养和运动健康等方面的变化进行教学质量评价。

（3）评价流程规范化。内部评价，可从以下几方面进行考察：评价组织机构建立及职责、任务分工；评价工作的管理制度建设；实施计划制订、组织动员准备；评价对象、内容、时间确定；评价方法选定；评价要求及规范操作；信息采集整理与结果计算；分析与改进；资料归档。外部评价，可从以下几方面进行考察：学校自评，并提交自评报告；现场评价，多方取证；出具评价报告；后续学校改进。

4. 结果运用

2013 年，教育部《关于推进中小学教育质量综合评价改革的意见》

指出，要"科学运用评价结果"，做好"结果呈现，结果使用"；"要把教育质量综合评价结果作为完善教育政策措施、加强教育宏观管理的重要参考，作为评价考核学校教育工作的主要依据。要指导学校正确运用评价结果，改进教育教学，发挥以评促建的作用"。考察一所学校的教学质量评价结果的呈现及处理，可以从以下三个方面展开。

（1）评价结果的组成。体现多元主体认定评价结果，科学、合理地吸纳不同层次主体的认定意见。

（2）评价结果的呈现。选择如分数式、等级式、诊断描述式、原因分析式等形式呈现评价结果，对评价内容和关键性指标进行分析诊断，分项给出评价结论，提出改进建议，形成学科、学校教学质量综合评价报告等，并予以公布。

（3）评价结果的使用。制定奖惩制度，正确运用评价结果，将评价结果作为教师年度工作考核、绩效考核，职称晋升、岗位聘任，评优评先及各种奖励挂钩的重要依据，并存入个人业务档案。对于评价结果为"不合格"者，制定相应措施进行处罚，并督促整改。建立学生学习质量评价结果使用制度，合理使用评价结果，将评价结果作为学生评优、表彰、升学等方面的重要参考依据。

 案例 3. 16

为什么教学质量越抓越滑坡

案例描述：

A校是某市城郊接合部的一所普通小学。第一学期期末该校在区里的抽查中考试成绩不是很理想，这是一个非常危险的信号，如果第二学期还不达标，将会严重影响学校的声誉。于是第二学期开学，学校召集全体教师召开了"教学质量分析会"。会上教导主任对教学质量进行分析，校长又做了一番重要指示，重点就是要牢固树立质量意识。其后，学校在狠抓教学质量上出台了一系列新举措：首先由教导处牵头，成立了语文、数学各年级备课组，要求各备课组认真开展工作，然后就由备课组组长自行开展了活动，但具体情况不得而知；其次，教导处组织了每月一次的学力调查活动，分别由备课组长交叉出卷及组织阅卷。第一次调查后，二年级写作情况不理想，其后再次学力调查中，出卷教师降低写作要求，因此成绩得以提高。与此同时，教导处还进行了"推门听课"、校级骨干教师风采展示观摩课、外出听课学习、邀请专家进校搞讲座等活动。期末将至，学生来校更早，放学更晚，作业更多，全校积极备考。但是这次考试结果却令所有人非常失望：情况比上一次更糟糕。为什么狠抓之后，教育质量反而继续滑坡了呢？①

案例评析：

　　这个案例向我们展示了一所学校如何努力提升教学质量的问题。通过案例描述，我们看到，从校级、处室（组）、教师层面都在行动，但效果还是欠佳。这反映出当前一些学校提升教学质量过程中仍缺乏整体目标管理和目标层层分解的思考。校长没有把握住学校工作的一般规律，急于求成。目标管理不能仅仅把工作目标看作中心，环节实施缺乏具体质量目标指向和标准引导，教学质量监控、评价粗放，未采取有效的教学质量评价方法及改进措施，同时对影响教学质量关键要素的认识不足。其实，在物质因素既定的条件下，只有抓住教师、学生管理这两个关键，加强教与学的质量监控、评价与改进，在教学过程中重视师德、师责、师效，并采取行之有效的措施才能解决教学质量问题。这个

---

① 李波主编：《教育管理与案例分析》，复旦大学出版社 2011 年版。

案例给我们的启示有以下四点。

第一，学校领导应树立目标管理的理念。作为决策指挥中心的校长和分管教学副校长，应明确教育质量管理为学校管理的总体目标，通过学校综合管理水平的提高带动教学质量管理水平。同时要合理定位教学质量目标，建立指导、监督、调控系统加强对教学质量的管理。

第二，教学质量评价须突出关键要素。从教师的教学质量和学生学习质量评价入手，加强学校教学质量过程管理，切实提高教师的课堂水平，建立有效的教学质量监控制度，对教学过程每个环节进行监控，用科学、有效的方法对教学质量进行分析与评价。

第三，教学质量评价活动必须预先要有周密的计划与设计。要研究和设计科学、合理的教学质量评价方案，建立具体化、行为化、可测量的教育质量评价内容与指标体系，构成完整的评价目标，规定评价对象在特定评价内容上达到相应程度或水平。只有不断改进评价方式方法，设计科学的评价流程，有序开展评价工作，对教学活动做出正确的价值判断，科学运用评价结果，才能有效指导和改进教育教学，发挥以评促教的作用，促进学校教学质量的全面提升。

第四，要有针对性地增添提升教学质量的保障条件。围绕各阶段具体目标和实施缺陷，明确目的，采取行之有效的措施，营造良好的学习风气，提高教师教学水平和能力，这是必须努力的方向。

第四章　教师管理

教师是立教之本、兴教之源，承担着让每个孩子健康成长的重任。党中央、国务院历来高度重视教师队伍建设。2010年，《教育规划纲要》提出"建设高素质教师队伍"的战略目标，从加强师德建设、提高教师业务水平、提高教师地位待遇三个方面对教师队伍建设提出了具体要求。2012年，《国务院关于加强教师队伍建设的意见》明确提出了教师队伍建设的总体目标，即"到2020年，形成一支师德高尚、业务精湛、结构合理、充满活力的高素质专业化教师队伍"，从加强教师队伍建设的指导思想、总体目标、重点任务，加强教师思想政治教育和师德教育，提高教师专业化水平，建立健全教师管理制度，切实保障教师合法权益和待遇，以及保障措施等方面提出了具体要求。

按照人力资源开发理论，教师管理应包括教师岗位分析、招聘与入职、培训、绩效考核、薪酬设计、退出等多个环节。每个环节对于教师的发展都具有重要的意义。从教育行政部门看看学校的教师管理是否到位、是否有效，须侧重于两个视角：看学校、地方政府及其教育行政部门是否按照相关的法律法规实施教师管理，保障教师权益；看学校是否根据学校发展需求、教师发展需求和学生发展需求，切实促进教师专业发展。由此，结合国家重要法律法规和中小学实际，本章着重考察四个方面的内容，即教师职业道德、教师专业发展、教师绩效考核和教师权益保障。

一、教师职业道德

教师是教育的根本，师德是教师的灵魂。2008年，教育部、中国教科文卫体工会全国委员会发布了重新修订的《中小学教师职业道德规范》，从爱国守法、爱岗敬业、关爱学生、教书育人、为人师表、终身学习六个方面对教师的职业道德规范提出了要求。2010年，《教育规划纲要》专门提出，要"加强教师职业理想和职业道德教育，增强广大教师教书育人的责任感和使命感。教师要关爱学生，严谨笃学，淡泊名利，自尊自律，以人格魅力和学识魅力教育感染学生，做学生健康成长的指导者和引路人。将师德表现作为教师考核、聘任（聘用）和评价的首要内容"。2012年，《国务院关于加强教师队伍建设的意见》中对"师德"明确提出了要求，即："构建师德建设长效机制。建立健全教育、宣传、考核、监督与奖惩相结合的师德建设工作机制。"2013年，教育部颁发《关于建立健全中小学师德建设长效机制的意见》（教师〔2013〕10号），对如何建立健全教育、宣传、考核、监督与奖惩相结合的中小学师德建设长效机制提出了具体要求。

结合国家强调要构建师德建设长效机制这一要求，对学校的师德建设进行考察，重点应从师德教育、师德考核、师德监督与奖惩、师德表现四个方面进行考察。

（一）学校的师德教育

师德教育，是提升教师责任感和使命感的重要抓手和途径。学校应根据中小学教师职业道德要求，结合学校的实际、教师和学生的特点，开展多种形式的师德教育，在学校形成重德养德的良好风气。看一所学校是否有效开展了师德教育，可重点考察学校组织学习师德规范、宣传师德典型、提高师德效果三个方面的工作开展情况。

1. 认真组织师德规范的学习

考察学校是否加强了对师德规范的学习，主要看学校是否通过开展主题学习、研讨会、座谈会等形式，认真组织好《中小学教师职业道德规范》《小学教师专业标准（试行）》《中学教师专业标准（试行）》等相关规定的学习宣传，帮助广大教师全面了解新时期教师职业道德的基本要求，统一思想认识。考察学校的师德规范学习是否落到实处，可以从以下两个方面来看。

（1）看学校的师德教育是否注重实践性。一切道德建设问题说到底都是一个实践问题，师德建设也是如此。学校的师德教育应该面向实际，师德教育的素材，如报告、讲话、文章、书籍，都要尽量贴近教师的实际，使广大教师感到亲切可行，从而感动、鼓舞和带动教师提高自身师德水平。

（2）看学校的师德教育是否注重激发教师的自觉意识。道德与法律、纪律相比，是一种更高层次的要求。提高师德水平更多地是要靠激发教师的自觉意识，通过自我反思和自我教育，将师德要求内化为自己的思想观念和言行举止。师德教育不能仅停留在读文件、谈体会上，一定要联系学校和教师实际，常学常新，创新学习形式和方法，真正让师德规范要求入耳入脑，变成教师的自觉行为准则。

2. 积极开展师德典型的宣传

长期以来，广大教师教书育人，敬业奉献，赢得了全社会的尊重，教师队伍中不断涌现出一批又一批可歌可泣的模范人物。同时，在学校的日常实践中，教师们也正在通过自己的言行举止，默默散发着"润物细无声"的师德光芒。正如顾明远教授所言的那样："师德的最高境界不在那些上纲上线的条条框框里，也不在那些歌功颂德的豪言壮语中，它就简单地存在于教师对待职业的朴素态度上以及平日对待学生的一言一行、一举一动中。"因此，考察学校的师德宣传是否到位，一方面要看学校是否及时宣传全国典型的师德，另一方面也要看学校是否注重发掘和塑造身边的师德典型，在学校形成学习先进、崇尚先进、争当先进的良好氛围。在师德典型的选择与塑造过程中，既要关注那些如同蜡烛般无私奉献的教师典型，又要宣传从教师职业中获得自我实现的教师。通过弘扬教师身边的先进事迹，树立师德建设标兵，营造广大教师追求崇高师德境界的良好氛围，建设一支能够胜任教育使命和光荣责任的师资队伍。

 案例 4.1

"问题导向式"的师德反思教育

案例描述：

在近期的一次师德教育中，学校将湖北省钟祥市洋梓镇中学语文教师方文忠的先进事迹作为学习内容。学校先是在校园网站上公开方文忠老师的基本情况和教育教学的实践。

方文忠是湖北省一名身患残疾的高中农村语文教师。多年来，为了让学生喜欢语文，他总是想着法子调动学生兴趣，让他们自觉参与到教学活动中。他在先后工作过的四所农村中学组织学生开展文学活动，拄着拐杖和他们一起到校外采风，和他们讨论、修改习作，编辑文学社社刊。业余时间，别人在休闲、聊天，方老师却在与学生交流，忙着办社刊。在他的努力下，学生的语文素养和写作水平都有了明显提高，不断有学生成为"小作家"。比如，他最得意的学生是现为钟祥市乡土作家的李涛。李涛出生时，由于难产造成大脑严重缺氧，导致身体重度残疾，行走艰难，说话也很困难。方文忠老师以自身经历鼓励李涛自强不息。针对李涛爱看书的特点，方老师带他加入学校文学社，耐心辅导他提高写作能力。慢慢地，李涛变得自信起来，顺利读完初中。毕业后，方老师仍与他保持联系，鼓励他坚持写作。现在，李涛每年的稿费收入有两万多元，经济上基本可以自立。李涛说："方老师就是我的'再生父母'。"自1992年接任北门湖文学社指导老师以来，方文忠的学生在各类报刊上发表作品近800篇。北门湖文学社荣获湖北省首届文学社评比一等奖、全国百家优秀文学社金奖等。

A学校在学习方老师的先进事迹的过程中，通过以教研组为单位，引发了全体教师参与的"头脑风暴"，抛出了三个问题，在全校层面予以讨论。这三个问题分别是：（1）是什么促使作为残疾人的方老师，安心讲坛数十年？（2）是什么促使方老师致力于激发学生的兴趣，将有文学兴趣的孩子带上文学的道路？（3）方老师的幸福源泉在哪里？

热烈讨论之后，教师们基本达成了两条共识。（1）关爱学生，是建立在正确的学生观的基础之上的。中小学教育，是让每个孩子都能得到相应的教育，而不是只培养"千里马"。这就要求教师针对不同的学生，提供适合的教育，充分挖掘学生的个性特长，帮助他们看到自己的发展方向。（2）"爱岗"和"敬业"是相辅相成的。只有在岗位上获得了成就感和幸福感，才会真正爱上岗位。

案例评析：

这个案例向我们展示了一所学校是如何开展师德教育，努力提升师德教育实效性的。当前，许多学校都感到师德教育容易走入假大空的误区，都苦于如何在师德教育中提高教师参与的积极性，如何去提升师德教育的实际效果。但是，A学校通过"问题导向式"的方法，激发大家透过师德典型，思考更深层次的教师职业理想和职业道德问题。A学校的案例给我们的启示有以下三点。

第一，师德教育要注重激发教职员工的全员参与。对于组织而言，人与人之间的思想是相互感染的。良好的组织文化，是保障组织良好运行和高绩效的重要因素。在师德教育中，只有全体教职员工参与其中，才会有助于重视师德修养的组织文化的生成。

第二，师德教育要努力避免内容空洞、形式单一的弊端。A学校的师德教育不局限在对师德典型的空泛的学习上，而是通过

169

从师德典型中挖掘出深层的普遍的教育问题，引导教师将自己与这些问题之间建立起连接，让师德教育深入教师心中。

第三，师德教育要重视教师反思。从本质上而言，师德修养是教师本人对自己进行的特殊教育活动，是个人思想道德品质的自我锻炼、自我陶冶和自我教育。师德提升，重在自觉。只有教师用心体会了教师职业道德的要求，才能将这些要求内化为自己的思想和言行。A 学校通过问题导向的方式，引发集体讨论，较好地实现了教师反思和师德自觉。

（二）学校的师德考评

师德考评，就是评价者根据一定的教师道德标准，借助社会舆论、传统习俗、内心信念等方式，对教师思想、态度和行为所体现的道德状况进行善恶评判，并表明褒贬态度的一种手段及过程。针对师德考评的弱化导致师德问题不断呈现这一状况，教育部《关于建立健全中小学师德建设长效机制的意见》提出，要"研究制定科学合理的师德考评方式，完善师德考评制度"。考察一所学校的师德考评，可以从以下几个方面入手。

1. 明确师德是评价教师的重要指标

尽管教育部和各级地方教育行政部门不断强化师德考评的重要性，越来越多的地方出台了师德考评一票否决制，但是在现实中，各地普遍存在着以学生学习成绩为导向的教师考核问题，忽视教师的师风师德评价。因此，需要通过考察学校是否切实将师德考评结果作为教师资格定期注册、业绩考核、职称评审、岗位聘用、评优奖励的首要内容。

2. 建立科学的师德考评指标体系

考察一所学校是否建立了科学的师德考评指标体系，要着重看三点：一看学校的师德考评指标体系是否以师德规范为依据，是否涵盖了对教师师德的基本要求；二看学校的师德考评指标是否可测量，是否清晰明确，是否与目标直接相关；三看学校是否注重指标的导向功能，即师德考评指标体系的设计，是否以促进教师关爱学生、提高教育教学质量和提升自身专业素质为目的。比如，在现实中，不少学校在考评教师的"爱岗敬业""关爱学生"等指标时，将那些加重学生课业负担、加班加点批改学生作业的教师评价为"关心"学生。存在这些行为的教师，在师德评价中依旧能够被评为优秀，甚至被认定是非常负责任的老师。这样的评价导致更多的教师抢占学生时间，从而限制学生创造能力、实践能力的发展。这不是正确的师德考评标准，不利于全面加强师德建设和提高教师对于师德建设规范的正确认识。

3. 运用有效的师德考评办法

提高师德考评的质量，需要运用形式多样的师德考评办法。目前，很多学校的师德考评容易沦为形式，其中一个重要原因是针对师德考评中的一些指标，缺乏有效的考评办法，习惯于通过主观印象，做出主观判断，往往无法在教师之间建立起区分度。因此，考察学校是否运用了有效的师德考评办法：一要看学校是否建立了个人自评、教师互评、督导参评、学生评价和组织考评相结合的师德评价机制；二要看学校是否有效运用了问卷调查法、访谈法、观察法、文献查阅法等方式获取所需要的信息，并加以综合分析。

 **案例** 4.2

- -

对一所学校《师德考核暂行办法》进行的评析①

案例描述：

为规范教师职业行为，整体提高教师的师德水平，营造良好

―――――――――――――

① 案例改编自湖南省常德市教育督导室报送的案例《一所学校的教师师德考核办法》。

的教书育人环境，根据《教师法》《中小学教师职业道德规范》《国务院关于加强教师队伍建设的意见》，学校制定了《师德考核暂行办法》。

《师德考核暂行办法》明确了考核对象为所有在职教师，坚持"以人为本，激励为主""客观公正，实事求是""奖优罚劣，促进发展"的考核原则，将依法从教、爱岗敬业、关爱学生、严谨治学、为人师表、廉洁从教、终身学习、奖励表彰八个方面作为考核的内容，明确了考核的标准为优秀（90分以上）、合格（70～89分）、基本合格（60～69分）、不合格（60分以下）四个等次。同时，规定了考核办法有教师自评、民主评议、服务对象评议、考核工作小组评议，其中教师自评、民主评议、服务对象评议、考核工作小组评议四项得分分别按5％、15％、20％、60％折算后得出被考核人师德考核成绩，与被考核人当年度奖励表彰所得分数汇总后，即为被考核人年度师德考核成绩。年度师德考核成绩按20％的比例折算后，计入年度个人综合考核。并对考核结果的使用做出了规定，将之与教师评优评先、绩效工资、职称评聘等相挂钩。对有严重失德行为、影响恶劣者按有关规定予以严肃处理直至取消教师资格。考核结果出来之后，学校将对此进行公示，并将结果报市、县区教育局（办）人事部门备案。

在师德考核的过程中，学校成立师德考核工作小组，组织实施本校师德考核工作。师德考核工作小组由学校党政领导班子成员、工会主席、教师代表组成。其中，教师代表由民主推选产生，并且所占比例不能低于考核工作小组成员的二分之一。

学校的教师师德考核评分标准如下表所示。

教师师德考核评分标准

考核项目	评分标准	分值
依法从教 （15分）	1. 热爱祖国，热爱人民，拥护中国共产党的领导，拥护社会主义。没有违背党和国家方针政策的言行。	5
	2. 自觉遵守法律法规，全面贯彻国家教育方针，依法履行教师职责权利。	5
	3. 自觉学习和宣传中国特色社会主义理论体系，具有依法执教的自觉意识。	5
爱岗敬业 （12分）	4. 忠诚于人民的教育事业，勤恳敬业，乐于奉献，认真履行工作职责，按时保质完成工作任务。	4
	5. 具有较强的组织观念，能自觉执行上级部门的有关规定和学校的规章制度，服从组织安排。	4
	6. 认真备课、上课、批改作业，耐心辅导学生，认真组织考试考核。	4
关爱学生 （15分）	7. 关心爱护学生，尊重学生人格，平等公正对待学生。	5
	8. 正视学生差异，注重学生的个性发展。	5
	9. 保护学生安全，关心学生身心健康，维护学生合法权益。	5
严谨治学 （20分）	10. 坚持育人为本、德育为先，认真履行立德树人的职责，注重对学生进行思想教育、品德教育、纪律教育、法制教育、心理健康教育，传承社会主义核心价值体系，引导学生形成正确的世界观、人生观、价值观，促进学生全面发展。	4
	11. 面向全体学生，因材施教，帮助学生掌握科学的学习方法，培养学生良好的学习习惯。科学开发每个学生的潜能，对特别学生能采取针对性的教育手段。	4
	12. 自觉遵循教育教学规律和学生成长规律，积极运用现代教育理念，创设有利于学生成长的良好教育环境。	4

续表

考核项目	评分标准	分值
严谨治学 （20分）	13. 切实减轻课业负担，严格控制作业量，提倡布置探究性、实践性的家庭作业。未经批准，不得组织、参与各种学科知识竞赛。	4
	14. 严格按照课程标准对学生进行学业评价，实行日常学习评价与期末考试评价相结合的评价方法，不以分数作为评价学生的唯一标准。积极探索评价改革，对学生进行综合评价，充分挖掘学生的特长和闪光点。	4
为人师表 （16分）	15. 坚守高尚情操、知荣明耻，模范遵守社会公德和师德规范。	4
	16. 衣着得体，语言规范，举止文明。	4
	17. 关心集体，团结协作，尊重领导和同事。	4
	18. 理解尊重家长，平等对待每一位家长，经常采取适当方式与家长保持联系，积极向家长宣传科学的教育理念和方法。	4
廉洁从教 （7分）	19. 作风正派，廉洁奉公。自觉抵制有偿家教，不利用职务之便谋取私利。	7
终身学习 （15分）	20. 树立终身学习理念，不断拓宽知识视野，更新知识结构，自觉运用现代化教育教学技术。	5
	21. 潜心钻研业务，勇于探索创新。积极开展校本研修，认真撰写教学反思和教研论文。	5
	22. 积极参加各种形式的专业培训和教育教学经验交流活动，笔记齐全，不断提高专业素养和教育教学水平。	5
奖励表彰	此处略	

案例评析：

该校为了提高全体教师的师德水平，高度重视对教师师德考评，制定了《师德考核暂行办法》。认真审视该办法，可以获得如下一些启示。

第一，教师师德考评要重视发挥评价的导向功能。考评的标准应以国家对师德提出的基本要求为依据，引导教师依法从教、爱岗敬业、关爱学生、严谨治学、为人师表、廉洁从教、终身学习。

第二，教师师德考评要重视多元主体的参与。在教育教学实践中，教师的师德往往是通过教师的一言一行来体现的。因此，在考评教师师德过程中，需要通过教师的自我反思和自我评价来获得信息，需要来自同事的信息予以补充，更需要来自受教育者学生以及教育的协同者家长的意见。

第三，教师师德考评过程要公开透明。这里的公开透明包括考评标准及其评分标准、考评的程序和方法、考评的结果和使用。

第四，教师师德考评结果要成为教师评优晋先的基本前提。师德考评结果伴随教师的职业生涯发展过程，是评价教师综合素质的首要标准。只有这样，教师才会认真对待师德考评，才会真正做到自觉提升师德修养。

但是，该校在考评标准的设计方面，却忽略了标准的可测量性。比如，"面向全体学生，因材施教，帮助学生掌握科学的学习方法，培养学生良好的学习习惯。科学开发每个学生的潜能，对特别学生能采取针对性的教育手段"。这些标准往往过于笼统，会导致不同的评价者对同一教师行为给出不同的评价等级。如能对此给予一定的量化标准，就能够较为具体地衡量教师遵守师德规范的差异状况，形成区分度，便于比较和评判。

（三）学校的师德监督与奖惩

教育部《关于建立健全中小学师德建设长效机制的意见》提出建立师

德年度评议制度、师德问题报告制度、师德状况定期调查分析制度和师德舆情快速反应制度，并建立行之有效的师德投诉、举报平台，将违反师德行为消除在萌芽状态。为进一步加强此项工作，2014 年，教育部又出台了《中小学教师违反职业道德行为处理办法》，明确了 10 种违反教师职业道德的行为，要求对违反职业道德行为发现一起，查处一起，绝不姑息。在学校师德监督与奖惩方面，需要考察的要点应包括以下几个方面。

1. 加强师德的定期调查与分析

很多师德问题的发生，往往是从量变到质变的过程。考察学校是否加强了师德的定期调查分析，一要看学校是否建立了师德定期调查分析制度；二要看学校是否真正贯彻了这一制度，在发现教师可能存在师德问题行为时，是否及时组织调查，核实有关事实。这一方面可以识别出事实的真相，另一方面又可以防止对教师的误判，以及由此带来的教师合法权益受损。

2. 建立师德投诉、举报与申诉渠道

考察学校建立师德招生、申诉与举报渠道是否健全，须注意以下三个方面。一是看学校是否明确了师德问题报告对象、报告内容与途径，以及未及时报告的后果等。比如，是否向社会公布师德师风投诉电话。二是看学校是否建立师德申诉举报平台。学校对教师的处分决定是否书面通知教师本人并载明认定的事实、理由、依据、期限及救济途径等内容。处分决定是否在适当范围内公布，但涉及未成年人隐私的除外。确定处分决定公布范围时，应当坚持有利于维护教育教学正常秩序，保障教师合法权益的原则。三是看学校处理问题是否全面。学校做出处分决定前，是否听取教师的陈述和申辩，或者听取学生、其他教师、家长意见。

3. 及时、依法处理师德违规行为

考察学校是否及时、依法处理教师师德行为，一是看学校是否制定并公开了师德违规处罚制度；二是看学校是否及时处罚了违规行为；三是看在处理违规行为时是否遵从有关的法律法规。

 案例 4.3

教师缺勤问题的调查、分析与处理①

案例描述：

　　王校长上任第三天，收到教师三张请假条，两张事假，一张病假。王校长拿着请假条，紧皱眉头。上任三天来，教师没有一天全勤过。他已了解到学校出勤情况一向不好，严重影响到了学校正常的教育教学秩序。

　　下午三点，王校长就教师缺勤问题召开了全校教师会。会上，有的说，咱校的出勤是个老问题了，几年来老师难得到齐，并非今天才有的事。有的说，家有事，人有病，总得请假，要全勤不可能。也有的说，人活着，有事、有病难免，但要以工作为重，现在是你请假，我也请假，互相观望，越来越不像样子。王校长接着要大家再谈谈如何解决这个问题。有几位教师认为，对请假者要加强经济惩罚。有的教师认为，光靠经济惩罚不行，关键要加强思想教育，不然会出现你扣你的钱，我请我的假的局面。王校长认真记下了大家的意见。

　　一日，张老师请假一周，很难找人代课，王校长就主动替张老师代课。他来到教室对同学们说："张老师病了，请假一周，不能来上课，我替他上。"下面马上有人嘀咕："什么病了？他在家里为人家修彩电、录音机呢！""没有根据不要乱说话啊！"王校长说。"没乱说，我住在他家对面，有时我半夜醒来，他家的灯还亮着，他家的小冬冬说他爷爷晚上在修理东西。"小声嘀咕的学生反驳道。又有学生不满地说："哎！老师不来，我们又要

----

① 案例改编自湖南省常德市教育督导室报送的案例《教师缺勤问题处理》。

天天自习再自习了。"王校长和气地回答说:"今晚我去看望张老师,你们的课由我来代,不用着急。"

当晚,王校长来到张老师家,果真看到他在小房间里埋头摆弄一台彩电。王校长扶着张老师的双肩说:"老张,身体怎样了?我来看看你。"张老师回头看见这位不速之客,非常尴尬,支支吾吾地说:"好点了,好点了,请到客厅坐。"说着,赶忙拉着校长离开了"工作台"。王校长诚恳地说:"老张,有病就该好好休息,别再辛苦了。你的课我代了,你就放心养病吧!希望你能早日恢复健康。"张老师不好意思地说:"校长来看我,还代我的课,我真不知说什么好。今天下午觉得好点了,正在想明天——"王校长打断道:"身体有病就该休息,好转的话就到学校转转,看看学生们。学生都在等着你呢!"张老师见王校长热情诚恳,想想自己的行为,倒是有些不好意思了,说:"不瞒校长,这两天虽有点不舒服,但可以上课,只是因为学校过去对出勤问题一直马马虎虎,我也没当回事。"隔了一天,张老师就上班了。王校长上任不久,教师全部出勤了。

案例评析:

教师频繁缺勤,不仅影响到学校正常的教育教学秩序,而且影响到学生受教育权益的保障。教师的缺勤问题,直接表现了教师对待工作和学生的态度。但是,如何对教师进行考勤,已经成为教师管理中一个普遍存在的问题。该案例中校长对教师考勤问题调查、分析后做了有效处理,使长久未能解决的问题得到解决。这件事给我们的启示有以下两点。

第一,学校解决教师师德问题需重调研,必须围绕问题展开深入全面的调查。一般来说,解决问题主要有五个步骤,即识别问题或改进的机会、分析原因、开发替代性的解决方案、选择并实施最佳解决方案、评估解决方案的影响。其中,调查分析问题产生的原因至关重要。因为只有找准原因，才能对症下药。学校可通过个别访谈、集体座谈等方式了解问题产生的根源。

第二，学校处理教师师德问题既要注重公开透明，又要注重以人为本，保护教师的自尊心。在案例中，新上任的王校长面对教师缺勤已经影响到教育教学，选择召开教师会议发动大家讨论的方式来解决。但是，在处理张老师请假一周的问题上，一方面在学生面前维护了王老师的形象，另一方面又通过理解、信任、尊重等方式感动了王老师，使其自觉改正可以避免发生的缺勤行为。

（四）教师的师德表现

师德表现，指的是师德要求在教师身上的具体表现。一所学校的教师师德表现，可以反映这所学校的教师师德整体水平。考察一所学校的师德表现，既要明确师德规范的基本要求有哪些，又要知道从哪些方面可以获得教师是否达到师德要求的具体信息。

1. 师德表现的基本要求

2008 年修订的《中小学教师职业道德规范》对教师的职业道德起指导作用，是调节教师与学生、教师与学校、教师与国家、教师与社会相互关系的基本行为准则。该规范提出的师德要求包括六个方面，即爱国守法、爱岗敬业、关爱学生、教书育人、为人师表、终身学习，这也是考察师德表现的基本要求。

（1）爱国守法。热爱祖国，热爱人民，拥护中国共产党领导，拥护社会主义。全面贯彻国家教育方针，自觉遵守教育法律法规，依法履行教师职责权利。不得有违背党和国家方针政策的言行。

（2）爱岗敬业。忠诚于人民教育事业，志存高远，勤恳敬业，甘为人梯，乐于奉献。对工作高度负责，认真备课上课，认真批改作业，认真辅导学生。不得敷衍塞责。

（3）关爱学生。关心爱护全体学生，尊重学生人格，平等公正对待学生。对学生严慈相济，做学生良师益友。保护学生安全，关心学生健康，维护学生权益。不讽刺、挖苦、歧视学生，不体罚或变相体罚学生。

（4）教书育人。遵循教育规律，实施素质教育。循循善诱，诲人不倦，因材施教。培养学生良好品行，激发学生创新精神，促进学生全面发展。不以分数作为评价学生的唯一标准。

（5）为人师表。坚守高尚情操，知荣明耻，严于律己，以身作则。衣着得体，语言规范，举止文明。关心集体，团结协作，尊重同事，尊重家长。作风正派，廉洁奉公。自觉抵制有偿家教，不利用职务之便谋取私利。

（6）终身学习。崇尚科学精神，树立终身学习理念，拓宽知识视野，更新知识结构。潜心钻研业务，勇于探索创新，不断提高专业素养和教育教学水平。

2. 师德表现的考察途径

通常，教师是否达到师德要求主要通过两种方式呈现出来：一是内生于教师的思想动态和价值取向；二是外在于教师的言行举止之中。因此，考察一所学校的教师师德，可以通过对教师的思想动态进行访谈和对教师言行举止的观察来获取相关的信息。

（1）考察教师的思想动态和价值取向主要通过对教师、学生和家长进行访谈的方式获得。具体的访谈内容主要关注三个方面：其一，教师是否忠诚于教育事业，认可党和国家的教育方针，认可学校的办学理念等；其二，教师是否有正确的学生观，是否具备教育公平的教育理念和因材施教理念，是否将学生作为学习和成长的主体而不是被动的学习者和管辖的对象，是否认为教师是学生学习和成长的合作者、引导者、参与者和促进者等；其三，教师是否将自身视作专业技术人员，是否认为终身学习是专业发展的保障，是否具有求真求善求美的专业自觉意识等。

（2）考察教师的言行举止是否符合师德要求主要看三点。其一，在遵从国家教育方针政策方面，教师是否在教育教学活动中有违背党和国家方针政策的言行。其二，在对待学生方面，教师是否在教育教学活动中遇到突发事件时，敢于履行保护学生人身安全职责；是否在教育教学活动和学生管理、评价中公平公正对待学生；是否存在以侮辱、歧视、孤立等方式变相体罚学生，造成学生身心伤害的现象；是否有教师开展或者组织参与针对学生的经营性活动，或者强制学生订购教辅资料、报刊等谋取个人利益；是否索要或者违反规定收受家长、学生财物；是否不听劝阻，组织、要求、诱导学生参加校外有偿补课，或者参与校外培训机构对学生有偿补课。其三，在对待教学和自我专业发展方面，教师是否认真充分地准备每一节课；教师是否及时掌握学生学习动态，并及时给予反馈；是否在招生、考试、考核评价、职务评审、教研科研中存在弄虚作假、营私舞弊的现象；是否养成了坚持学习和反思的专业发展习惯。

 案例 4.4

教师兼营"寄宿班"现象如何叫停①

案例描述：

  2010 年，媒体曝光三亚市教师兼营"寄宿班"。在调查中，发现在三亚市区，一些中小学教师在自家办起学生宿舍，招收本校学生在家里寄宿。老师招收本校学生在自家寄宿的大多是小学生，也有部分初中生。被托管的学生平时在老师家吃住，周末由家长接回。这些孩子不论男女，大多被安排在一间卧室里。还有的老师在学校附近租房，聘请服务员照料学生生活起居，就像自家办了一个幼儿园……调查发现，这些"寄宿班"学生每人"日

---

  ① 郑玮娜、傅刚：《教师兼营"寄宿班" 如此"第二职业"该不该叫停》，http://news.xinhuanet.com/edu/2010-12/27/c_12923056.htm。

托"费用在 250 元至 350 元之间，"周托"费用在 650 元至 1 000
元不等。开办"寄宿班"的教师，除了领取学校工资外，每月
"兼职"收入少则四五千元，多则上万元。海口、琼海等地还有
些教师违反《中小学教师职业道德规范》，为避开教育部门及学
校的"不准"规定，不同学校、不同班级的一些教师，互相介绍
学生到对方家中补课，私下或公开举办收费性质的"小课桌"
"大课桌"。

案例评析：

　　教师兼营"寄宿班"的现象，一方面违反了国家和地方规定
的师德条例；另一方面教师自办学生"寄宿班"，往往是教师与
家长"私下交易"，属于违规办学的不合法经营行为。它既没有
工商部门批准，又没有卫生部门许可，孩子一旦发生意外，教师
并没有承担相关责任的能力。这种行为比有偿家教的问题更严
重，隐患很多。要从根本上叫停此现象，一是需要加强学校师德
教育，促进教师自觉履行师德要求。比如，记者从三亚市教育局
了解到，当地中小学教师的工资标准并不低。这个市在全省率先
落实教师绩效工资，2010 年中小学教师月均工资比公务员高
104 元。可见，教师如果不能内化师德要求，依然不能自觉抵制
更多物质的诱惑。二是需要尽快改革当前普遍存在的只看重升学
率和学生分数的教师考评制度。三是加强对教师师德的监管和问
责制度，从体制上根治教师兼职经营行为。比如，琼海市教育局
对此采取"发现一起，查处一起"的原则。一经查实，教师当年
度考核不评定等次，不能评职称，不发放绩效工资，并调整工作
单位，造成严重影响的，按有关规定给予行政处分或解聘，同时
追究学校主要领导的责任。

二、教师专业发展

联合国教科文组织与国际劳工组织联合发表的《关于教师地位的建议》中明确指出："教育工作应被视为一种专门职业。这种职业是一种要求教师具备经过严格而持续不断的研究才能获得并维持专业知识及专门技能的公共业务，它要求对所辖学生的教育与福利拥有个人的及共同的责任感。"教师专业发展是教师不断接受新知识，不断与时俱进、增长专业能力的过程。2010 年，《教育规划纲要》提出要"完善培养培训体系，做好培养培训规划，优化队伍结构，提高教师专业水平和教学能力。通过研修培训、学术交流、项目资助等方式，培养教育教学骨干、'双师型'教师、学术带头人和校长，造就一批教学名师和学科领军人才"。2012 年，《国务院关于加强教师队伍建设的意见》从完善教师专业发展标准体系、提高教师培养质量、建立教师学习培训制度、完善教师培养培训体系、培养造就高端教育人才五个方面对"大力提高教师专业化水平"提出了更为明确的要求。2012 年，教育部先后下发了相关文件，公布了幼儿园、小学、中学、中等职业学校教师专业标准的征求意见稿，从专业理念与师德、专业知识与专业能力三块领域提出了教师专业标准的具体要求。2013 年，教育部下发《关于中小学教师培训工作的指导意见》（教师〔2013〕6号），针对当前普遍存在的问题，从"增强培训针对性，确保按需施训""改进培训内容，贴近一线教师教育教学实际""转变培训方式，提升教师参训实效""强化培训自主性，激发教师参训动力"等方面做出了安排部署。结合相关政策精神和中小学实际，这里重点关注教师专业要求、教师发展规划、组织校本研修等四个方面。

（一）遵循教师专业要求

教师专业要求是教师专业化的必要条件，是教师专业发展的重要依据。为落实《教育规划纲要》，促进教师专业发展，建设高素质教师队伍，教育部研究制定了《小学教师专业标准（试行）》和《中学教师专业标准（试行）》，并于 2012 年予以公布。结合相关政策要求，教师专业发展的基本目标包括三个方面，即专业理念与师德、专业知识、专业能力。鉴于本章第一部分"教师职业道德"已经对教师的专业理念与师德进行了介绍，此部分着重介绍教师专业知识和专业能力的基本要求。

1. 教师专业知识和能力的基本要求

（1）教师专业知识的基本要求。第一，学生发展的知识。比如，在小学阶段，教师应该了解关于小学生生存、发展和保护的有关法律法规及政策规定；了解不同年龄及有特殊需要的小学生身心发展特点和规律，掌握保护和促进小学生身心健康发展的策略与方法；了解不同年龄小学生学习的特点，掌握小学生良好行为习惯养成的知识；了解幼小和小初衔接阶段小学生的心理特点，掌握帮助小学生顺利过渡的方法；了解对小学生进行青春期和性健康教育的知识和方法；了解小学生安全防护的知识，掌握针对小学生可能出现的各种侵犯与伤害行为的预防与应对方法。第二，学科知识。掌握教育教学基本理论，掌握学生认知规律，掌握所教学科的课程标准和教学知识，掌握所教学科课程资源开发的主要方法与策略。中学老师还应该理解所教学科的知识体系、基本思想与方法，掌握所教学科内容的基本知识、基本原理与技能，了解所教学科与其他学科的联系，了解所教学科与社会实践的联系。第三，通识性知识。教师应该具有相应的自然科学和人文社会科学知识，了解中国教育基本情况，具有相应的艺术欣赏与表现知识，具有适应教育内容、教学手段和方法现代化的信息技术知识。

（2）教师专业能力的基本要求。第一，教育教学设计能力。科学设计教学目标和教学计划；合理利用教学资源，科学编写教学方案；合理设计丰富多彩的班队活动等。第二，组织、实施与评价的能力。营造良好的学习环境与氛围，激发与保护中学生的学习兴趣；通过启发式、探究式、讨论式、参与式等多种方式，有效实施教学；有效调控教学过程；引发中学生独立思考和主动探究，发展学生创新能力；将现代教育技术手段渗透应用到教学中的能力；灵活使用多元评价方式，给予学生恰当的评价和指导，并引导学生进行积极的自我评价；利用评价结果不断改进教育教学工作。第三，沟通与合作的能力。了解学生，平等地与学生进行沟通交流；与同事合作交流，分享经验和资源，共同发展；与家长进行有效沟通合作，共同促进中学生发展；协助学校与社区建立合作互助的良好关系。第四，反思与发展的能力。主动收集分析相关信息，不断进行反思，改进教育教学工作。针对教育教学工作中的现实需要与问题，进行探索和研究。制定专业发展规划，不断提高自身专业素质。

2. 教师专业要求在学校的具体运用

判断学校教师队伍发展，是否遵循教师专业的基本要求，可以从以下三个方面进行考察。

（1）学校教师是否认真学习、领会并接受教师专业发展的基本要求。第一，通过观摩教师课堂，考察教师是否具备了学科知识和通识性知识，是否掌握了教育教学的设计、组织、实施与评价的能力。第二，通过观察或访谈教师与同事、学生和家长之间的互动，考察教师是否具备了学生发展的知识和通识性知识，是否掌握了沟通与合作能力。第三，通过访谈教师、查阅教师日志和教师个人发展计划等资料，考察教师是否具备了专业发展的能力。

（2）学校是否将教师专业要求作为教师培养、准入、培训、考核等工作的重要依据，通过访谈师生和家长、观察学校或者查看学校招聘程序、入职教育、教师绩效考核、教师培训等资料获得相关信息。

（3）教师是否自觉将教师专业发展要求作为自身专业发展的方向和主要内容。通过对比教育部制定的教师专业标准或其他教师专业要求和自身实际，科学制定个人专业发展规划，增强专业发展自觉性。可通过查阅教师个人专业发展计划、访谈教师获得相关信息。

 案例 4.5

梁丰高级中学的"素质教育论坛"

案例描述：

江苏省梁丰高级中学是一所省级示范性高中。近年来，该校为了提升教师队伍的专业水平，开展了多种形式的教师培训活动，如请专家开讲座、学习教育理论专著、教师间相互听课评课、各种技能培训等。但是，在实施过程中，学校发现这些措施虽然在教师专业发展中起到了一定的作用，却也有明显的不足。比如，不同学科、不同年龄、不同学段的教师需求不同，但是专家报告内容讲共识的多，讲个性的少，缺少针对性，容易使教师产生隔靴搔痒、油水分离的感觉；教师间相互听课评课往往因为缺乏鲜明的主题设计，而使得听评课活动流于"你好我好"的形式主义；学习理论专著的活动往往过于随意，主题较为涣散，不成系统；教学技能培训过于强调技术层面的因素，却容易忽略对技术背后所蕴含的教育意义的挖掘。

针对这种情况，梁丰高级中学创造性地组织和实施了校内"素质教育论坛"活动。论坛主题由教师依照教师专业要求设计，旨在利用论坛这种方式让教师更加明确自身专业要求，通过多种形式引导教师内化专业标准，加强学习的方向性和针对性，加深对专业知识和能力的理解。论坛在设计的主题菜单框架内，不限形式，可以对高深教育理论发表见解或质疑，可以对教育实践中的细小问题做探究，也可以是教育中的体验感悟，可独论，可对话，可争辩，可讨论。面向全校所有教师，不论年龄长少，资历深浅，没有观点正误之分。论坛固定在每周一下午，用时不少于一小时。

　　论坛开始之初，教师们纷纷搬来各种关于教师专业标准的大部头或者文件照本宣科，一上论坛，手心出汗，语无伦次。但是，渐渐地，教师们开始将专业发展的要求融入自身教育教学实践来进行诠释，学会通过反思自己的教育教学行为自然导出教师专业要求。随着理解的不断深入，教师们从不敢讲、不想讲、不能讲、不会讲，到敢讲、想讲、能讲、会讲。这一过程大大增强了教师的专业发展信心，使他们真正认识到自身专业发展的优势与不足，明确了专业提升的方向。学校教师队伍的专业发展步入了快车道，教师们不断将个人专业发展与学校教育整体发展相结合，个人课堂教学水平与学生素质提高相结合，教育实践与教育理论研究相结合，确保了学校教育教学质量的不断提升。

案例评析：

　　从案例中我们可以发现，梁丰高级中学通过创造性地将教师专业要求融入校内"素质教育论坛"这一形式，推动了教师将专业要求不断内化进自己的知识与能力结构之中，较好地促进了教师的专业发展。从这则案例中，我们可以得出的启示有以下两点。

　　第一，教师的学习通常应该建立在已有知识的基础之上，需要置于教师熟悉的教育教学场景之中。在学习教师专业标准或者要求的过程中，如果只是就要求学要求、就标准学标准，会显得生搬硬套，教师会觉得空洞无趣。只有将教师专业标准或者专业要求与教师的教育教学实践紧密结合起来，才能促使教师真正领会专业要求的内涵，从而实现专业标准或要求的内化。正如奥苏贝尔提出的那样：揭示知识的意义就是学习者把知识的客观意义转化为学习者自己的心理意义，成为自己知识结构的一部分；学习是用已知的知识来理解、加工正要学习的新知识的过程，这一过程就是在新旧知识之间建立联系的过程。

第二，教师专业发展是一个动态、长期的过程。在这一过程中，学校要克服急躁的心理，要鼓励教师不断克服专业发展的畏难情绪，给教师多一点耐心，培育宽松的专业发展氛围，让教师慢慢成长、慢慢感悟。运用论坛的方式，让教师开展自我教育，相互交流和探讨，把专业发展要求渗透和贯穿在教师生动、具体的教育教学实际之中，使教师有感受，有体会，有心得收获，是一个提升教师专业发展水平的好方法。当然还可以创新其他方法，使之行之有效。

（二）规划教师专业发展

教师专业发展是一个动态、持续的长期过程，需要结合学校和教师的实际情况，进行科学规划。考察一所学校的教师专业发展规划是否科学，可以从教师专业发展规划的制定和实施两个方面入手。

1. 教师专业发展规划的制定

通常，一所学校的教师专业发展规划可以从学校教师专业发展的整体规划以及教师专业发展的个人规划两个层次考察。

（1）学校的教师专业发展规划是促进教师整体发展的路线图。考察一所学校的教师专业发展规划的制定，可以从三个方面来看：第一，学校是否对全体教师进行了认真的现状分析，是否明确了学校教师专业发展所面临的挑战、存在的困难和具备的优势等；第二，学校的教师专业发展规划是否提出鲜明确切而可行的总体目标和具体目标，是否体现了不同年龄、不同职称、不同学科、不同专业发展水平的教师的专业发展需求，是否体现了整支教师队伍的共同发展和整体提升；第三，学校是否制定了相应的制度予以保障。

（2）教师专业发展的个人计划，是教师个体和学校共同协商的结果。在教师的个人专业发展计划中，需要考察四点。第一，教师的个人专业发展计划是否是基于对自身现状的分析，教师是否明确了自己专业发展所具有的优势和不足。第二，教师是否有明确的专业发展个人追求和目标。这里，专业发展目标是指教师通过专业学习、行动与反思所要达到的预期结果，人们对目标的价值看得越大，估计实现目标的概率越高，目标激发出来的力量也就越大。比如，学科教师往往需要经由"合格教师—称职教师—骨干教师—专家型教师"的路径，一级一级向上发展。第三，教师是否有明确的实现专业发展目标的措施。措施是从现状到目标的桥梁，教师制定出来的专业发展措施应该紧密围绕专业发展目标，立足个人专业发展现状，符合学校实际，要考虑其与设定目标之间的匹配度。比如，对于新手教师而言，观摩别人的课堂教学就很有效；对于"高原期"的教师来讲，邀请专家和同时进行课堂诊断则很有帮助。第四，教师有否提出需要得到学校支持、帮助来更好地实现个人专业发展目标的需求和期望。学校是否为教师实现专业发展目标提供了必要的保障，从政策机制、资源条件和教师文化建设等方面给予关心和支持。

2. 教师专业发展规划的实施

规划制定出来后，关键是要实施。考察学校教师专业发展规划是否落到实处主要有以下一些办法。

（1）在规划实施的过程中，观察者可通过教师访谈、活动观摩等方式，考察学校是否为教师的专业发展提供所需要的资源，创造宽松的专业发展环境，提供教师专业发展展示的平台，帮助不同层次、不同发展需求的教师切实解决专业发展中碰到的困难。比如有的学校建立教师规划交流会制度，监督教师执行程度，提供教师交流平台，让教师在分享执行规划中的得失过程中，提出自己的困惑和需要的帮助；有的学校为教师建立了成长档案袋、教育博客等，即时地收集教师执行规划过程中的信息，加强了教师专业发展规划的过程管理。

（2）教师在专业发展过程中，观察者可通过观摩课堂、教师访谈、查看教学日志等途径，考察教师是否勇于探索，是否积极主动地反思自身的教育教学实践，不断提高教育教学质量。

 案例4.6

华东师大二附中为教师专业发展搭建阶梯①

案例描述：

华东师大二附中是上海市一所示范性高中。近十年以来，学校致力于为教师专业发展搭建阶梯，做了大量行之有效的工作。

首先，学校明确教师专业发展的整体目标是造就一批占全校教师总数10%左右的首席教师和特级教师；评选40%左右的骨干教师；针对30岁以下的年轻教师评选优秀青年教师，为他们优先提供培训的机会并指派专门导师给予指导。为此，学校启动了"骨干教师建设工程"和"优秀青年教师选拔工程"，形成了首席教师、特级教师、骨干教师、优秀青年教师、一般教师这样的金字塔形的队伍梯次。

其次，严格每一层级教师的选拔标准、选拔程序和职责要求。（1）针对教师评上高级职称之后就容易遭遇职场"天花板"并进而滋生倦怠心理这一现象，设置首席教师岗位。首席教师的评选有一套严格的程序，按照学校拟定的评选条件，须在上海市本学科同行群体中具有一定影响，同时在师德方面表现突出的教师可以自己申报；然后由教研组评议推荐，校务会进行初选；推出的候选人再由华东师大的教育专家、上海的学科教育专家组成的校外专家团进行评审，最后由校长聘任。除语文、数学等学科外，还可以聘任德育工作以及竞赛指导等方面的首席岗位。如今，首席教师已经成为学校执掌各门学科的将才和领军人物，他

---

① 梁杰：《华东师大二附中为年轻教师设置首席教师岗位，为教师专业发展搭建阶梯》，http://www.jyb.cn/basc/xw/200910/t20091031_320364.html。

们同时担任各学科教研组的组长，承担整个学科团队的组织建设任务。这些教师要及时掌握国内外教育发展动态，要坚持在一线满负荷工作，积极开展科研工作，不但要成为先进理念的贯彻者，还要是学术上的领导者。既要在教育教学方面起示范作用，还要承担指导中青年教师成长的任务。"担任首席教师7年多，我感到自己在专业上的成长比我过去的17年要显著得多。"这是上海市华东师大二附中首席生物教师邹淑君的肺腑之言。(2) 要求所有教师都要制订个人的三年发展计划和科研课题设计，这样每一层次的教师都有了自己向上攀登的明确目标，最终使个人发展和学校发展融为一体。

目前，学校教师队伍呈现出以占教师总数15％的首席教师、特级教师和各学科名师带头，占教师总数40％的各学科骨干教师为中坚，广大优秀青年教师为基础的金字塔人才梯队结构，基本满足了全面实施素质教育和学校可持续发展的需要，有效解决了"教师专业发展动力"这个目前教师教育领域普遍关注的难点问题。

案例评析：

华东师大二附中是上海市示范性高中，教师专业发展水平普遍较高。如何为每个教师在"高手林立"的情况下再搭建专业发展的平台，激发教师不断追求专业发展动力，打破优秀教师普遍面临的"天花板"现象，已经成为学校面临的一大问题。为此，学校启动首席教师工程，并构建了骨干教师、优秀教师的专业成长阶梯，取得了较好的效果。通过此案例，我们可以得到以下两点启示。

第一，教师专业发展需要"目标指引"。每个教师在其职业生涯中都会遇到"高原期"，在这个时期，教师的专业发展热情开始减弱，发展迟缓甚至停滞。要激发教师的"第二次青春"，就必须建立相应的制度，采取必要的措施加以激励。华东师大二附中的首席教师、骨干教师、青年优秀教师制度，为不同层次教师的专业发展均提供了发展的目标，从而激发起他们专业发展不断追求的动力。

第二，教师的专业化建设，需要尊重教师专业成长规律，建立阶梯型的教师专业发展路径。学校在规划教师专业发展的时候，应该尊重教师这一普遍规律，针对不同发展基础和发展需求的教师，有的放矢地采取相应的措施。

（三）提升教师职业认同感

教师职业认同是指教师发自内心地接受自己从事的职业，认识到它有价值、有意义，对之充满信心和情感，自觉把职业规范内化到教师的行为中，使自己所承担的职业角色与社会发展对该职业的期望达成一致，并从中找到乐趣的一种过程和一种状态。研究发现，教师职业认同与教师工作满意感之间存在显著相关，具体表现在教师对自身职业的认识越明确，对教师规范的内化程度和对自身职业的投入程度越高；他们对自我发展、工作量和经济等方面满意感越强，工作积极性也越高。根据教师职业发展规律，考察一所学校在提升教师职业认同感方面的工作是否落到实处，可以分别从学校在促进新教师和有经验教师职业认同感的举措来进行。

1. 促进新教师职业认同感

新教师是指刚参加教师工作处于职业生涯初期的教师。通常，成功入职的新教师能够享受到工作的乐趣，这主要得益于他们与学生的友好关系和学校的支持性的氛围，以及自治、教学的自由和与指导教师之间的协同工作。考察一所学校是否有效促进新教师的职业认同感，可以从三个方面着手：（1）学校是否为每位新教师指定一位有经验的优秀教师作为他们的入职指导教师，制定可操作的指导办法和评估办法；（2）学校是否鼓励同事之间的交流与沟通，促使新教师将自身融入教师团队，尽快培养"我是其中一员"的归属感；（3）学校是否组织各种活动使新教师尽快熟悉学校的运行方式，让新教师感受到学校文化，了解可以获得的专业成长资源。

2.促进经验教师职业认同的策略

经验教师是指已经成功渡过入职阶段的有一定教学经验的在职教师。考察学校是否切实促进经验教师职业认同，可以从两个方面进行考察：（1）学校是否鼓励教师参与更深更广的教育实践活动，比如，推荐教师参与专业内的经验交流和成果展示等活动，提升其职业使命感和自豪感；（2）学校是否鼓励教师通过记录教育教学日志、撰写教育教学案例和论文等途径反思自身教育教学行为，在更加明确自身的职业形象和角色要求的同时，加深自身对于教师职业的理解，并在此基础上提升职业认同度。

案例 4.7

四把梯子，帮助新教师摘到成功果实①

案例描述：

作为一所发展较快的学校，山东省东营一中每年都要招进一批高校毕业生充实教师队伍。这些新教师的优点是满怀热情，想干出成绩，不足之处是缺乏实践经验。为了帮助新教师尽快成长起来，使他们品尝到教书育人的甘甜果实，从心里面爱上这份工作，学校逐渐摸索出一些很有实效的方法，为新教师成长搭起四把梯子，帮助他们尽快成长为教学一线的骨干力量。

第一把梯子，成立教学督导室，为新教师成长全程护航。学校从市里影响较大的高中学校返聘经验丰富的退休教师担任教学

----

① 胡爱萍：《四把梯子，帮助新教师摘到成功果实》，《中国教育报》2009 年 9 月 29 日第 7 版。

督导专家，制订详细可行的新教师培养工作计划，从岗前培训做起，全面奠定新教师教学工作基础。每年暑期离正式开学还有两周的时间，新教师培训的第一把梯子就已经竖立起来，这就是岗前培训。通过这两周的学习，新教师不再惧怕上讲台，而是跃跃欲试，盼望及早开学，一显身手。一旦进入正式授课阶段，督导专家要随堂听课，对新教师的备课笔记、课堂教学进行全面了解，详细点评，指出缺陷和不足，提出意见和建议。学年结束，督导专家还要对新教师进行全面评价。

第二把梯子，开展多种形式的帮教活动，帮助新教师积累实战经验。一是师带徒。给每位新教师指定一名在教学一线工作6年以上的老教师做师傅，明确"师傅"和"徒弟"的职责、任务。每次上课前，徒弟要将写好的教案送交师傅过目，经修改签阅后，才能上课使用。师傅要听徒弟的课，课后细细点评，从教态、语言、应对课堂突发问题等各方面进行指导。徒弟更要多听师傅的课，从多方面学习和借鉴。二是教学组备课。每周末，老教师轮流主持教学备课。学校将下周要讲授的教材分给每一位经验丰富的老教师，由他们写出第一份教案。教案在网络上公布后，年轻老师根据个人特点，结合班级教学实际，再对教案进行加工，写成适合个人使用的教案。三是写工作笔记。教研会上，老教师宣读自己的工作笔记，包括对作业布置与批阅的思考，对课堂突发事件的机智处理以及与学生的交流谈心等。年轻老师从这些工作笔记中能学习到处理实际问题的方法。同时，也要求年轻教师针对自己遇到的困惑写工作笔记，多则长，少则短。

第三把梯子，推荐阅读书目，提升年轻教师的教育教学理论水平。学校每年暑假前会给年轻教师开列一些书目，或统一下发新出版的优秀书籍，如《给教师的一百条建议》《和教师的谈话》等。等到开学，学校一要收阅老师们的读书笔记，二要检测老师们对书中的主要内容和基本观点的掌握情况。这些阅读，潜移默化地影响了新教师的教育观念。

　　第四把梯子，开展课堂教学评比，新老教师同台竞技，激发新教师的上进心。对新教师成长促进最大最直接的是各种形式的讲课比赛。每年 5 月，开展新教师课堂教学汇报课评比，既是对新教师的考验，也是对其"师傅"的检验。学年结束，学校从师德评价、学生反馈、教学成绩等多方面，评选出优秀见习教师、优秀青年教师进行表彰。

案例评析：

　　山东省东营一中通过四把梯子，推动新教师获得较快的专业成长，将会促进教师在短时间内提升其职业认同感①。东营一中通过为新教师聘任指导督学和聘请带新教师，可以让新教师迅速适应新角色的要求，让新教师通过督学和指导教师的言传身教，加深职业认识；通过搭建新老教师同台竞技的课堂教学展示平台，让新教师学会认真打磨课堂，在体会到职业成就感、强化获得职业成功的自信心的同时，也锻炼了职业意志；通过鼓励教师阅读理论书籍，让教师树立高远的志向、自觉追寻教育价值与意义，从而提升其职业价值观。

（四）组织校本研修活动

校本研修以学校为研修主阵地，以学校教师为研修主体，以学校教育教学实践中的实际问题为研修内容，以促进学生发展、教师专业化水平提高为研修目的，把教师培训、教育科研、教学研究、学校管理和校本课程开发等有机地融为一体。它既是一种具有学校个性化特点的关于教师和教育教学的行动研究，也是一种教师培训、研究和培养工作的制度建设，更

---

① 魏淑华：《教师职业认同研究》，西南大学博士论文，2008 年，第 7—8 页。

是一种健康向上、生动活泼的学校文化。校本研修突出了教师的主体地位，使其由"受训者"转变为"研修者"，活动的内容更多地来源于教师的自主需求，活动过程充满了教师的探究热情和生命活力。当前，校本研修已经成为当前中小学教师在职培训的主要渠道。考察一所学校的校本研修活动是否落到实处，可以从以下三个方面入手。

1. 校本研修的主题遴选

主题，对于校本研修活动具有统领性的作用。教师在校本研修过程中的学习、思考、研讨、尝试等都必须紧密围绕一个明确的主题。校本研修的主题必须来源于教师的课堂实践，一般由教师根据自己在教育教学过程中的困惑提出问题清单。考察学校的校本研修内容设计是否合理，可以从以下四个方面进行。

（1）看教师所提的问题是否符合教育的发展趋势，能否找到与教学改革的挂钩点，从而解决研修主题的必要性问题。

（2）看教师所提的问题是否具有现实价值，是否急需寻求突破点，从而解决研修主题的紧迫性问题。

（3）看教师所提的问题是否以先进的理念为基石，能否找到理论上的支撑点，从而解决研修主题的合理性问题。

（4）看教师所提的问题是否有可资借鉴的思路，能否在已有经验的基础上找到生长点，以此解决研修主题的可行性问题。

2. 校本研修的组织与实施

校本研修的组织与实施通常可从校本研修的原则、组织机构、活动开展、实施保障四个方面来考察。

（1）考察学校校本研修的基本原则，主要看两个基本点。其一，看学校的校本研修是否做到"面向全体"，即学校的校本研修活动是否面向全体，关注所有教师的需要，覆盖教师全体，避免偏重于少数"名师"或"骨干教师"的局部过度发展。其二，看学校的校本研修是否做到"尊重差异"，即学校的校本研修活动是否尊重差异，是否考虑到不同教师在学习速度、基础、动机与潜能上的差异，是否让不同起点的教师均能得到适合他们自己的发展。

（2）考察学校校本研修的组织机构建设，主要看学校是否建立健全了校本研修的组织机构，是否充分整合教科室、教研组、备课组、年级组等学校组织的功能，是否充分发挥这些机构的作用，是否明确机构间的分工与合作等。

（3）考察学校校本研修活动的开展，主要看学校是否针对不同的教育教学问题，采取课堂诊断与改进、专题报告与研讨、集体与个人反思等形式，提高研修活动的实际效果。

（4）考察学校的校本研修保障，着重考察学校是否为教师的研修提供相关的资源与必需的时间，比如是否有充足的教育教学专业书刊或者网络资源。

3. 校本研修的效果追踪

当前，不少学校的校本研修活动往往较多关注做了些什么，比如组织了多少次教学沙龙、多少次听评课、多少次专家讲座等，却较少关注这些活动是否取得了预期的效果，从而导致活动流于形式，产生一种"做过了就等于做到了、做好了"的误区。因此，考察学校校本研修的效果，需要在调查学校开展校本评估活动之后，追踪这些活动是否带给教师、学生和学校积极的变化。具体而言，可以从以下三个方面来进行。

（1）教师在校本研修活动之后，是否结合研修的内容自觉改进自身的教育教学行为。比如，在组织了教师观摩课堂之后，教师是否根据观摩课堂过程中获得的体会和感悟，来调整自己的教育教学方法等。

（2）学生作为教师教育教学行为的对象和效果的直接呈现者，在校本研修活动之后，是否能够感知到教师教育教学行为的变化及其给予自己学习进步的体验。

（3）校本研修是否促成学校的教育教学质量、教师整体的专业发展水平、学校的组织氛围等的提升。比如，在信息技术与学科教学整合的校本研修之后，学校教师运用多媒体教学手段的频率和效果是否有变化；在师德为主体的校本研修之后，教师在爱岗敬业、关爱学生等方面是否有了变化。

以上三个方面的变化都可以通过课堂观察、校园观察、问卷调查、访谈或座谈等途径获得相关信息，以助于综合判断。

 **案例** 4.8

- -

<h2 style="text-align:center">"四人一课"与"一人四课"</h2>

案例描述：

　　山东省胶州市第二实验小学近年来开始推行"四人一课"和"一人四课"校本研修活动，前者指的是由同一年级的四位教师在同一时间段依次讲同一堂课，后者指的是要求一位教师在规定的时间内在四个班级上同一堂课。

　　在"四人一课"的开展过程中，遵循"三步走"策略。（1）学校遴选带有共性问题的授课内容。学校确立了"以问题为抓手，以课例为载体，以反思为取向"的工作思路，在教学内容的选择上更关注课改前沿，更贴近教学实际，以应用为研究的前提和指向，捕捉教育教学中带有普遍性、迫切性、典型性的教育问题，利用一个个鲜活的课例将教育前沿的信息、独到的观点、实用的做法呈现在每一位教师面前，引领他们融入到课改潮流中，进行观察、思索、交流与合作，实现成长。（2）认真组织"研课"。学校遵循"教学设计—研讨反馈—调整设计"的原则，先后进行四节研究课：第一位教师授课后，同一教研组（备课组）的教师坐到一起，静下心来，针对课堂教学的实际情况，把握教学目标的达成度，以及既有问题的解决效果，自由发表自己的见解，进行二度备课，对集体成果做出适当的取舍和调整，然后再由第二位教师在其所在班级实施教学；新的问题产生后，大家再集中起来，交流互动，陈述意见，进行反思，不断积累；直到第四节课结束时期望达到一个相对完美的理想课堂。（3）形成课后反思。老师们通过四节课的备课、说课、上课、观课、研课，进行个人反思和集体反思，澄清疑惑，找出问题归因，沉淀思想。

此外，"一人四课"的开展是要求学校提前安排，统筹全局，调整时间，做到定班、定人、定时、定主题，有序展开。按照"一课四上四评四反思四层次"的设计思路，从不同角度、不同侧面吸纳同伴的见解与评判，经历"放下""上升""再放下""再上升"的"研课"体验，从纵向和横向上提升他们的业务能力和教研水平。该策略旨在倾力培育自己的名师。

案例评析：

山东省胶州市第二实验小学近年来开始推行"四人一课"和"一人四课"校本研修活动，一方面通过"四人一课"从"面"上打造专业化教师队伍，另一方面通过"一人四课"有针对性地培养自己的名师。该校校本研修的实践启示有如下四点。

第一，校本研修要立足解决日常教学中存在的问题。"四人一课"与"一人四课"活动已经成为该校的常态教研活动，目的不是为了打造精品课、示范课，而是为了解决日常教学中的常态问题。

第二，校本研修要融合集体智慧。任何一种有效教研模式的开展，最终都需要通过一个关键的基层组织——教研组来实现，需要教师间团结协作，相互帮助，同时不断学习，开阔视野，达到理性思考的境地。"四人一课"从教师个体、教研组、学校三个层面开展了互动合作模式的培训：大家在同一时间、同一课题框架内，同上一课，彼此真诚交流自己的教学思想、尝试和困惑，融合集体智慧，实现优势互补，共同发展。

第三，校本研修要注重反思与超越。"四人一课"与"一人四课"注重引导教师不断反思、总结、评判自己的教学观点与策略，不断对自己的教育教学行为进行改革与创新。同时，"一人四课"让每一位教师都有了自己的"生长点"，为其个性化成长提供了一种可能。教师可以通过四次锤炼与探索、四次反思与改进，在一次次超越中获得有效的专业发展。

第四，校本研修要突出"研究"两个字。研究能使教师从看似简单重复的工作中挖掘出意义，从而带来快乐。

三、教师绩效考核

教师绩效考核，指的是依据一定的标准对教师的工作能力、工作过程、工作表现及工作结果进行价值判断的过程。教师绩效考核是教师人事管理制度的重要内容，是加强教师队伍建设、促进学校管理水平提高的重要手段，也是学校实施绩效工资的内在要求和关键环节。教师绩效考核与绩效工资分配特别是奖励性绩效工资分配紧密相连，绩效考核工作不到位，绩效工资实施就难以真正落实到位；绩效考核不科学，就难以保障绩效工资分配的公平、公正。2008 年颁发的《教育部关于做好义务教育学校教师绩效考核工作的指导意见》（教人〔2008〕15 号），对义务教育学校教师绩效考核的基本要求、主要内容、考核方法、结果使用以及组织领导等提出了具体要求。《教育规划纲要》明确提出，要"完善学校目标管理和绩效管理机制"。2012 年颁发的《国务院关于加强教师队伍建设的意见》，提出要"健全教师考核评价制度。完善重师德、重能力、重业绩、重贡献的教师考核评价标准，探索实行学校、学生、教师和社会等多方参与的评价办法，引导教师潜心教书育人。严禁简单用升学率和考试成绩评价中小学教师"。据此，考察一所学校的绩效考核是否科学有效，可以从考核原则、指标、方法等方面入手。

（一）**教师绩效考核原则及其导向**

《教育部关于做好义务教育学校教师绩效考核工作的指导意见》提出："义务教育学校实施绩效工资分配改革，必须建立符合教育教学规律和教师职业特点的教师绩效考核制度，为绩效工资分配更好地体现教师的实绩和贡献、更好地发挥激励功能提供制度保障。"教师绩效考核的原则包括以下四个方面。（1）尊重规律，以人为本。尊重教育规律，尊重教师的主体地位，充分体现教师教书育人工作的专业性、实践性、长期性特点。（2）以德为先，注重实绩。完善绩效考核内容，把师德放在首位，注重教师履行岗位职责的实际表现和贡献。（3）激励先进，促进发展。鼓励教师全身心投入教书育人工作，引导教师不断提高自身素质和教育教学能力。（4）客观公正，简便易行。坚持实事求是、民主公开，科学合理、程序规范，讲求实效、力戒烦琐。

 案例 4.9

上海市迎园中学教师分层评价体系

案例描述：

　　上海市迎园中学是一所郊区公办初中。学校决定针对教师的不同层次，制定并实施了教师分层评价体系（见下表）。学校领导组织专家团队和教师代表，共同研制出《迎园中学不同层次教师评价体系》（讨论稿），并把评价的标准反复在教师中讨论和酝酿，把评价过程向教师公开，让教师参与评价标准和程序的研制。通过提高评价的透明度，让教师真实地体验到这种善意的目的，感受到真诚的帮助，看到发展的实效。近年来，学校按照该评价体系对教师展开分层评价，促进了教师自觉提升专业水平和学校教育教学质量的大幅提升，如今学校已经从几年前的名不见经传发展成为嘉定区乃至上海市知名的优质初中。

迎园中学教师分层评价体系

		合格教师 （适应期）	研究型教师 （成熟期）	名特教师 （专家期）
对象		具有四年以下教学经验的教师，刚进入迎园中学的中级及以下职称的教师。	3～15年资历的教师。	已有15年以上资历。
目的		帮助教师熟悉本学科教材，站稳迎园中学讲台。	为教师提供一个组织良好、支持性的富有合作性的环境，使之通晓本学科教材，有较强的科研意识，在科研中求得自身发展。	极力打造有个性特点的教师，使之能通晓本学科教材教法，具有个性化教学风格，形成自己的特色，教育科研成果突出，在社会上有一定影响。
如何做		青年教师月记制：校长坚持每个月与每一位青年教师笔谈和长谈。	在外校和本校名特教师群体引领下，承担科研课题。	高校专家学者引领，承担青年教师带教任务，主持课题研究，整理从教经验，著书立说。
		青年教师导师制：坚持新教师拜师制度，实行名师带教制度。	研究型教师每学期向全体教师进行一次科研成果发布，并由专家、校科研室评比颁奖。	带教至少一位青年教师，引导一位研究型教师。

	合格教师 （适应期）	研究型教师 （成熟期）	名特教师 （专家期）
如何做	青年教师学年汇报制：每位青年教师每学年至少开两次汇报课，第一次为探索交流课，第二次为教学评比课，并将本学年自己的工作向全体教师汇报，由同教研组教师给出评价意见，推动每位青年教师的岗位成才。	至少一学期完成两篇论文或教育随笔。	每学期向全体教师进行一次包括带教教师、主持课题、著书立说成长汇报会。
		至少每学期上一节高质量的"展能课"。	每学期至少上一节面向全区的可以充分显示个性化教学风格的展示课。
评价方法	每周至少听课两节并及时提供反馈。	教师通过自评明确自己在哪些方面还需要改进。	以自我为导向的专业发展计划。
	阅读教师月志和检查档案袋。	对教师表现持续进行非正式讨论。	多次非正式的课堂随访。
	非正式的访问和谈话。	两次正式的观察。	同伴评价。
	同伴评价。	检查成长档案。	家长评价。
	家长评价。	教师小组完善成长法计划。	专家评价。
	辅助支持。	同伴评价。	四次正式观察。
		家长评价。	检查专业发展档案。

案例评析：

评价是教师专业发展愿景规划实现与否的准则。迎园中学对教师实行了发展性的教师评价，有效地避免了长期以来奖惩性教师评价的负面影响，有效促成了教师专业发展目标的达成，具体启示有如下两点。

第一，教师评价包括奖惩性评价和发展性评价。越来越多的学校实践经验表明，发展性教师评价的目的是促进教师的专业发展，而不是为了评优劣或排名次，不是对自己过去的工作分等，而是为制定新的发展目标提供依据。评价结果也不是教师之间简单的横向比较，而是针对教师自身教育教学行为的纵向比较，为教师未来的专业发展提供发展条件和机会。

第二，教师评价必须体现教师发展的规律，针对不同发展水平的教师设计个性化的评价标准。一般来说，入职适应期的教师充满热情，学习需求旺盛，但是教育教学的实践经验不足。稳定成熟期的教师一般能够比较自如地驾驭课堂教学，普遍需要不断改进和提高教育教学技能；在教育教学经验相对成熟之后，有的教师随着知识和阅历的增加，开始主动大胆地进行课堂教学改革，对自身专业发展有着更高的要求，会逐渐发展成专家型教师；有的教师容易因为单调乏味的教学轮回，产生职业倦怠。迎园中学根据学校实际，将本校教师分为合格教师、研究型教师和名特教师，建立不同的评价目的、评价内容和方法，尊重了教师的专业发展规律和发展需求。

- -

（二）教师绩效考核指标及其分解

教师绩效考核指标的设计，是实施教师绩效考核的关键。这里注重强调教师绩效考核指标的主要维度，以及如何将指标进行分解以利于评价。

1. 教师绩效考核指标的结构

《教育部关于做好义务教育学校教师绩效考核工作的指导意见》提出：要"建立健全科学完善的教师绩效考核指标体系。指标体系的建立要符合全面实施素质教育的要求，体现课程改革的方向，正确发挥对教师的激励导向作用，充分体现考核指标的激励性和约束性的有机统一"。从发展性视角看，教师绩效考核指标包括激励性指标和约束性指标。

（1）激励性指标。教师绩效的激励性指标主要包括三点。其一，工作绩效指标。教师的工作量是教师工作绩效考核的主要内容，具体指的是教师履行《义务教育法》《教师法》《教育法》等法律法规规定的教师法定职责，以及完成学校规定的岗位职责的情况。其二，关系绩效指标。教师的关系绩效指标主要包括教师与学生之间的关系，教师与同事之间的关系，教师与学生家长、与社区成员之间的关系。教师关系绩效考核的有效性，主要看教师绩效考核标准是否有利于引导教师树立高尚师德，关爱每一名学生；是否有利于引导教师教书育人，在教育教学岗位上做出工作实绩。其三，潜力绩效指标。一方面看教师参与教育教学研究的情况，重点考核教师参与教学研究活动的情况；另一方面看教师专业发展的情况，重点考核教师拓展专业知识、提高教育教学能力的情况。教师的潜力绩效考核的有效性，主要体现在是否有利于引导积极探索提高教育教学质量的路径，是否有利于引导教师不断提高自身素质，促进教师专业发展。

（2）约束性指标。教师绩效考核的约束性指标，具体包括两点：一是教师不得以任何理由、任何方式阻碍完成教育教学任务；二是教师不得以非法方式表达诉求、干扰正常教育教学秩序、损害学生利益等。符合上述两方面的考核指标要求，才是作为教师绩效考核合格的必备的基本要求。

案例 4.10

上海中学的教师绩效评价设计

案例描述：

　　为进一步激励教职工的工作积极性，上海中学对教职员工的劳动流程进行了分析，大致区分为劳动准备、劳动过程和劳动成果或业绩三个部分。劳动准备是指担任这一岗位所必需的专业准备与经历准备；劳动过程可区分为过程中的量和质两大部分；劳动成果和业绩主要考察在所处客观条件下，教职工经过一段时间的主观努力后增加值的大小与所达到的高度。基于此，学校对教师和管理工作人员，在原有按量核奖的基础上，增加了劳动准备对质量的影响这一因素，将工作的质区分为劳动过程中的质与劳动业绩两块，分别设置了过程质量奖与原定业绩奖两大奖项予以评定。对职工，则根据岗位对劳动准备的要求与工作过程中的量，确定基本奖金的分配；对工作质的评定，以劳动过程中的质为主，参照劳动业绩与服务满意率，通过设置星级服务奖具体落实。

　　其中，劳动准备的基础奖与劳动工作中量的奖励是按月发放，劳动过程中的质是一个学期考核发放一次，而劳动业绩则是一年考核发放一次。在这样的评价体系中，以质为主的评价大大超过了以量为主的评价，对教职工的劳动质的评价激励已经远远超过劳动量的激励。对于一部分相对年龄大的、接近退休的教职工劳动分配，照顾到他们在劳动质的附加值上很可能与中青年教师有一定距离，则在劳动经历准备的量的评价上给予充分考虑。同时，为了平衡劳动质的评价激励占了教职工劳动激励中的很大份额，我们在平时的教师节奖、年终平均奖以及各种学校重大荣誉奖励上则充分考虑了教职工的工作量的因素。学校每个人拿一样的份额只有在国家规定的重大节日里有所体现。

学校的"星级服务制"在学校所有职工队伍中推行，星级服务共分为五级（一星至五星），星级评定每学期评定一次，一学年评定两次，时间为每学期结束前。首次申报不超过两星，以后根据服务质量可提出晋级申请。按照思想观念、工作规范、治安防范、服务态度等标准进行评定，综合考虑劳动性质、劳动岗位、劳动环境、劳动技术含量等因素，由服务对象来评价他们的服务质量。除了岗位工资外，每一星级每月还有固定额外奖金是不一样的（最高和最低之间相差9倍），这样可以激励职工主动提升业务和服务水平。

"园丁业绩奖"充分考虑教师在不同层面上创造的业绩，合理拉开奖金差距，分为优异、优秀Ⅰ、优秀Ⅱ、优良Ⅰ、优良Ⅱ等五个等级，每年评定一次，最高和最低之间相差5倍。该方案以压倒多数票获教代会通过，2003年正式实施。

案例评析：

此案例描述的是上海中学的教师绩效考核办法。该校的教师绩效考核的实践给我们的启示有如下三点。

第一，教师绩效考核必须尊重教师职业特点，教师所从事的是以脑力劳动为主的、既劳心又劳力的特殊的复杂劳动。这种复杂性表现为劳动对象的复杂性、劳动过程的复杂性和劳动成果的复杂性。为此，上海中学将教师绩效考核分为三个维度：劳动准备是指担任这一岗位所必需的专业准备与经历准备；劳动过程可区分为过程中的量和质两大部分；劳动成果或业绩主要考察在所处客观条件下，教职工经过一段时间的主观努力后增加值的大小与所达到的高度。

第二，教师绩效考核目的更多是为了促进教师的教育教学改进，促进教师自我提升。上海中学增加劳动准备的比重，以引导教师不断提升自身专业知识和能力水平。将工作中的质区分为劳动过程中的质和劳动业绩两块，设置过程质量奖与业绩奖予以评定，则可以引导教师不断改进自身的教育教学行为，通过提升过程中的质来保障业绩的提升。

第三，教师绩效考核要关注全体。学校是育人的地方，学校里的每个人都承担着言传身教的职责。上海中学在设置"园丁优秀奖"的同时，还针对职工设置了"星级服务奖"，在发挥教师和管理人员积极性的同时，也激励教职工不断提升服务水平，让每个教职工都能各司其职。

----

2. 教师绩效指标的分解

教师的工作量指标一般易于量化，但是教师的工作效果指标、关系绩效指标和潜力绩效指标则不容易量化。为了提高评价指标的可操作性，学校可以从两个方面对指标进行分解①。

（1）将指标转换为具有行为特征的指标。比如，不少学校都把"关心和支持教研组工作""尊重学生，热爱学生"等作为教师评价标准，但是由于它们的表达较为含糊笼统，导致评价者在实施评价的时候容易产生理解上的混乱和分歧，从而给科学评价带来一定的困难。作为评价对象，教师也会感到无法把握怎样才称得上是"尊重学生，热爱学生"。可以采取将有些指标转换成可体现行为特征的具体化指标的方法，便于辨别和比较，解决评价的操作性和科学性问题。比如：

---

① 王斌华编著：《教师评价：绩效管理与专业发展》，上海教育出版社 2005 年版。

关心和支持教研组工作 {
　　按时出席教研组活动，不迟到，不早退。
　　积极参与教研组活动，献计献策。
　　及时落实教研组布置的任务。
　　圆满完成教研组布置的任务。
　　乐意代表教研组参加校内外举行的各种活动。
}

尊重学生
关爱学生 {
　　管教有方，但不是采用压制学生的方法。
　　赏罚公平，表扬该表扬的学生，惩罚该惩罚的学生。
　　一视同仁，鼓励、帮助和辅导困难学生。
　　不体罚，不变相体罚，不挖苦，不嘲笑。
　　不会公开地或私下地损害学生的名誉。
}

（2）将指标转化为描述性的指标。可将指标划分为若干等级，规定每个等级的分值，如5分、4分、3分、2分和1分，非常满意、比较满意、一般满意、不满意和非常不满意。评价过程中，评价者在若干等级中做出选择。以学科与现代教育技术整合和掌握学科教学内容这两项评价标准为例，参见表4-1、表4-2。

表 4-1　学科与现代教育技术整合的评价标准

	5分	4分	3分	2分	1分
学科与现代教育技术整合	在教学中，不仅经常使用现代教育技术，而且能够自己制作高质量的课件并得到同事的采用。	在教学中，不仅经常使用现代教育技术，而且能够制作质量较高的课件。	在教学中偶尔使用现代教育技术，并能够自己制作课件。	在教学中偶尔使用现代教育技术，但是自己不会制作课件。	从不在教学中使用现代教育技术，也不会制作课件。

表 4-2　掌握学科教学内容的评价标准

	5分	4分	3分	2分	1分
掌握学科教学内容	教师精通教学内容,不仅能够准确、娴熟地传授课本内容,而且能够广征博引。	教师掌握教学内容,不仅能够按部就班地传授课本内容,而且能够适当拓宽教学内容。	教师基本掌握教学内容,但是只能局限于课本,不能拓宽教学内容。	教师未掌握教学内容,甚至不能纠正学生的错误。	教师完全没有掌握教学内容,不仅不能纠正学生的错误,而且经常传授错误的内容。

案例 4.11

对第三中学教师评价指标的评析

案例描述:

2006 年,某中学采用多元化教师评价制度,由校领导、教务处、学生三方共同对教师实施评价。其主要形式有课堂教学评价、学期教学工作评价和教师业务考核。

一是课堂教学评价。课堂教学评价以教务处为评价主体,主要评价教师的课堂教学能力。具体做法是随机抽取某一节课,对教师在这一节课堂上的行为进行评价,见下表。

课堂教学评价表

指标体系	评价标准			
	好	较好	一般	差
1. 教师的教学思路				
2. 教师的教学态度				
3. 教师对本学科知识的掌握				
4. 教学过程的清晰性				
5. 教学的针对性、实效性				
6. 教学具有启发性				
7. 教学过程中重点突出				
8. 注重思维训练				
9. 兼顾学生个体差异				
10. 作业设计合理				

二是学期教学工作评价。学期教学工作评价以教务处为主体，收集教师教案、教学笔记、学生作业、学生试卷等教学资料，通过评价表、座谈会、问卷调查（见下表）等形式，对一学期教师的教学态度、教学水平、教学效果等工作表现进行评价。

教学问卷调查表

指标体系	评价标准			
	好	较好	一般	差
1. 教师讲课条理				
2. 教师启发性教学运用				
3. 教师的教学语言				
4. 教师的板书				
5. 教师对学生作业的批改				
6. 教师的辅导答疑				
7. 课堂纪律				
8. 教师在课堂内外的思想政治教育				
9. 教师分析试卷的情况				
10. 教师对学生学习方法的指导				

三是教师业务考核。教师业务考核主要由校领导、教务处对教师政治态度、师德修养、业务进修、教学课题研究、工作特色等进行评价。

教师任职情况考评汇总表

一级指标	二级指标	分值
政治态度	教师爱岗敬业	
师德修养	师德修养	
教育工作	教学中的思想管理	
	常规教育与管理	
	教育效果	
	班主任的工作能力与效果	
教学工作	课堂教学	
	备课、作业与考查	
	课外活动与辅导	
	教学效果	
教学科研	教育教学研究活动与工作	
	教育专题、课题研究与成果	
学识水平与业务进修	教育理论	
	专业知识	
	业务进修	
培养指导教师	培养指导教师	
工作负荷	工作量	
	出勤情况	
	教育特色加分	
	教学特色加分	
	德识能绩责总分	

案例评析：

　　该中学的教师绩效评价的主要形式有课堂教学评价、学期教学工作评价、教师业务考核。从案例中我们可以看出，该中学突出对教师教学能力和效果的评价，也重视运用多种评价方式，如评价表、座谈会、问卷调查等，来对教师的教学态度、教学水平和教学效果等工作表现进行评价。但是，认真审视该中学的几张评价表，我们不难发现如下两个问题。

　　第一，该中学的评价指标过于笼统，可测量性较低。比如，"教师的教学思路""教师的教学态度"等指标的评价中，"好""较好""一般""差"的内涵到底指的是什么？"注重思维训练"等指标指的是什么？这些都尚不明确，会导致评价者因为各自理解不同而得出带有明显个人色彩的评价结论，从而影响评价的科学性、有效性和公平性。与此同时，指标界定得不清晰，还会导致教师不知道什么才是"好"，从而不知道该从何处予以改进。

　　第二，该中学的"教师任职情况考评汇总表"里出现了几个比较严重的错误。一是没有给各个一级指标和二级指标赋值。二是一级指标之间有相互重合的地方。比如，"师德修养"和"教育工作"之间就会出现内涵部分重叠，这样计算出来的结果的科学性值得质疑。

- -

（三）教师绩效考核程序与方法

绩效考核程序与方法，是保障教师绩效考核质量的关键。

1. 教师绩效考核程序

考察学校的教师绩效考核程序是否公正，主要看两点。（1）是否做到教师全员参与，即看教师是否参与了绩效考核的全过程，包括绩效考核方案的制订、绩效考核的组织与实施等。（2）是否坚持公平公正、公开透明，充分发扬民主，增强绩效考核工作的透明度和考核结果的公信力。比如，教师绩效考核方案的出台，是否充分听取了广大教师的意见，是否经教代会的认可并在本校公开；教师绩效考核方案实施前，是否面向全体教师做深入细致的解释和说明，统一思想，争取每一名教师的理解和支持；方案明确之后，是否做到严格执行，是否存在暗箱操作、个人或少数人说了算的现象。

2. 教师绩效考核方法

考察绩效考核方法是否科学、合理和有效，可以从以下两个方面来进行。（1）绩效考核是否采取定性与定量相结合，教师自评与学科组评议、年级组评议、考核组评议相结合，形成性评价和阶段性评价相结合等方法，同时适当听取学生、家长及社区的意见。（2）学校是否不断完善教师绩效考核载体。比如，是否采取指标要素测评、业务知识测试、建立教师发展档案、开展争先创优活动等多种形式，完善教师绩效考核载体，通过多种形式，全面反映教师的业绩和贡献。

（四）教师绩效考核结果的使用

学校是否有效使用了教师绩效考核结果，主要看两个方面。

1. 绩效工资分配的主要依据

这主要包括：（1）看学校对履行了岗位职责、完成了学校规定的教育教学工作任务的教师，是否全额发放基础性绩效工资；（2）看学校对有突出表现或做出突出贡献的教师，是否视不同情况发放奖励性绩效工资；（3）看学校是否根据绩效考核结果，合理确定奖励性绩效工资分配等次，坚持向骨干教师和做出突出成绩的教师倾斜，适当拉开分配差距。

2. 教师评优晋升的重要依据

考察学校将教师绩效考核结果作为教师评优晋升的重要依据，具体是看学校是否将绩效考核结果作为教师资格认定、岗位聘任、职务晋升、培养培训、表彰奖励等工作的重要依据。

 **案例** 4.12

学校到底该如何做好教师绩效考核制度的修订与完善①

案例描述：

2013 年，一所县城初中为了能让大多数教师的绩效工资拿得心服口服，决定制定一份与绩效工资发放挂钩的实施细则。该校领导先参考了兄弟学校的实施方案，结合自身实际情况个别酝酿，再组织学校中层干部及教研组长讨论，然后召开教职工大会，分教研组讨论并由教研组长将组员的意见、建议进行汇总整合（讨论后意见、建议出奇的少），校长不得不再次组织学校中层干部及教研组长针对所有教研组的意见、建议进行分析讨论，纳入了一些可行性的意见、建议。就这样折腾了近三个月，《绩效工资年度实施细则》终于尘埃落定。绝大多数教师对这份实施细则无异议。学校领导对实施细则整个制定过程如此顺利感到十分满意。

很快，绩效工资拨到了学校的账户上，就等着学校考核发钱了。实施流程严格按《绩效工资年度实施细则》中规定操作。最终，根据分数的高低，乘以相关系数，将绩效工资分配结果进行公示。没想到公示在教师中引起轩然大波，似乎每位教师都有话要说。有的找校长，有的找书记，有的找工会主席，更多的是三五成群地"说三道四"。老教师认为自己比青年教师更敬业，可考核得分却不如年轻人；数学教师觉得数学的合格率比语文难抓，而考核时却没考虑；低段教师反映高段学生参加各项比赛

---

① 案例改编自湖南省常德市教育督导室报送的《教师绩效考核制度修订完善案例》。

多，师生成果得分就高，机会不均等……议论来反映去的，不管考核得了多少的教师都不高兴了——青年教师说：敬业不等于贡献，考核得看所得的成绩，又不是论资排辈的；语文教师说：同样的学生为什么到数学教师手里就不合格了呢？高段教师说：难道指导学生参加比赛不用花心血？哪有这等坐享其成的好事儿？听听都有道理，等问之："当初讨论时为什么不提？"一句话："当初没想到呀！"

等大家该反映的反映了，校长开口了："这份实施细则是经过教工大会审议通过的，虽然到了真正实施时，还有很多老师有意见，但本年度的考核还得按这份实施细则实施，等下学期开学再对实施细则进行修改。"教师也就接受了。

学校领导高度重视了实施细则修改这项工作，寒假前一天，校长给学校中层干部及教研组长布置了一个任务：再好好研究研究《绩效工资年度实施细则》，想想该如何修改，下学期一开学就组织全体教师讨论修改。

案例评析：

绩效工资发放是很头痛的事，涉及切身利益，教师当然特别较真，稍有不慎就会造成很多教师闹情绪。绩效工资的本意是打破大锅饭，能者多酬，使报酬发放更公平、合理，提高教师的积极性。对于案例中提到的教师对绩效工资分配不满意的情况，很多学校领导都遇到过。本案例中出现的在教师队伍中较普遍存在的现象应当值得我们深思。

第一，教师绩效工资的发放必须体现公平。根据亚当斯的公平理论，只有公平的报酬，才能使职工感到满意和起到激励作用。而报酬是否公平，教师们不是只看绝对值，而是进行比较。这种比较指的是：教师对他所获得的报酬（包括物质上的金钱、福利和精神上的受重视程度、表彰奖励等）与自己工作的投入

（包括自己受教育的程度、经验、用于工作的时间、精力和其他消耗等）的比值与他人的报酬和投入的比值进行比较。如果教师感到自己的付出比别人的付出多，但是收获不如别人的时候，就会产生不公平的感觉，从而产生不良情绪。

第二，学校教师绩效工资方案制订的过程中，要注重激发教师积极参与。从案例中，我们看出在两次讨论实施细则的过程中，教师的反映都比较冷淡。从考核结果公布后的情况看，不是没有意见、建议，而是出于种种顾虑或情绪没有提出异议。比如，教师"又不是只我一个，我不提，总有人会提的"，坚决不做出头鸟，注重明哲保身。再比如，教师认为"说了也白说"等。"表面民主"使教师失去了信心。因此，学校在绩效工资的制定过程中，要积极引导教师参与学校管理，切实吸收教师的合理化意见和建议，切记不要让学校的民主管理形同虚设，打击了教师参与学校管理的积极性和对学校民主管理的信任。

- -

四、教师权益保障

教师权益，是指教师在教育教学活动中依法享有的权利，它是国家对教师能够做出或不能做出一定行为，以及要求他人相应做出或不能做出一定行为的许可与保障。通常，教师的权益分为两大类：一类是教师作为普通公民的权益，主要包括平等权、政治权利、宗教信仰自由权、人身自由权、社会经济权、文化教育权和监督权等；另一类是教师作为教育教学专业人员所特有的权益，主要包括教育教学自主权、学术自由权、指导评价权、获取报酬权、参与教育管理权、培训进修权及申诉权等。这里着重谈教师作为教育教学专业人员所特有的权益。为了保障教师的合法权益，《教师法》第七条规定，教师享有下列权利：（1）进行教育教学活动，开展教育教学改革和实验；（2）从事科学研究、学术交流，参加专业的学术团体，在学术活动中充分发表意见；（3）指导学生的学习和发展，评定学生的品行和学业成绩；（4）按时获取工资报酬，享受国家规定的福利待遇以及寒暑假期的带薪休假；（5）对学校教育教学、管理工作和教育行政部门的工作提出意见和建议，通过教职工代表大会或者其他形式，参与学校的民主管理；（6）参加进修或者其他方式的培训。2010 年公布的《教育规划纲要》指出："教育大计，教师为本。有好的教师，才有好的教育。提高教师地位，维护教师权益，改善教师待遇，使教师成为受人尊重的职业。"

（一）教师参与管理的权益保障

教师参与管理权益保障，即保障教师依法参与学校管理的权益。理论与实践表明，让教师参与学校管理、共同决策，能够提高管理效能，提升教师对学校的认同感和归属感，从而促进学校发展。为保障教师参与学校管理的合法权利，我国在构建现代学校制度过程中，对教师参与学校管理的重视程度日益提升。比如，《教育法》《教师法》等明确规定教师参与学校民主管理的权利；《教育规划纲要》也强调要"实行校务会议等管理制度，建立健全教职工代表大会制度，不断完善科学民主决策机制"，"健全校务公开制度，接受师生员工和社会的监督"。但是，从现实来看，中小学教师的实际参与程度总体偏低、类型单一，很多参与表现为象征性、形式上的参与。因此，考察学校是否保障了教师参与管理的权益，可以从如下两方面进行。

1. 教师参与管理的范围保障

《教师法》规定，教师享有"对学校教育教学、管理工作和教育行政部门的工作提出意见和建议，通过教职工代表大会或者其他形式，参与学校的民主管理"。因此，学校重大的人事、财务、利益分配、发展规划制定等，都要经过教代会、校务委员会或其他形式做出决定。比如，是否坚持强调教师的主体地位、积极鼓励教师参与学校发展规划、绩效工资制等重大制度的制定与实施过程。

2. 教师参与管理的渠道保障

考察学校教师参与的渠道是否得到保障的方式主要如下。（1）考察学校是否建立健全教职工代表大会制度和校务会议等制度，发挥校务委员会、教代会等机构的作用，保障教职工参与学校决策的合法权利。这具体包括：考察教代会或教师委员会是否定时了解教职工的工作、生活和思想状况，明确需要及时解决的问题，与学校领导沟通信息；定期向学校领导咨询学校管理工作的实施情况；定期评价学校各方面的工作；代表教职工有针对性地研究学校的改革与发展问题，向学校领导提出建议等。（2）学校是否设立意见箱或在学校网站中设立专门通道等渠道，让教师不受时间限制、不记名，避免面对面交谈中可能出现的尴尬或不愉快。

 案例 4. 13

常州市第一中学切实保障教职工参与管理的权利①

案例描述：

常州市第一中学将校务公开作为实施教职工民主管理和共同管理的有效载体。在实施校务公开过程中，学校特别重视保障教职工的知情权、参与权、监督权、评价权。

知情权。学校规定，每一学期的工作设想、每一月的工作重点、每周的工作安排都要用公示的形式告知全校教职工，让他们及时了解学校的工作动态和工作过程。在告诉教职工"做什么"的同时，还让教职工知道"为什么做"，让教职工了解学校的工

①　任欣伟：《从民主管理到共同管理》，http://www. czedu. gov. cn/Disp. Aspx? serid＝6840。

作思路、工作目标以及工作中的难处，获得理解和支持。各组室还不定期以发通报的形式把工作的过程、结果进行通告，对做得好的给予表扬，做得不好的予以批评。

参与权。一是让教职工参与学校决策，如参与确立学校发展目标，参与审议学校工作报告、审议决定教职工结构工资制实施方案、讨论通过学校常规管理、教师队伍建设、教育教学工作管理等各项规章制度、条例和规定，将教职工的意见与校长的认识整合起来，使校长的决策过程处处体现着教职工的意志；二是让教职工参与管理的全过程，在做什么、怎么做、谁来做、如何做好这四个问题上扩大教职工的参与面，让他们有发言权。

监督权。通过专门会议、民主评议干部、设置校长信箱（书面信箱、电子邮件）等渠道，实现教职工对学校行政工作的民主监督。

评选权。学校尽可能将学校内的各项评比的评选权交给教职工，先后组织了各类评选小组，组织各种由全校教职工广泛参与的评选活动，如确定学校十件大事、青年后备干部人选和学校年度魅力人物，学校都组织全校教职工进行投票评选。

案例评析：

常州市第一中学实施校务公开、保障教师参与权利的做法给我们以下三点启示。

第一，教职工参与管理，必须通过制度化的渠道予以保障。

第二，知情权、参与权、监督权是教师参与学校管理的主要内容。学校要注重校务公开内容的全面性，具体包括学校发展规划和常规工作制度、校务活动运行情况、财务管理情况以及领导干部党风廉政建设情况等。同时，要注重公开事项的真实性和公开形式的多样性。

第三，学校更多的是一个专业性组织，而非简单的科层制组织，教职工和管理层之间的关系更多是伙伴关系，两者团结一致将形成促进学校发展的强大力量。

（二）教师工资福利的权益保障

《教育法》第三十三条规定："国家保护教师的合法权益，改善教师的工作条件和生活条件，提高教师的社会地位。""教师的工资报酬、福利待遇，依照法律、法规的规定办理。"《教师法》规定，教师享有的权利包括"按时获取工资报酬，享受国家规定的福利待遇以及寒暑假期的带薪休假"。《教育规划纲要》明确提出，要"提高教师地位待遇。不断改善教师的工作、学习和生活条件，吸引优秀人才长期从教、终身从教。依法保证教师平均工资水平不低于或者高于国家公务员的平均工资水平，并逐步提高。落实教师绩效工资。对长期在农村基层和艰苦边远地区工作的教师，在工资、职务（职称）等方面实行倾斜政策，完善津贴补贴标准。建设农村艰苦边远地区学校教师周转宿舍。研究制定优惠政策，改善教师工作和生活条件。关心教师身心健康。落实和完善教师医疗养老等社会保障政策。国家对在农村地区长期从教、贡献突出的教师给予奖励"。考察教师工资福利的权益保障是否落到实处，可着重突出以下几个方面的内容。

1. 工资保障

考察教师工资是否受到保障，主要看以下三点。（1）教师绩效工资是否落实到位，是否存在拖欠、截留等现象。（2）教师绩效工资的发放是否关注教师的工作绩效，是否体现了公开公平。当教师对学校绩效考核结果有不同意见的时候，学校是否允许其通过正常渠道向学校考核工作组织和学校主管部门申诉。（3）是否存在着上级部门或其他部门向教师摊派各种费用的现象。

2. 福利保障

考察教师的福利保障，主要从四个方面来看。（1）是否健全了教师社会保障制度，按有关规定为教师缴纳社会保险费及住房公积金。比如，

《教师法》第二十九条规定"教师的医疗同当地国家公务员享受同等的待遇"。《国务院关于加强教师队伍建设的意见》中明确规定，要"按照事业单位改革的总体部署，推进教师养老保障制度改革，按规定为教师缴纳社会保险费及住房公积金"。（2）是否按照《教师法》第二十九条的规定"教师的医疗同当地国家公务员享受同等的待遇；定期对教师进行身体健康检查，并因地制宜安排教师进行休养"和"医疗机构应当对当地教师的医疗提供方便"，定期组织教师体检，适当安排教师休养，并且针对群体职业病，如颈椎、咽喉、心肺、心理健康等项目的检查，开设菜单式体检项目供自主选择。（3）在农村艰苦边远地区学校，是否按照相关规定为教师提供了周转宿舍，符合条件的农村教师住房是否纳入当地住房保障范围统筹予以解决。（4）在民办学校，是否依法聘用教师，明确双方权利义务，及时兑现教师工资待遇，按规定为教师足额缴纳社会保险费和住房公积金。

 案例 4.14

一位农村教师的来信①

案例描述：

"定期对教师进行身体健康检查"，早在 1994 年就写进了《教师法》，但至今依然有相当多的农村教师无法享受定期体检。《中国教育报》2013 年刊发了河北省武安六中秦延涛老师的来信，反映农村教师面临的体检难题，以及由此带来的危害。

中国教育报：

今年国庆假期，我到医院探望一位大学同学，他在邯郸一所

---

① 秦延涛：《一位农村教师的来信》，《中国教育报》2013 年 10 月 21 日第 2 版。

山区农村学校任教，还担任班主任。前不久，在学校举行的喜迎双节演讲比赛中，他带的班级获得第一名，由于情绪激动，突发脑溢血，被送往医院接受救治。

交谈中得知，他以前不知道自己患了高血压，没想到突如其来的喜讯竟然导致了脑溢血。"要是学校能为教师定期体检就好了，这样就可以早发现、早治疗了！"

这句话给了我深深的震撼。

我国《教师法》第二十九条明确规定："教师的医疗同当地国家公务员享受同等的待遇；定期对教师进行身体健康检查，并因地制宜安排教师进行休养。"为做好教师体检工作，各省区市有关部门出台了许多文件，让我们教师心潮澎湃，让其他行业的人羡慕不已。可是，反观文件的落实，情况却并不乐观。今年年初，在我们大学同学的聚会上，大家还谈到了这个热点话题。据粗略统计，当时参加聚会的50余位教师中，在城市里任教接受过体检的有5人，每年定期接受体检的有2人，在县域、乡（镇）和农村任教接受过体检的2人。

目前，在教师体检方面，存在很多亟待解决的问题：文件出台多，落实执行少，以至于文件堆积成山，形似空中楼阁，美妙得令人神往，虚幻得让人望眼欲穿；有的教师从未接受过体检，有的教师只在入职时体检过，有的体检避重就轻、敷衍了事，甚至偷工减料、缺斤短两；有些进行体检的医院不达标（比如乡村个人诊所），有的体检顺便搭售药物；一些教育行政领导担心女教工违反计生政策，要求女教工定期接受普查，"体检"变成了"孕检"……

习近平总书记指出：百年大计，教育为本；教师是立教之本、兴教之源；各级党委和政府要改善教师待遇，关心教师健康，维护教师权益。这是总书记对全国广大教师的关怀，代表和反映了全国广大教师的利益和心声。

我认为，体检是广大教师的合法权益，做好教师体检工作，是政府相关部门的法律责任。权益理应享受，责任不可推卸。建议各级政府相关部门认真落实国家法律，执行政策文件，维护教师权益。广大教师也要争取和维护自身合法权益。

我衷心期待广大农村教师享受定期体检能从法律变成现实。我也坚信，只要政府相关部门认真落实政策文件，教师定期接受体检不再遥远！

河北省武安市第六中学　秦延涛

案例评析：

我国《教师法》第二十九条明确规定："教师的医疗同当地国家公务员享受同等的待遇；定期对教师进行身体健康检查，并因地制宜安排教师进行休养。"秦老师的一封信，反映了大多数农村教师都没有接受过相关体检这一事实。

我国有着尊师重教的优良传统，当前不少法律法规也规定了要关注教师身心健康，各级政府和领导人也对加强教师队伍建设提出了要求。比如，在第二十九个教师节来临之际，习近平总书记在致全国广大教师的慰问信中提出，"要把加强教师队伍建设作为教育事业发展最重要的基础工作来抓，提升教师素质，改善教师待遇，关心教师健康，维护教师权益，充分信任、紧紧依靠广大教师，支持优秀人才长期从教、终身从教"，展示了国家对教师队伍建设的高度重视、对广大教师的深切关怀。但是，法律法规和具体政策制定之后，贯彻落实是关键。多年来，不少地方漠视教师体检，无视教师的合法权益。要扭转这一现象，必须从以下方面予以突破：一是各级政府要切实履行保障教师福利待遇的职责，对于法律法规和政策文本中规定的教师合法的权益要建立供给、监督和问责机制，但凡违反规定的，发现一起，惩处一起；二是学校和教师要提高自己的维权意识，但凡是合法的权

益，就要主动争取，必要的时候可通过法律解决问题，保障自身
合法权益。

（三）教师专业发展的权益保障

教师专业发展，一方面取决于教师自身的动机、期望等因素，另一方
面也受到外部环境的影响。学校作为教师专业发展的实践场所，地方政府
作为中小学教师的管理部门，必须为教师专业发展提供坚实的保障。考察
教师的专业发展保障是否落实到位，可从以下两个方面来进行。

1. 教师专业自主权的保障

《教师法》规定，教师享有"进行教育教学活动，开展教育教学改革
和实验""从事科学研究、学术交流，参加专业的学术团体，在学术活动
中充分发表意见""指导学生的学习和发展，评定学生的品行和学业成绩"
"参加进修或者其他方式的培训"等权利。可以说，自主从事教育教学工
作是教师首要的合法权益，其基本含义是指教师能够依据国家制订的课程
计划，结合学校、教师自身和学生的实际自主地组织教育教学活动，可以
在教育教学形式、方法、内容等方面依据课程大纲自主地进行教学改革和
实验。任何组织和个人都不得干涉和剥夺教师的这一基本权利。教师专业
自主权是否得到保障，可以通过学校是否以教育教学为一切工作的中心、
学校是否通过减少繁杂的管理活动让教师专注于自己的教育教学工作、是
否尊重教师在课程与教学管理的主体地位和主导作用等方面来进行考察。

2. 教师专业发展条件的保障

考察学校是否为教师提供了专业发展的条件，主要从以下四个方面
来看。

（1）看学校是否按有关规定保证了教师培训经费和培训时间。具体而
言，包括是否完善将教师培训经费列入政府预算，是否支持教师参加每五
年一周期不少于 360 学时的全员培训。在教师参训期间，是否采取顶岗置
换研修、校本研修、远程培训等多种模式，支持教师培训与提高。

（2）看学校是否合理安排教师工作量。过大的工作量一方面会让教师感到身体疲劳、不堪重负，另一方面会引发教师职业倦怠和消极情绪。比如，在教学过程中缺乏耐心，不愿和学生多交流，不愿和同事多沟通，甚至对学生采取体罚或者精神上的伤害等，将自己的压力转嫁给学生，让学生做大量作业、频繁考试测验等。因此，学校必须合理安排教师工作量，减少教师过重工作压力，让教师潜心思考和专业实践。

（3）看学校是否为教师提供符合国家安全标准的教育教学设施和设备，以及教师教育教学必需的图书、资料和其他教育教学用品等。

（4）在民办学校，要着重考察民办学校是否建立健全教师管理相关制度，依法保障和落实民办学校教师在培训、职务（职称）评审、教龄和工龄计算等方面与公办学校教师享有同等权利。

 案例 4.15

学校，可以为教师专业发展提供哪些保障
——从两位教师的经历想到的①

案例描述：

  35 岁左右的女教师张老师，以前在一所薄弱中学担任德育教导主任。她工作踏实、勤奋，为人热情，对待学生与工作都有高度的责任心，得到大家的一致认可。一段时间后，她考虑到自身专业的发展，选择到一所重点中学任教，并担任班主任工作。但经过一年的努力，不仅她的班主任工作得不到学生的认可，具有中学高级职称的她在教学上也感到不尽人意。她失落了，对自

---

  ① 案例改编自上海市龙苑中学信息网上传的科学发展观案例学习材料系列（三），http://lyzx. xhedu. sh. cn/cms/data/html/doc/2010-05/06/27809/。

身存在的问题她一再回避，恐惧与学生、同事的交流，不久患上了严重的精神抑郁症。此时，学校的领导不断地与她进行思想沟通，希望她积极治疗，且征求她的意见，劝她在家休息并就医。一年后，她在心理医生的治疗和学校领导、朋友的帮助下终于走出了困境。同时，学校方面对张老师的情况包括个性、特点做了分析，建议她利用自己的特长从科研入手，由此她在学校领导的支持下、协助负责学校的科研工作。张老师思维敏捷、文笔流畅，她的特长得到发挥，工作得心应手，她的各类文章陆续在多家刊物上发表；她还潜心专业的学习，积极自编校本教材，开设拓展性课程，受到学生的欢迎，现在的她已自信地站在讲台上。回首过去，张老师说，学校不仅给了我专业发展的方向与空间，更赋予我第二次生命！

贾老师，任教于一所曾经非常薄弱的学校，1995年，中师毕业刚工作一年，贾老师就被评为学校先进教师；第二年，被评为区教育中心先进教师。但这时，他遇到了成长过程中的第一个瓶颈——日复一日的备课、上课、批改作业、课外辅导，渐渐磨灭了初为教师的工作激情。下一步该如何发展呢？此时的他犹如一粒已经发芽的种子，急需冲破覆盖在头顶的那层薄薄的土。正在迷茫的时候，校领导似乎看到了贾老师的困惑，找他深谈，向他讲述了师大附中开展"小主人教育"整体改革实验的情况。经过深思熟虑，贾老师决定办实验班。1997年8月，他申请教预初语文，并设立教改实验班，担任班主任。这一设想，得到了学校领导的大力支持和认可，并聘请了专家进行专业指导。他的实验班以"素质教育"为导向，以"愉快教育"为模式，以"作文教改"为核心，面向全体学生，培养学生的主体意识、探索精神和创新实践的能力，以及自我教育、自我管理的本领，使之成为"集体的小主人、学习的小主人、生活的小主人"。2000年9月，经学校推荐，教育学院批准，此课题由校级课题升级为区级课题。4 年一轮实验下来，贾老师收获了 8 个奖项的科研成果，积累的作文教改经验，为他日后登上市级优质课的讲台打下了坚实的基础。2002 年，校领导又一次为贾老师提供了一个成长的机会。当年，中国教育学会"十五"规划课题"中小学创新学习的理论与实践研究"正式开题，贾老师有幸经学校领导推荐被吸收进"创新学习"中心研究组。在课题研究过程中，贾老师的科研能力受到了规范的训练与培养，掌握了一套完整的教育科研流程。截至目前，贾老师已获得了 10 项市级教育科研成果奖。由1997 年由学校领导引导进行的教改实验，到如今参与多项重大课题研究，学校成为贾老师突破专业成长瓶颈的第一推动力。

案例评析：

上述案例中两位老师的成功都离不开学校的大力支持。教师在自身发展过程中，难免遇到挫折和困难，学校要给予心理、精神上的鼓励和支持。比如，张老师出现心理疾病后，学校觉得她不适宜再继续从事教学任务，但是并没有放弃她，而是说服张老师消除后顾之忧，积极接受正规治疗。在随后的一年中，学校领导不断给予她物质上的关心、心理上的疏导和精神上的支持。在她返回校园之后，注重发挥张老师的特长，重塑张老师的专业发展信心。贾老师在教学上取得一定成绩后遭遇到了专业发展的瓶颈，校领导在这个时候给予他及时的帮助，提供了很多信息和资源，为贾老师搭建专业成长的平台，引导贾老师重新思考自己的专业发展方向，大胆进行教育教学改革，进而取得了较大的专业成就。

第五章 教育资源管理

中小学教育资源的合理配置与规范管理是教育现代化的重要内容，是教育改革与发展的条件保障，充足的教育资源及其有效的使用管理是学校做好教育教学工作、培养学生德智体美全面发展的物质基础，在培养学生的创新精神和实践能力、优化课堂教学结构、提高教学质量等方面发挥着重要作用。

教育资源包括物力资源、人力资源和财力资源。本章主要对物力资源和财力资源管理的各环节进行分析，包括教育资源的配置、教育资源的管理使用、教育资源的开发、教育经费的管理使用。

一、资源配置

为贯彻落实科学发展观，全面实施素质教育，适应教育现代化和教育改革与发展的需要，满足新课程实施对校园建设、设施配备等办学条件的要求，推动中小学办学条件标准化、规范化建设，国家和相关部门制定了一系列促进学校标准化建设和资源配置标准的政策文件。地方也根据国家要求，制定了学校标准化建设文件。本部分主要从相关文件要求的角度，对中小学资源配置进行分析，涉及教学用房、仪器设备、图书配置和信息化设备配置等方面。

（一）公共教学用房和专用教室建设

公共教学用房和专用教室是师生开展教育教学活动的场所，加强公共教学用房和专用教室建设是教育装备工作的重要环节。

1. 公共教学用房和专用教室的配置标准

　　《城市普通中小学校舍建设标准》（建标〔2002〕102 号）、《农村普通中小学校建设标准》（建标 109—2008）以及《中小学校设计规范》（GB 50099—2011）明确提出了中小学公共教学用房和专用教室的配置要求（见表 5-1）。中小学除设置普通教室外，还需配置公共教学用房和专用教室。城市中小学和农村中小学配置的标准存在差异，城市中小学需要配置更多的公共教学用房和学科专用教室。各学科专用教室或功能室应根据需要配备专兼职管理人员。考察中小学公共教学用房和专用教室的组成是否符合要求，需要根据具体的配置标准测定。

表 5-1　中小学公共教学用房和专用教室配置标准

名　称	城市				农村			
	普通小学	九年制学校	初级中学	完全中学	高级中学	非完全小学	完全小学	初级中学
自然教室	★							
音乐教室	★	★	★	★	★		★	★
美术（艺术）教室	★	★	★	★	★		★	★
书法教室	★	★	★	★	★			
语言教室	★	★	★	★	★			
计算机教室	★	★	★	★	★		★	★
劳动技术教室	★	★	★	★				★
多功能教室	★	★			★	★	★	
图书馆（室）	★	★	★	★	★	★	★	★
科技活动室	★	★	★	★	★		★	
心理咨询室	★	★	★	★	★		★	★
体育活动室	★	★	★	★	★	★	★	★
实验室		★	★	★	★			★
地理教室		★	★	★	★			
合班教室			★	★	★			

续表

名　称	城市				农村			
	普通小学	九年制学校	初级中学	完全中学	高级中学	非完全小学	完全小学	初级中学
科学教室							★	
远程教育教室							★	★
多媒体教室								★

注：农村非完全小学和完全小学的多功能室兼多媒体教室，农村非完全小学的体育活动室为体育器材室。

2. 公共教学用房和专用教室的配置原则

考察公共教学用房和专用教室的配置是否合理有三大原则：一是"实用、适用、够用"的原则；二是同一学科专用教室或功能室（如物理仪器室、准备室和实验室）要方便使用，尽量布置在同一楼层；三是有条件的地区要积极创造条件为学校配备与办学目标和课程规划目标相适应的各类专用教室，满足学校的教学需要，为推动课程改革与教育发展提供条件保障。

 **案例** 5.1

合理配置资源，完善学校功能室设置

案例描述：

　　星河小学是一所农村完全小学，现有学生 807 人，20 个教学班。该学校在功能用房设置及使用上存在一些问题：科学教室、科学准备室、科学仪器室设置在不同楼层；科学实验室与科技活动室、卫生室与心理咨询室、音乐教室与舞蹈教室存在合用现象，有的甚至一个教室挂四块牌子；音乐、美术、科学实验及实践活动器材等放置同一间功能室内，不利于设备的分类管理和使用。校长反映由于校舍不足，部分功能室没法设置，教师和学生没有或者很少到功能室上课。

星月初中与星河小学在同一园区内，学校已经达到省标准化建设要求，校舍和功能用房能够满足教育教学的基本需要，但学校校舍较为陈旧，当地政府正在为其新建一幢教学楼。

相关人员就两所学校的情况与政府部门进行了沟通，当地政府在认真分析了两所学校现状及未来发展情况后，决定将新建的教学楼交给星河小学使用，星月初中继续使用原来的教学楼，并由政府出资对原有的教学楼进行修缮。这样，两所学校建设均达到省定标准化要求，教育资源得到了合理配置。

新教学楼投入使用后，星河小学按照省标准化建设要求，合理布局，精心设计，学校的功能教室配置达到省办学条件标准，并安排相关学科专业教师对功能用房进行管理与维护，学生上课积极性明显提高。

案例评析：

上述案例是关于通过资源合理配置、促进学校标准化建设的案例。经过相关人员和政府部门的沟通协调，合理有效配置资源，学校建立了标准化的教学用房，面貌焕然一新。从这个案例中，我们可以得到以下两点启示。

第一，中小学功能教室是学校必备的设施，是培养创新人才的重要基地。《国务院关于基础教育改革与发展的决定》要求"各级人民政府和教育行政部门要重视常规实验教学，因地制宜地加强中小学实验室、图书馆（室）及体育、艺术、劳动技术等教育设施的建设"。中小学校要根据发展需要，合理配置资源，促进学校标准化建设，满足学校教育教学的基本需要。学校功能室配备齐全后，学校、教师和学生都能从中受益，学校达到建设标准，教师能有效教学，学生的学习积极性也明显提高。

第二，学校功能室是学校标准化建设的重要内容，学校标准化建设要综合考虑周边学校、近期现状与长期规划之间的关系。上述案例中，初中和小学位于同一园区内，存在小学校舍建设不足、初中校舍建设陈旧的问题。如何充分利用资源，既能使学校建设达到相关标准，又能改善学校陈旧的办学条件，需要综合考虑中小学布局、学龄人口变化和周边学校状况等多种因素。

(二) 教学场地、仪器和器材配备

充足的教学场地和仪器设备是学校开展正常教学的前提和基础。2002年，教育部对1989年颁布的中小学音乐、美术课教学器材配备目录进行了修订，出台了九年义务教育全日制小学音乐教学器材配备目录、美术教学器材配备目录（教体艺〔2002〕17号），对小学和初中的音乐、美术教学器材设备配备进行了规定。2006年，教育部又下发了《小学数学科学教学仪器配备标准》（JY/T 0388—2006）、《初中理科教学仪器配备标准》（JY/T 0386—2006）、《初中科学教学仪器配备标准》（JY/T 0387—2006）、《中小学理科实验室装备规范》（JY/T 0385—2006）四个文件，规定了中小学仪器设备配备标准。

各地也根据国家相关文件和标准，出台了《中小学教育技术装备标准》。本部分主要根据上述文件对中小学仪器设备的配置情况进行考察。

1. 通用教学设备配置

通用教学设备是指学生的通用设备、常规教学设备和学校环境通用设备。其配置既要符合国家有关规范，又能满足教育教学活动的常规需要，通用设备的考察主要包括以下几个方面。

（1）学生通用设备的配置如课桌、凳、橱柜等应符合国家标准《学校课桌椅功能尺寸》（GB/T 3976—2002）的要求，同时满足中小学学生的生理和心理需求，做到安全、规范、适用。

（2）教师常用教学设备如黑板、板书工具、多媒体电教设备等应按规定要求配置，并满足教育教学需要。

（3）温度调节、照明、通风、防火、隔音等教学环境与安全设备的配置如灯管、风扇、取暖设备等，应为师生提供安全、舒适、健康、安静的教学条件和学习环境。

2. 学科专用教学设备配置

学科专用教学设备配置要以"基本、科学、适用"为原则，按照课程方案和课程标准的要求以及国家和地方颁发的教学设备配备标准配齐配足，同时，结合学校育人目标以及适当考虑各学科的独立性和学科间的综合性和交叉性。学科专用教学设备的考察主要包括以下几个方面。

（1）文科教学设备。学校应按照要求配齐配足满足学生进行语文、英语、思想品德等课程教学实际需要的挂图、模型、卡片、用表、视听资料及教学软件等设备。文科教学设备的配置要适应文科教学的人文性、历史性、多样性和感悟性等特点，便于学生直观感受和师生互动。

（2）理科教学设备。理科教学设备的配置要适应理科教学的科学性、准确性、客观性和操作性等特点，便于学生参与知识产生的过程，掌握科学方法，培养探索精神，营造学科实验和体验过程的良好环境。

理科（数学、物理、化学、生物、地理、自然、科学等）须配置一般的教学设备，包括计算器，长度、质量、时间、温度等测量设备，与课程相关的模型、挂图、软件、资料和工具等。此外，还应为物理、化学、生物、地理各学科教学和实验所需配置专用设备、仪器、工具和材料。

物理设备除上述一般设备外，还应配备：力、电等测量设备；力学，振动、波和热学，静电和电流，电磁和电子，光学和原子物理等专用设备；计量、加热等玻璃仪器；其他实验仪器和材料。

化学设备除一般通用设备外，还包括：计量、加热、容器等玻璃设备和配套材料用品；化学实验所需的药品和安全防护用具等。

生物设备包括：放大镜、显微镜等一般设备；植物、动物、人体及生物模型；标本；解剖工具和其他生物实验仪器材料。

234

地理教学设备包括：天文望远镜、罗盘、指南针等一般设备；地球仪、月球仪、洋流演示仪、天体运动仪等模型和专用设备；其他地理实验材料和工具。

（3）艺术教学设备。艺术教学设备包括音乐教学设备、美术教学设备以及舞蹈教室。

音乐教学设备主要包括：钢琴、五线谱教学黑板、视听设备、音乐软件、电子节拍器等电教设备；音乐课教学挂图等传统教学设备；视听设备、投影设备及教具、工具储备橱柜等。

美术教学设备主要包括：国画、版画、雕刻等教学所用的各种教学设备及材料；画架、画板、灯光器材、写生台及各种写生工具。

学校若开设专门舞蹈教室，其教学设备主要包括钢琴或电钢琴、把杆、照身镜、木质地板、磁性黑板、音像设备等。

艺术教学设备的配置要能适应艺术教学的特点，便于学生操作、体验和感悟，满足教师多种形式的教学和学生多种艺术学习活动的需要。

（4）综合实践活动设备。学校根据开设课程及教学需要配置综合实践活动设备，主要包括开展种植、养殖、手工、制作、加工、维修、烹饪等的设备。此外，学校还需配备开展各种主题教学活动所需的教具、模型、图表、教学软件等。综合实践活动教学设备的配置，应以满足中小学开展的劳动技术教育、研究性学习活动和社会实践活动的需要为前提，便于教师灵活组织教学和学生有效学习。

 **案例** 5.2

完善的教学实验设施能调动学生学习的积极性

案例描述：

红林中学是一所农村初级中学，有1 200多名学生，24个教学班。以前，由于教学仪器配备不足，实验教学几乎形同虚设，学生做实验成了看实验，因而实验课不受学生欢迎。为改变这一现状，2011 年，当地政府以标准化学校建设达标验收为契机，在全市范围内实施"仪器设备配备工程"，按照属地管理原则，由当地政府出资进行仪器设备配备更新，配备情况纳入对党委政府的业绩考评。该校抓住这一机遇，积极争取政府支持，采取政府拨一点、企业资助一点的办法，多方筹措资金 300 多万元，为学校购置了各类教学仪器设备，并于新学期开学前全部到位。现在，该校建有物理实验室、化学实验室、生物实验室、综合实践活动室各 2 个，与之配套的仪器、设备一应俱全，有效满足了实验教学的需求。

仪器设备配备齐全后，教师上课由演示操作转变为学生亲手操作，同学们的上课积极性明显提高，动手能力和操作能力明显增强，学校的教育教学质量也随之提升了。

案例评析：

该案例反映的是学校教学仪器设备配备不足的情况下，学校充分利用当地学校标准化建设的机会，争取当地政府和企业的支持，配齐配足教学仪器设备，提高学生动手能力以及分析解决问题的能力。从这一案例中，我们可以得到以下两点启示。

第一，学校仪器设备配备应积极争取政府投入。配备足够的仪器设备，需要大量的资金支持，案例中这所农村初中学校校长，借标准化学校达标验收之机，积极争取当地政府资金，充实完善了学校教学设施、仪器、器材，满足了教育教学需要，体现了校长应尽的责任。政府也履行自己的职责，努力加大教育投入，切实改善学校办学条件。

第二，配齐配足实验仪器是学校开展实验教学、提高学生动手能力和实践能力的物质基础。近年来，国家有关文件都要求切实加强实验内容的考核,《国务院关于基础教育改革与发展的决定》明确指出"要重视实验操作能力考查",教育部《关于进一步加强中小学教育技术装备工作的意见》中也提出"要完善和加强实验操作考查,提高学生动手实践能力"。这些都为加强实验仪器配备,开展实验教学提供了政策依据,各地政府部门和学校应积极配备实验仪器设备,满足教育教学的需要,提高学生实践能力。

----

3. 体育运动场地和器材(械)配置

增强青少年体质、促进青少年健康成长,是关系国家和民族未来的大事。2007 年,中共中央、国务院出台了《关于加强青少年体育增强青少年体质的意见》(中发〔2007〕7 号)的文件,指出要"加强学校体育设施建设,特别是体育场地建设"。2008 年,教育部、卫生部、财政部联合印发《国家学校体育卫生条件试行基本标准》(教体艺〔2008〕5 号),对体育场地设置和体育器材配备进行了规定。这方面的考察包括以下两个方面。

(1)中小学体育场地配置,包括按标准配置田径场、篮球场、排球场、器械体操区或者游戏区。

(2)中小学体育器材(械)设备配置要本着规范、安全、耐用的原则,配备能满足体操、田径、球类等课程教学所需要的运动器械、测量工具、计时工具、教学软件等(见表 5-2),沙包、跳绳、毽子、球类等低值易耗器材设备应及时补充。

表 5-2 学校体育器材配备要求

序号	器材名称	备注	序号	器材名称	备注
1	接力棒		3	发令枪	
2	小栏架(钻圈架、跨栏架)		4	标志杆(筒)	

续表

序号	器材名称	备注	序号	器材名称	备注
5	秒表		19	毽子	★
6	跳高架		20	跳绳	★
7	跳高横竿	★	21	篮球	★
8	山羊		22	篮球架	
9	跳箱		23	足球	★
10	助跳板		24	足球门	
11	小沙包	★	25	软式排球	★
12	垒球	★	26	排球架	
13	实心球	★	27	乒乓球台	
14	投掷靶		28	乒乓球拍或板羽球拍或羽毛球拍	★
15	皮尺		29	乒乓球或羽毛球网架	
16	大体操垫		30	乒乓球或板羽球或羽毛球	★
17	小体操垫	★	31	录音机	
18	单杠		32	肺活量测试仪	

注：标注"★"的器材为低值易耗器材设备，应及时补充。

4. 卫生保健室和设备配置

按照《国家学校体育卫生条件试行基本标准》（教体艺〔2008〕5 号）要求，寄宿制学校和 600 人以上的非寄宿制学校须设立卫生室，600 人以下的非寄宿制学校可视学校情况设立卫生室或保健室。卫生室建筑面积应大于 40 平方米，保健室建筑面积应大于 15 平方米，并有适应学校卫生工作需要的功能分区。具体需要考察以下几个方面。

（1）保健室要配备视力表灯箱、杠杆式体重秤、身高坐高计、课桌椅测量尺、血压计、听诊器、体温计、急救箱、压舌板、观察床、诊察桌、诊察凳、止血带、污物桶等设备，卫生室在此基础上配置注射器、敷料缸、方盘、镊子、药品柜、紫外线灯、高压灭菌锅等。

（2）卫生保健室的设施设备配置应尽可能满足完成学生发育和健康检查、治疗、卫生保健教育和管理等任务所需要的设备、器材及辅助材料。

（3）卫生室或保健室还应按要求配备保健教师或卫生专业技术人员，卫生专业技术人员和保健教师要接受学校卫生专业知识和急救技能培训，并取得相应的合格证书。

（三）图书配置及更新

中小学图书配置是教育装备的重要组成部分，在学校教育中不可或缺。图书馆、阅览室直接面向师生，是学生自主学习的第二课堂，也是教师继续教育的重要阵地，对全面提升广大师生的整体素质发挥着重要作用。

2003 年，教育部发布了重新修订的《中小学图书馆（室）规程》（教基〔2003〕5 号），对中小学学校图书馆的管理与使用及条件保障进行了规定。

1. 图书馆设备配置

图书馆馆舍和设备是图书馆开展工作的必要条件之一，是图书馆不可缺少的重要组成部分，对图书馆藏书的组织及读者方便地利用图书馆有很大的影响。考察图书馆设备配置包括以下几个方面。

（1）图书馆是否设置藏书室（包括学生借书处）、学生阅览室、教师阅览室。有条件的学校可按学科分类设置阅览室和电子阅览室、电子资料室、多功能学术研究报告厅等。

（2）图书馆是否配备书架、阅览桌椅、出纳台、报刊架、书柜、目录柜、文件柜、陈列柜、办公桌椅、装订设备、安全设备等必要的设施设备，并有计划地配置复印、声像、文献保护、计算机（网络设备）、扫描仪、刻录机、打印机等设备。

（3）图书馆的设备如书架、目录柜、桌椅是否符合科学的标准和一定的规格要求，是否有利于保护学生身心健康以及图书馆管理。

2. 图书配置

图书馆（室）要根据学校教育、教学和教研工作的需要广泛采集国内外相关图书资料。图书资料的配备应以学生需求为主，兼顾教师。考察图书配置主要包括以下几个方面。

（1）馆藏图书是否包括适合中小学师生阅读的各类图书和报刊，供师生使用的工具书、教学参考书、教育教学研究的理论书籍和应用型的专业书籍。

（2）图书馆藏书结构是否合理，是否按《中小学图书馆（室）藏书分类比例表》配备。

（3）中小学图书馆藏书量是否符合《图书馆（室）藏书量》的规定标准（见表 5-3）。学校可结合自身特点和实际情况制定图书复本量及增新剔旧（剔除）原则。配备复本量应视学校规模而定。图书馆每年要剔旧更新图书，一般每年新增图书比例应不少于藏书标准的 1%。

（4）有条件的学校应该积极配备电子资源，如各类电子读物、音像视听资料等，将有保存价值的馆藏图书制作成电子文档等。

表 5-3　中小学图书馆（室）藏书量标准

	完全中学		高级中学		初级中学		小学	
	1类	2类	1类	2类	1类	2类	1类	2类
人均藏书量（册数）（按在校学生数）	45	30	50	35	40	25	30	15
报刊种类	120	100	120	100	80	60	60	40
工具书、教学参考书种类	250	200	250	200	180	120	120	80

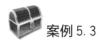

案例 5.3

- -

图书资源配备不能滥竽充数

案例描述：

2012 年秋天，责任区督学参加了当地组织的学校标准化建设的检查验收。他来到一所农村小学，发现该校图书室图书配备情况堪忧。该校现有学生500人，按生均30册标准应配备图书15 000册，实际配备7 540册，藏书数量严重不足，其中陈旧过时的图书大约有4 000册，不适合学生阅读的图书有1 000多册，教师用书1 200多册，而新近出版的书籍以及文学、科普类等适合小学生阅读的书很少。这些图书大都是前些年为实现"普九"而拼凑的图书，还有一些图书是由有关部门及社会各界捐赠的图书，图书价格便宜、质量低下，图书种类少、复本多，可读性不强。从图书登记簿上看出，2010年以来，图书更新为"零"，学校也没有安排专职人员进行筛选剔旧。此外，适合师生阅读的报纸杂志也寥寥无几，而且没有专门的阅报架。

案例评析：

这是一个关于学校图书配备情况的案例。从该校的图书现状可以看出，该校藏书数量严重不足、种类不全、复本较多，而且存在大量陈旧过时的图书，不符合国家对学校图书配备的相关要求。从此案例中我们可以得到以下两点启示。

第一，校长对学校图书馆作用的认识不足。中小学图书室作为学校不可缺少的办学条件之一，对教育教学起着十分重要的作用。教育部在《中小学图书馆（室）规程》中明确规定，图书馆（室）是中小学校的书刊资料信息中心，是学校开展教育、教学和教育科学研究的服务机构，对学生进行政治思想品德、文化科学知识等方面教育的途径，有利于促进学生德智体美的全面发展。因此，校长应提高认识，转变观念，把图书配置和学生阅读作为贯彻党的教育方针、服务教育教学的一项硬任务切实抓好抓实。

第二，在图书配备方面要在用好图书经费保证数量的基础上，兼顾质量和种类，满足师生教学和阅读需要。从该校的藏书现状来看，不仅数量未达到标准要求，而且质量也存在问题。学校进行图书配置，应在达到生均标准的前提下，定期对陈旧过时、不适合学生阅读的图书进行筛选和别旧，及时添置和更新适合学生阅读的图书，同时兼顾种类，订阅一定数量的报纸杂志，满足教师和学生的阅读需求。

（四）信息化设备配置

《教育规划纲要》提出："加快教育信息基础设施建设。……充分利用优质资源和先进技术，创新运行机制和管理模式，整合现有资源，构建先进、高效、实用的数字化教育基础设施。加快终端设施普及，推进数字化校园建设，实现多种方式接入互联网。重点加强农村学校信息基础建设，缩小城乡数字化差距。"2012 年，教育部出台的《教育信息化十年发展规划（2011—2020 年)》中提出了未来我国教育信息化建设的发展目标和主要任务，并指出基础教育信息化是教育信息化的重中之重，要"结合义务教育学校标准化建设，针对基础教育实际需求，提高所有学校在信息基础设施、教学资源、软件工具等方面的基本配置水平"。各地根据国家政策和相关规定，也出台了相应的中小学信息化设备配备标准。

1. 计算机及设备配置

（1）中小学校是否根据现代教育技术装备标准，配备满足学校管理、信息技术课程和其他学科教学需要的计算机，每间多媒体网络计算机室按最大班额每人 1 台的标准配备学生用机，专任教师用机达到每人 1 台。

（2）班班通教室是否配备电视机和 DVD 播放机或机顶盒。

（3）多媒体教室是否配备计算机、实物展示台、投影仪、电动屏幕、录像机、摄像机、VCD 播放机、展台、音响设备、交互式电子白板等多种现代教学设备。

2. 校园网建设

2004 年，教育部颁布《初、中等学校校园网建设规范》，对中小学校校园网建设原则、主要设施和建设程序进行了规定。中小学校园网建设要按照《初、中等学校校园网建设规范》的要求，配置相关设施设备。校园网设备主要包括服务器、路由器、交换机、系统（应用）软件等。考察农村学校和城市学校的校园网建设可分别展开。

（1）农村学校校园网络应覆盖教育教学和教育管理的主要活动场所，并以专线方式与互联网相连。

（2）城市学校在农村学校的基础上，实现网络到班、到室，初步拥有数字化校园的应用系统，满足学生网络学习、教师网络备课和研究活动的需要，以及满足学校现代化网络办公的需要，采用宽带接入互联网。

3. 农村中小学现代远程教育设备配置

农村中小学远程教育是促进城乡优质教育资源共享，提高农村教育质量和效益的重要手段和途径。可按照"农村中小学现代远程教育工程"的要求，对农村中小学现代远程教育设备配置进行考察。

（1）农村中小学远程教育应建设卫星收视系统，配备卫星接收天线、卫星信号接收机、电视机、计算机、DVD 播放机以及教学光盘等设备，用于接收国家和省、自治区、直辖市通过卫星播放的教学资源。

（2）有条件的学校是否利用网络下载国家和地方播放的教学资源。

 案例 5.4

- -

教育信息化让师生如鱼得水

案例描述：

高庄中学是一所农村初级中学。2013 年以前，学校信息化设施配备还相当落后，只有一个专用多媒体教室，无法满足教师教学需求。2013 年秋季，在当地政府部门的积极支持下，多方筹措资金 200 多万元，为学校配备了高标准的多媒体教室、语音室、微机室。建设了百兆校园网，预留足够信息点，学校所有办公室、教室全部接入互联网，师生可以随时随地上网查阅资料，了解学科前沿信息；所有教室实现了班班通，并配备目前最先进的交互式白板一体机，为师生提供了一个无尘化、信息化、互动式的现代教学环境。

教师可以利用电脑制作课件、查阅资料，可以从网络上下载自己上课所需要的视频，可以利用多媒体给学生上课。学校无论是下发公文、通知，还是教学资料共享都通过办公平台来完成，真正实现了无纸化办公，大大提高了工作效率。

教育的信息化彻底改变了传统的教学模式和学习方式，使该校一块黑板、一支粉笔、一本教科书的教学方式真正成为了历史。

案例评析：

高庄中学针对现代教育技术手段落后的现状，积极争取政府支持，按省规范化标准配备了先进的现代信息技术设备和其他现代教育技术装备，为提高教育教学质量，打造优质教育，提供了有力的硬件保障。从这个案例中我们可以得到以下两点启示。

第一，教育信息化是教育现代化的必由之路，也是教育现代化的主要标志之一。学校信息化建设，不仅是为了改善和优化现有的教学环境，更重要的是信息化建设为教育带来了教学观念、教学思想和教学方式的深刻变革，是促进教育教学改革的有效工具。学校教育的价值在于满足学生全面成长的需求，促进学生更好地发展。

第二，加强学校信息化建设是现代教育发展目标的基本要求。《教育规划纲要》指出，要加快教育信息化进程，充分认识"信息技术对教育发展具有革命性影响"，高度重视"加强网络教学资源体系建设"，不断"强化信息技术应用"，提高学生运用现代信息技术分析解决问题的能力。

二、资源管理和使用

加强对学校各类资源的规范管理与有效利用，是体现学校管理水平和各类仪器设备价值的重要目标。各种教学资源在教学中的广泛使用可以有效促进教学内容呈现方式的多样化，调动学生多种视觉感官，丰富学生的多元认知，激发学生的学习兴趣，注重学生的体验与内化，对教与学方式的根本转变有积极的促进作用。中小学校应当高度重视各种教学资源的挖掘、使用和管理，充分体现"基础是建设，重点是管理与应用"的工作理念，把各种资源的建设、管理、应用工作列入学校管理目标，建立相关领导小组，做到科学领导，职责落实。

本部分主要包括建立资源管理制度、规范资源管理和有效使用资源三个方面。

（一）建立各类教学资源的管理制度

制度是教学资源管理的依据。中小学校应完善各项管理制度，切实提高学校装备的管理与应用水平，以保证课堂教育教学的顺利进行。

1. 主要管理制度

中小学校要根据国家和地方教育主管部门对学校各专用教室和仪器设备提出的管理目标、任务和要求，遵循教学规律，建立健全各项规章制度，需要考察的内容包括以下几个方面。

（1）中小学实验室管理制度，主要包括《实验教师岗位职责》《实验室管理制度》《教师实验教学守则》《学生实验守则》《实验室一般性伤害的应急措施》《危险药品的使用规则》《化学药品安全保管和使用制度》《关于教学仪器损坏、丢失赔偿的规定》《仪器设备的报废审批管理制度》

《学校实验室管理的有关规定》等。

（2）中小学图书馆管理制度，主要包括《图书馆（室）管理制度》《图书馆（室）工作人员职责》《图书阅览室守则》《电子阅览室管理制度》《图书馆（室）文献资料遗失、损坏赔偿规则》《藏书剔旧管理规则》等。

（3）专用教室管理制度，主要包括《小学科学实验室管理制度》《音乐教室管理制度》《体育器材室管理制度》《美术器材室管理制度》《劳动技术教室管理制度》《卫生（保健）室管理制度》《多媒体教室管理制度》《计算机教室管理制度》《语音教室管理制度》《通用技术专用教室管理制度》《通用技术专用教室安全规则》等。

（4）现代信息技术装备管理制度，主要包括《中小学校园广播室管理制度》《中小学校园网络管理制度》《校园网络安全管理制度》《网络管理人员岗位职责》《电脑网络教室管理制度》《多媒体电教室管理制度》等。

2. 管理制度的内容和要求

各项管理制度应当对教学资源管理、功能室的使用、仪器设备的使用和维护、设备的安全管理和使用、相关人员职责和学习培训等有明确规定，使教学资源的管理与使用有章可依。

各项管理制度统一上墙张挂，便于师生和管理人员学习、了解和执行，并从以下两方面进行考察。

（1）学校在资源管理上是否分工明确，职责清楚。资源管理需要形成校长主管，总务处主抓，教务处、教研组共同配合的管理网络。学校要定期检查、指导，及时召开各学科专用室或功能室的协调会，协商解决资源管理工作中出现的一些问题。

（2）学校是否应用现代信息技术，逐步实现教育技术装备管理信息化；是否运用现代化手段，强化对教育技术装备的验收、保管、维修、保养、使用、报损报废、补充更新、安全防护等环节的管理，达到管理科学化、规范化，确保教育技术装备的使用率和完好率，提高教育技术装备的使用效益。

案例 5.5

健全的资产管理制度让学校资产发挥应有的功效

案例描述：

　　胜利中学是一所高级中学，学校从建筑设计、设施配备到教学质量都堪称一流。但是学校的实验教学却存在这样一种现象：有些教师不愿做实验，在课堂上常常是教师"说"实验，学生"听"实验、"背"实验，或是由教师演示实验，学生在下面看实验。这显然与新课程的要求相违背。经调查，学校的实验仪器管理制度不合理，成为影响实验室开出率的重要原因之一。学校《实验仪器损坏赔偿制度》中规定："实验中因学生违反操作规程或因操作疏忽而造成仪器损坏，应由学生赔偿。因教师不了解仪器使用方法而造成的损坏应对教师进行批评并由教师赔偿。"这些规定挫伤了师生做实验的积极性，大家都担心因不慎造成物品损坏而被要求赔偿。

　　针对这一现象，学校展开了一场资产管理的大改革，对照新课程改革的要求，着眼于学生创新精神和动手实践能力的培养，对校舍资源、实验资源、图书资源、体育资源、美术资源、现代教育技术资源等一系列教育资产资源的管理制度进行了全面重建。修订完善了《实验室开放管理制度》《图书阅览室开放管理制度》《计算机教室开放管理制度》《体育器械使用管理制度》等20多项管理制度。其中在《实验室开放管理制度》中规定："打破原有布局，将仪器室、准备室、实验室三室合一，将仪器橱设在实验室并对学生开放，学生向实验员提交实验申请单即可在教师的指导下自主进行实验。"本着有利于学生阅读、有利于课堂教学的原则，学校制定了新的《图书阅览室开放管理制度》，规定语文学科的阅读课可以到阅览室里上课，学生可以在语文老师的指导下自主选择与课文相关的图书资料，省去了借阅、登记等一系列烦琐手续，极大地方便了学习，促进了学生语文水平的提高。在资产维修方面，学校坚持一个原则，正常破损且不太严重的，尽量由学校自行维修，如修不好，再请厂家来人修理，以减少经费开支。对人为造成的损坏，则追查相关人员的责任，并追索相应的赔偿。学校通过完善管理制度，提高了教学实验的实效。

案例评析：

胜利中学发现师生实验积极性不高，及时查找问题原因，并修订完善各种资产管理制度，特别是对有利于教育教学的资产在使用时大开绿灯，真正发挥了学校资产服务于教育教学的功能。从这个案例中我们可以得到以下两点启示。

第一，规范的管理制度是保证资源合理使用、发挥资源使用效益的保障。学校资产是学校开展正常教育教学、业务活动的物质基础，也是完成工作任务、实现工作计划所必需的物质条件。学校应加强资源管理制度建设，使教育资源的管理和使用有章可循。

第二，学校资产管理制度应当本着有利于师生使用的原则。长期以来，不少学校在资产管理方面存在一种误区，往往专注于制定越来越细化的管理制度和使用规则，不断约束、规范、警示师生要小心谨慎使用，以确保设备与资产的完好性。这表面看是科学管理、规范管理，实际上恰恰是本末倒置，忽略了教学设备与资源的本来意义，即设备与资源是为学生的发展服务的。因此，对于学校资产的管理首先应着眼于服务教育教学、服务学生发展，最大限度地发挥其应有的使用效益。

（二）规范资源管理

加强中小学资源管理是提高资产使用效益的主要手段，中小学资源管理包括实验室和仪器设备管理、图书馆（室）管理、信息技术设备管理、艺体教室管理等。

1. 实验室和仪器设备管理

实验室和教学仪器设备是学校的重要财产，也是完成教学和实验任务的重要保证。考察实验室和教学仪器设备的管理可以从以下几个方面展开。

（1）实验仪器购置管理。学校是否按照国家和地方要求，落实教学仪器设备的配置计划、采购、到货验收、登记入账等管理要求。严把质量关，坚决杜绝不合格产品流入学校。做到家底清楚，账物相符。

（2）仪器存放和保养管理。学校是否对所有仪器设备统一编号，张贴标签；仪器说明书要归类装订成册，编成目录以便查用；仪器存放做到科学分类，整齐美观，陈列有序，取用方便；每次仪器用完后对仪器及其零附件进行检查，并做好保养、清洁工作。仪器设备有损坏的，及时修复；不能修复的，做好报损、销账工作。按照要求进行定期保养，确保各类仪器设备始终处于完好备用状态。教学仪器按要求进行定期清点和盘点。

（3）实验教学管理。学校落实实验教学计划、实验教学开出、实验教学准备和教师演示实验目标、学生分组实验目标的要求，做好实验室工作记录。学校教务处、实验室、相关教研室定期对实验开出率进行统计，作为检查实验教学开展情况的重要依据。

（4）实验室和实验教学安全管理。学校应落实中小学校实验室和实验教学安全管理的各项规定，以预防为主，做好防盗、防火、防电、防毒、防水、防化学药品危害等工作，消除安全隐患；落实实验教学防护和保险措施，避免意外发生；对具有危险性的实验仪器、辐射材料、有毒有害物品，设置警示标志，存放于安全地点，指定专人保管。

（5）实验室环境卫生管理。实验室保持室内外整齐清洁，注意通风换气；有条件的学校可开设展览橱窗，摆放可定期更换的典型实验装置或标

249

本、模型等，营造一个洁净、整齐、安全、有趣的实验教学环境。

 案例5.6

- -

做好"通用技术实验室"的管理

案例描述：

　　为培养学生的动手能力和创新能力，提高学生的科学素养，山东省昌乐二中一次性投资200余万元建成4个标准化通用实验室、1个机器人实验室和1个缝纫实验室，新增配的数字化传感器、数字显微镜、通用技术模型、数控机床、未来伙伴机器人、乐高技术套件等，为实现学生在"做中学"和"学中做"提供了先进的设施设备。

　　为做好通用技术实验室和新增配的各种器材、工具的管理和使用工作，学校制定了通用技术资产管理制度，包括采购制度、验收入库制度、造册登记制度、安装调试制度、维修保养制度、安全使用规范、清查核算制度和报废制度等，加强了通用技术资产管理，明确了经济责任，保证资产的安全完整和账实相符，有效防止了资产流失。

　　同时，加强了对实验室和器材设备的日常管理，成立了设备、器材管理小组，管理员做好通用技术教室及设备器材的检查维护管理工作，制定好相应的管理配档表，并做好日常使用记录，保证通用技术实验教学正常开展。

　　有了完善的管理制度并实施规范的管理以后，师生就可以在通用技术实验室里开展各项活动。例如，李老师用3 cm长的三角铁制作金属饰品，以此来帮助学生了解金工工具的使用情况。学生将各种各样新奇的想法绘制成图纸，自己挑选工具，紧锣密鼓地开始制作。两次实验活动后，学生的成果大大出乎老师的意料。有的学生借用钻铣床在三角铁上钻孔，有的学生用小钢锯将三角铁切割成了心形，有的学生用它做成了"九齿钉耙"，还有的学生把断掉的锯条加工成了小小的吊坠……

案例评析：

当前，许多普通高中学校都在增建通用技术实验室，并配置相应的设施设备。如何加强对通用技术实验室的管理，该校的做法提供了以下三点启示。

第一，要为学生实践探究提供保障。山东省昌乐二中大力组建通用技术实验室，配置了大量能够满足学生实验操作需要的设备器材，成立了实验室及设备器材管理小组，制定实验室管理制度，明确了管理人员的岗位职责，制定了从管理到使用的一系列工作流程，为用好通用技术实验提供了保证。

第二，学校资源要做到物尽其用。昌乐二中在学校资源管理中，不把器材、工具当摆设，舍得放手让学生自主选择各种工具进行实验操作，让学生走上自主学习、合作探究的道路。

第三，注重培养学生的探究和实践创新能力。《教育规划纲要》把坚持以人为本、推进素质教育作为教育改革发展的战略主题，要求着力提高学生勇于探索的创新精神和善于解决问题的实践能力。该校将资源的科学管理和学校教学模式有机结合起来，充分发挥通用技术实验室的育人功能，来培养学生的创新精神和实践能力，激发了学生的学习欲和创造欲。

----

2. 图书馆（室）管理

图书馆、阅览室直接面向师生，是学生自主学习的第二课堂，也是教师继续教育的重要阵地，对提升广大师生的整体素质发挥着重要作用。考察中小学校图书馆（室）管理主要包括以下几个方面。

（1）图书登记管理。图书馆（室）应建立书刊总括登记、个别登记、注销登记三种登记制度并坚持执行。有保存价值的主要期刊按年度装订成册，进行财产登记并编入藏书。图书登记、借阅等应加快推进信息化管理。

（2）图书分类管理。中小学校按照国家和地方有关规定，对图书资料进行书刊分类、书刊著录，并按分类顺序排架。目录设置以卡片目录为主。中学图书馆（室）设书名目录和分类目录，有条件的可增设著者目录；小学图书馆设分类目录或书名目录。

（3）图书阅览管理。学生阅览室保证每周开放时间，中学图书馆（室）和条件较好的小学图书馆（室）给学生办理个人借书证（卡），逐步提高图书的借阅率。

（4）图书剔旧管理。图书馆（室）及时做好进馆新书的保护、破损图书的修补装订工作，丢失损毁图书的注销登记工作。剔旧是提高藏书质量、调整藏书结构的重要手段，学校要按照《中小学图书馆（室）规程》进行剔旧、更新。

（5）文献保护。图书馆应采取防火、防盗、防潮、防霉、防蛀、防尘等安全措施，以保证文献的完整，延长文献的使用寿命。同时，加强管理，注意保持图书馆（室）的整齐规范和清洁卫生。

（6）工作人员管理。中小学校加强对中小学图书馆（室）工作人员的培训和继续教育，配置的图书馆（室）工作人员应具有基本的图书馆专业技能和计算机操作技能。

3. 信息技术教育装备管理

现代信息技术装备为课堂教学提供了良好的教学环境，为学生获取知识、提高能力、发展智力提供了广阔空间，把教与学的活动变得更加丰富多彩，具有传统教学手段所无法比拟的优势。考察中小学校现代教育技术设备管理，可以从以下几个方面展开。

（1）设备管理。按照管理要求，学校对所有设备按型号分类入账、入柜妥善管理，建立信息技术设备的总账和分类账，记账及时正确，做到账账相符、账实相符，并定期进行账物核查，学校不得私自将设备出借、转让、调拨或变相买卖、个人占有。学校要妥善保存设备说明书、合格证、保修证等原始资料。

（2）记录管理。中小学校应注重设备的技术资料、管理资料和应用资料的收集与积累，如网络和设备运行情况记录、网络设备和计算机等设备的保养维修记录、网络安全记录、信息技术课程开出情况记录、学生上机记录等，并在期末对相关记录进行整理，分类装订成册。

（3）维修保养。计算机室管理人员应定期做好学生用计算机、教师管理用机和多媒体设备等的除尘保养工作和软件的升级维护工作，确保信息技术课程教学正常开展和其他学科的使用，一旦出现计算机故障，立即修理，确保学生用计算机的完好率，长期不用时应安排人员定期对计算机通电开机保养。网管人员应定期检查设备的运行情况，做好软件的维护和病毒特征库的升级。

（4）网络管理。已建立局域网络的学校，要安排熟悉网络技术的人员管理网络，确保网络可靠、安全运行。建立校园网的学校由网络管理中心负责全校整体网络管理，确保各项管理、教学软件正常运行、信息交流畅通。严格执行国家和地方关于计算机信息系统安全保护管理等法律法规。制定行之有效的保障措施，确保网络安全，做好安全管理，经常检查信息网络系统状况，发现问题及时处理。

4. 艺、体教室管理

艺体专用教室（含音乐和美术教室、体育馆、器材室）是供艺术、体育教学和课外活动使用的，要制定使用、保管、器材借还和损坏赔偿制度。应有专人管理，定时开放，提高使用效益。考察中小学艺、体教室管理，可以从以下几个方面展开。

（1）购置管理。中小学校要对调入、购入、捐赠的艺体设备器材按照教学设备管理规定登记建账，做到账物相符。各室（馆）财产定期清点、盘存，做到账实相符、账账对应。

（2）存放和保养。艺体器材的存放应当定位、定柜，摆放整齐有序、方便教学。对设备、器材定期检查，按时保养，及时维修，以延长使用年限。器材设备存放采取防火、防盗、防潮、防压等措施，以保证设备安全。设备器材的报损按申请、审批、注销的程序办理。报废报损设备器材应建立报销登记制度。

（3）使用过程记录。艺体教室和器材使用做好相关记录，如器材设备借还记录，功能室使用记录，使用器材设备完好情况记录，器材设备报损记录，学生作品展示、获奖记录等。另外，学校对师生员工进行爱护设备器材的教育。教学时爱护器材设备，细心使用；使用后及时整理，保证清洁卫生。

（三）资源的有效利用

1. 采取多种方式有效利用资源

各专用教室和仪器设备是学校开展教育教学、进行学校管理的现代化专有设施，专用教室和相关设施设备不能脱离课堂、脱离学生，更不能闲置。中小学校要充分利用好各专用教室设备，促进教育装备深入课改，走进课堂，应用于教学。以应用促进装备，以装备促进应用，努力提高学校现有教育装备的使用效益，达到效益的最大化。

中小学校应坚持利用专用教室进行日常的教学活动，最大限度地提高其开放率、使用率。对实验室、图书馆（室）、语音教室、计算机教室、多媒体教室、美术室、心理咨询室、劳技室等功能室要采用开放性的形式向师生开放，为广大师生在课余时间进行科学探究、发明创造、艺术鉴赏、心理咨询、手工制作、资料查找等创造条件。考察资源的有效利用，可以从以下几个方面展开。

（1）把资源利用列入学校工作计划和考核目标。中小学校要把设施设备的使用工作纳入学校的教学工作计划以及学期和年终考核目标，制定对教师的考核目标和考核细则，量化图书、仪器、信息技术设备的使用考核指标。对图书馆（室）的开放时间，学生的借阅册数，阅读教学课时数，杂志、报纸的订阅量，学生每天的阅读时间，教师对好书、新书的介绍，理化生实验课的开出率，学生的实验动手能力，教师的实验备课、讲课、仪器的使用登记，各种实验课教师学生的实验记录，信息技术设备的使用及效果等，进行量化和细化，真正把指标考核落到实处，提高各种设备资源的使用效率，做到有使用计划，有使用记录，有使用效果。

（2）按课程标准开齐开足各类教学课。中小学校要认真执行国家和地方拟定的学期实验教学计划，充分利用实验室和教学仪器设备，以实验探究为核心，切实开展实验教学，开齐开足课程标准和教材要求的实验内容，真正让学生动手做实验。演示实验、学生分组实验开出率应达到100%。积极创造条件，在保证实验安全、有序的前提下，向学生开放实验室，为学生自主地开展实验探究活动创造良好的条件。充分利用音、体、美器材，积极开展体艺训练活动，尤其要确保学生每天体育活动时间不少于一小时。

 案例 5.7

实验室由"冷"到"热"的嬗变

案例描述：

新华中学放学后，不少学生不是骑车回家，而是转头钻进了实验室。据学校相关负责人介绍，学校的生物、物理、化学等8个实验室现在全天开放。学生想要做实验，即便是双休日、节假日或者放学后，也只需联系自己相关科目的任课老师，就能到实验室进行操作。其实早在2008年，新华中学就提出了实验室向学生开放的设想，但在实验纳入中考之前，来做实验的仅仅是对实验操作感兴趣的创新实验社团和兴趣小组的学生，覆盖面并不大。

为充分发挥实验室的作用，2013年当地教育部门将实验技能操作纳入中考内容，发挥实验室在学生实践能力和创新精神培养过程中的重要作用，促使全市中小学校开齐、上好实验操作技能课。自从实验技能操作纳入中考内容后，实验室迅速成为学生们最喜爱去的地方之一，实验室由"冷"变"热"。

案例评析：

这是一个有关学校实验室设备有效利用的案例。该地教育部门将实验操作纳入了中考，规定实验室全天候开放，"双管齐下"，使实验室真正发挥了应有的作用。从中我们可以有以下三点启示。

第一，要有效利用现有实验室，发挥"考试"这一指挥棒的作用至关重要。当地教育部门在将实验操作技能纳入中考之前，实验室备受冷落，仅有部分感兴趣的学生在课余时间做实验，大部分学生只能"看实验"，造成学生"眼高手低"。实验操作技能纳入中考后，催生了学生做实验的需求，实验室自然由"冷"变"热"。

第二，要鼓励学生大胆做实验。要让学生爱上做实验，就不要怕学生把设备弄坏。如果实验设备长期闲置，就失去了其应有的价值。因此，学校一方面要教育学生爱护设备，另一方面要鼓励学生大胆地使用设备，正如该校校长所说，"用坏了总比放坏了强"。

第三，实验教师要加强对实验操作过程的管理指导。对于所有的实验设备，值班实验教师都应熟练操作，加强学生实验操作规程及安全的管理指导，并对实验过程中可能出现的意外情况进行妥善处理。

（3）大力开展信息技术与其他学科教学的整合，充分利用现代化教育技术装备优化课堂教学。开展教育技术研究，进一步加强信息技术与课程整合使用的研究工作，达到"以研促教、以研促学、以研促用"的目的。中小学校应经常开展利用教育技术设备资源进行各学科教学的校本教研活动，充分运用现代教育技术手段，实现教研活动方式的创新。要积极组织教师广泛运用示范课例和优秀教案等优质教育资源开展观摩、研讨、说课以及专题讲座、课例分析、教学评比、教学反思等教研活动，提高教师利用教育技术设备资源开展学科教学的水平。积极参加上级部门举办的优质课评选、录像课评选、课件评选、教学案例与论文评选、经验交流会等活动来营造现代教育技术使用的氛围，优化课堂教学。

（4）举办各种技能竞赛活动，提高资源的使用效益。学校应根据各自设备的配备特点和现有条件，结合学生自身优势及教材实验实践要求，给学生创设一些实践机会和条件，举办一些适合学生特点和素质教育要求的活动，如实验技能竞赛、科技小发明、小创新、电脑应用技能比赛、课件小制作、图书阅读知识竞赛、正反双方辩论赛、各种乐器表演、兴趣体育比赛、劳动实践学习、卫生救护演练、安全知识演练等活动。通过这些有益于学生创新能力培养的活动，可以提高学校各种资源的使用率，也可以开发和提高学生的各种能力。

（5）加强队伍建设，提高资源利用的专业水平。中小学校要切实加强对广大教师的业务培训，大力开展校本培训，积极鼓励进修培训，努力建设一支与现代教育技术装备相适应，具有业务良好、结构合理、相对稳定的实验教师队伍和教育技术装备管理队伍。大力开展实验教师（实验管理员）和图书管理员业务培训，完善实验室、图书室管理员持证上岗的工作机制，加强信息技术课程教师和管理员培训，保障有一定数量的教师承担信息技术教学工作以及网络设备日常维护工作，扎实开展教师教育技术能力培训，通过设备使用培训和资源应用教学培训等，使教师广泛利用各类信息技术资源进行教育教学。

案例 5.8

让图书"流动"起来

案例描述：

　　本学期开始不久，在一次师生对话日中，双语实验学校的张校长与三年级四班的学生一起进行了交流。大家七嘴八舌地向校长反映情况，其中一个学生说："校长，咱学校的图书挺多，可就是离得太远，借阅不方便。"孩子的话引起了校长的深思。学校建校 6 年来，先后投资 120 多万元，购进图书 7 万余册，各种报刊资料 80 余种，工具书 100 多种，这么多宝贵的图书资料，就因为被放在图书室，远离了教师，也远离了学生，使图书得不到有效利用。

　　怎样充分发挥图书的使用效益呢？校长设想在学校的各楼层设立开放式书吧，设置阅览桌，随时供孩子们阅读，并与学校相关部门进行了沟通。本以为是好主意，没想到遭到了反对："校长，这样用不了几天，我们的图书就剩不下几本了！"相关部门疑惑重重。但校长还是决定先试一试。

　　在校长的大力倡导下，各楼层的书吧建立起来了，课程部和学生部也随之建立了配套的管理制度。可是一周过去，图书少了 200 多本。课程部负责人找校长汇报说："校长，书吧暂停吧，这样下去哪行！"校长没说别的，而是让她找一找少书的原因。经过调查，书少的原因找到了：图书管理员在书吧中查数的时候是在放学后，由于书的内容太精彩，有的同学课间没有读完，只好放学时带回家继续读，所以导致书"少"了好多。这是个好现象，说明孩子们的读书热情很高，只是在管理上需要完善。

　　为提高学生的自我约束能力，培养学生浓厚的读书兴趣，学校把各楼层书吧更名为阅览大厅，并建立了阅读管理制度，由各班级轮流管理。图书阅读三周后由主管的班级向学校图书室提出申请，更换图书内容；学生借阅的图书必须在三周内放归原处。阅览大厅的卫生、图书的整理维护等，也全权交由学生负责。每天大课间及其他课余时间，总有三三两两的学生聚在一起安静地读书，乱跑乱跳、打打闹闹的现象没有了，校园到处飘荡着浓浓的书香。自从实行学生自我管理后，再也没有少过一本书。孩子们高兴地说："这样的开放阅读就是好！"看到现在的新气象，当初反对校长建立开放阅读制度的中层干部显得有些不好意思，对校长的决策由衷地感到佩服。

案例评析：

　　这个案例是关于学校图书资源有效利用的问题。在这个案例中，学生的反映触动了校长，校长于是下决心创新管理办法，让学校的图书流动起来，把图书摆在学生触手可及的地方，最大限度地为学生阅读提供方便，从而发挥了图书的最大效益。这所学校的做法值得肯定。这个案例留给我们以下两点启示。

　　第一，校长应深入了解学生的所思所想。作为学校的主要管理者和决策者，校长应经常深入到师生中间，了解学校发展中的实际问题，倾听师生的呼声，这样才能使学校的决策更有针对性和实效性。本案例中，张校长为及时了解情况，设立了师生对话日，通过与学生交流发现了图书的流通渠道不通畅，不方便学生借阅的问题，由此产生了建立图书阅览大厅的想法。

　　第二，要转变思维方式，加强资源管理。最有效的管理是自我管理，该校建立开放阅读制度，在楼层设立书吧，开始由学校管理，发现少书问题。后来让学生自己管理，不但没有丢失图书，反而进一步调动了学生阅读的积极性。主要原因是转变了思维方式，学校从孩子的角度出发，孩子的事交由孩子自己管理，既使学校的图书资源得到有效利用，又锻炼了学生的自我约束和自我管理能力。因此，当问题出现时，不要急于去"堵"，而要换一种方式思考，创新管理制度，变"堵"为"疏"，使问题得到有效解决。

书籍是人类宝贵的精神财富，读书可以改变人生。教育家朱永新在《新教育之梦》中指出："教给学生一生有用的东西，让师生与人类崇高精神对话。"倡导书香文化、打造书香校园，无疑能实现这一教育理想，因此，有效利用学校图书资源就显得尤为迫切和重要。

----

2. 主动向社区居民开放学校资源

学校资源向社区开放，是国家法律赋予的职责。《教育法》第六章第四十八条规定："学校及其他教育机构在不影响正常教育教学活动的前提下，应当积极参加当地的社会公益活动。"教育部《关于在部分地区开展社区教育实验工作的通知》（教职成司〔2000〕14号）要求"各地要根据区域经济社会发展的实际需要，充分利用社区内现有的各类教育、文化、科研、体育等资源，最大限度地向社区居民开放"。学校资源向社区开放，既是法律赋予的职责，也是社会的普遍要求。考察学校资源向社区开放，可以从以下三个方面展开。

（1）学校资源向社区开放，是学校融入社区、服务社区一种很好的方式，更是现代学校制度建设的内容。学校资源向社区开放要以创建学习型社区为目标，以惠及社会为导向，以学校社区互动、实现双赢为出发点，本着在开放中求发展、创新中求发展的方针，重在取得实效。

（2）学校资源向社区开放要做到开放制度化、管理规范化，建立学校与社区双向参与、互动发展的机制；学校要与所在社区积极探索教育资源开放的多种形式和途径，努力创出社区教育资源开放、整合的特色，提高教育资源使用效益，不断满足社区居民的需求。

（3）学校的运动场馆、图书馆（室）、计算机教室、劳技室等功能室应在不影响正常教育教学活动，确保安全，坚持公益性的原则下，根据不同年龄、不同层次居民的需求和学校的实际，合理地选择开放时段，如法定节假日、双休日及寒暑假等，向社会进行开放。

 案例5.9

资源开放中实现学校与社区双赢

案例描述：

重庆第四十二中学占地面积 40 余亩，现有 40 个教学班，2 000 多名学生。该校创新教育模式，积极打造"没有围墙的学校"，在教育资源向社会开放方面进行了积极有益的探索，走出了一条富有特色的社区开放之路。

学校成立了由责任校长任组长，分管副校长任副组长的"学校资源向社区开放领导小组"，并设立了"学校资源向社区开放管理办公室"，负责资源开放管理及协调社区工作，切实落实教育资源向社区开放。为保证教育资源开放工作制度化、规范化，学校制定了《重庆四十二中创建学习型城区规划》《重庆四十二中教育资源向社区开放实施计划》《重庆四十二中学校体育活动场地向社区居民开放管理办法》《社区居民入校须知》等一系列开放管理办法和制度。

学校与所在社区居委会签订了向社区开放教育资源的协议，将学校教育教学资源向社区全面开放。一是场馆设施开放。学校将各类文化体育设施，包括天象馆、图书馆、琴房、美术画廊、美术室、舞蹈室、计算机室、游泳场、室内篮球馆、田径运动场、演播厅等在不影响学校正常工作和学习的情况下向社区居民开放，为社区居民提供运动休闲、学习、活动的场所。二是师资及管理人员开放。几年来，学校抽调在德育、计算机、体育、艺术、综合治理方面有经验的干部、教师担任社区教育工作辅导员，到社区开展家庭教育指导，帮助社区居民提高家庭教育水平，帮助疏通家长与子女的关系，帮助家长对"问题学生"的教育等。面向社区开展艺术教育、普法教育、健康教育、老年教育讲座等，丰富社区居民的精神生活。三是学校教育教学活动开放。近年来，学校先后邀请社区居民观摩学校开展的"教学开放周活动""班主任基本功竞赛活动""青年教师优质课竞赛活动""中青年骨干教师现课活动""基于网络环境下的说课竞赛活动"等教育教学活动。组织社区居民到学校观看校园歌手比赛、篮球比赛。邀请居民参加学校住读生趣味运动会、月末音乐会，等等。

另一方面，学校充分挖掘和利用社区教育资源。一是联合整治校园周边环境。学校每学期召开一次社区教育工作会议，邀请社区内各单位领导、知名人士代表、普通市民代表，共商学校教育发展大计。同时，与街道居委会、派出所联合采取有效措施，加强文化市场管理，创设良好的校园周边环境。二是聘请社区教育校外教师，加强学生校外教育。学校常年聘请派出所所长担任学校法制副校长，定期举办法制讲座，增强学生的法制意识。定期请科技专业人员做航海、航空知识的讲座，医务人员做心理、饮食健康的专题讲座等。三是建立社区青年志愿者教育基地。学校与社区敬老院签订社会实践基地协议，组织学生开展节假日敬老活动。学校青年志愿者也积极参加社区植树、学雷锋等社会实践活动，使学生的能力得到了提升和锻炼。

通过学校与社区资源的双向开放和互动，学校与社区实现了互惠互利，共同发展。一是学校赢得了上级领导的关心和支持，促进了学校的发展。学校开放办学以来，得到各级领导的大力支持和指导，使开放办学步入了正轨，并取得了一些成果。学校被评为当地"创学习型城区示范单位"，论文《在社区开放中实现双赢》荣获社区教育征文一等奖。二是充分展示了丰富的教育资源和雄厚的教育实力，提高了学校的知晓度、美誉度，为学校进一步发展奠定了良好的基础。目前，社区开放教育已经和体育艺术特色教育一样，成为了学校发展的又一品牌。三是汇集社会多方力量，使外来务工人员子女、单亲家庭子女和家庭经济困难学生群体受到重点关注。在街道办事处、社区居委会的支持下，设立"特别关爱基金"，开办了"特别关爱活动营"，为问题学生、困难学生解决生活上的烦恼。

案例评析：

重庆四十二中坚持学校资源面向社区、大型活动通往社区、师生宣传辐射社区、教师交流抵达社区，形成了学校教育资源和社区教育资源的双向共享，实现了学校与社区双赢，学校提高了管理水平，丰富了教育资源，增强了教育实力，得到了社会认同，为学校进一步发展奠定了良好的基础。从这个案例中我们可以得到以下三点启示。

第一，学校资源向社区开放要加强领导，营造氛围。通过建立领导小组和协调机构，宣传终身学习、终身受益的理念，提高全体教职员工和社区居民对社区教育的知晓率、支持率和参与率，引导教职工树立大的教育观、服务观，动员全员参与社区教育工作，提高教师参与社区教育的积极性。

第二，建立学校资源向社区开放的相关制度。为保障学校资源开放工作的制度化、规范化，学校要建立教育资源向社区开放的各项制度，规范资源管理，提高管理水平。

第三，学校资源向社区开放可以采取多种形式，全方位开放。重庆四十二中通过与所在社区积极探索教育资源开放的多种形式和途径，创出了学校与社区教育资源开放、整合的特色，提高了教育资源使用效益，促进了学校特色的形成，同时满足了社区居民的需求。

三、资源开发利用

开发优质教育资源是当今教育发展的趋势。当前学校教育教学发生了很大变化，需要学校大力开发和利用各种优质教育资源，来促进学校教育教学，提高教育质量。教育资源的开发包括鼓励学校自制教具、开发网络教育资源、开发校外资源等。

（一）鼓励支持自制教具和开发网络资源

教具作为教学的辅助工具，在教学过程中起着不可忽视的作用。除了学校按照规定配置的教具外，中小学可以根据需要鼓励教师和学生自制教具和学具，开发网络资源。

1. 鼓励支持自制教具和学具

考察中小学鼓励支持自制教具可以从以下两个方面进行。

（1）中小学校要鼓励广大教师设计制作教具和设计开发探究性实验，收集、整理、推广成果，丰富教学内容。鼓励学生积极参加自制教具和实验活动，培养学生的创新精神和实践能力。鼓励师生运用新材料、新技术，特别是信息技术与传统教学仪器整合，促进教学仪器新产品的研发。

（2）为推动现代信息技术和网络技术在教学中的应用，提高教师对现代化教学设备的应用能力，学校要广泛动员教师积极开展多媒体课件的研究与制作，对多媒体课件制作进行培训，激发教师在教学过程中运用现代教育技术手段的主动性和积极性，提高现代信息技术的使用效益。

2. 开发网络资源

考察中小学开发网络资源，可以从以下三个方面展开。

（1）利用现代信息技术开发教育资源应立足于课程教学资源需要，并适应网络、多媒体教学的特点。既围绕课程现有内容，又兼顾学科发展；既注重理论知识传授，又强调能力素质培养；既突出学校内部教学，又考虑远程教育；既针对课堂教学，又满足学生自学。因此，网络资源建设可以建成学科综合网站的形式，栏目可根据学科特点设置。

（2）教师备课所需的学科（课程）素材（文本、图片图像、声音、视频、动画、模型等）的开发和建设，内容要系统、丰富，素材使用要方便。

（3）资源建设要专业制作和普及制作相结合，自制与购置相结合。学校的多媒体信息资源要统一购置、统一管理，实现多媒体信息资源共享。学校可以通过建立校园内资源站点及校园网，分学科、分素材、分类别等进行统一管理，给教师及学生提供方便快捷的网络资源上传、下载、共享。

（二）开发校外资源，满足学校教育教学需要

1. 校外教育资源

校外教育资源丰富多彩，包括校外人力资源，如家长、专业人员、工人、技术人员等；校外设施资源包括科技场馆、科技实践基地等；乡土资源，学校周边的自然生态和文化生态等方面的资源，如民风民俗、传统文化和生活经验等。学校可以对这些资源进行科学开发，使之成为学校教育的有益补充。

公益性校外活动场所是与学校教育相互联系、相互补充和促进中小学生全面发展的实践课堂，是服务、凝聚、教育广大在校学生的活动平台，是加强思想道德建设、推进素质教育、建设社会主义精神文明的重要阵地，在教育引导中小学生树立理想信念、锤炼道德品质、养成行为习惯、提高科学素质、发展兴趣爱好、增强创新精神和实践能力等方面具有重要作用。

我国不同地区都具有丰富的历史文化教育资源，中小学校可以有效利用社会教育资源，充分发掘运用其教育功能，扩展校外教育阵地，开展丰富多彩的校外教育。同时，学校对校外已有的教育资源进行挖掘整合利用，是学校课程教学的有益补充，能帮助学生主动参与社会生活、理解社会，培养学生的社会责任感，发展学生的创新能力、实践能力以及良好的个性品质。充分有效利用校外教育资源，还可以促进学校办出特色、办出水平。

2. 校外教育资源开发

校外教育资源多种多样，学校要从实际出发，发挥地域优势，强化学校特色，注重学科特点，利用教师特长，对众多的校外教育资源进行整合归类，使之具有一定的针对性和目的性，符合学校教学和课程开发的需要。

（1）校外教育资源可以作为学科课程教学的重要辅助手段。校外教育资源渗透进课堂，能帮助解决重难点，促进知识的消化。如文科教学可以选择适当的图片、影视资料、社会新闻等；理科教学可以选择厂矿企业、科技园、超市等相关的数据资料，图形以及相关的科技元素等。

（2）利用校外教育资源构建校本课程。开发校本课程是学校利用校外教育资源的重要方式，校外教育资源为校本课程的开发提供了丰富的素材，学校根据本校的教育教学实际，通过对本校学生的需要进行科学的分析，采用选择、改编、新编教学材料或者设计学习活动的方式对校外教育资源进行开发利用，形成有学校特色的校本课程，促进学校办学特色的形成。

（3）利用校外教育资源丰富课外活动。充分利用校外资源，结合学校的实际情况，可以开展形式多样的活动，丰富学生的课外活动。如开展主题知识竞赛、召开主题教育班会、开展主题艺术比赛、开展传统体育游戏竞赛活动、举办成果展示活动等。

（4）利用校外教育资源，开展学生社会实践。开展社会实践，可以让学生深入了解国情民情，了解经济社会发展，使从书本中、课堂上学到的知识在实践体验中得到印证和升华，增进学生对中华民族优秀文化的切身感受。中小学利用社会资源开展社会实践活动主要包括以下几个方面。一是充分利用已有的校外机构设施，结合教学内容和教学目标，经常组织学生到这些地方开展实践体验活动，拓展教育空间，让学生在参与社会实践活动的过程中不断获取知识，提高能力。二是开展多种形式的实践活动，实践活动可以是学科的，也可以是综合的。如学科拓展式活动、小课题研究活动等。三是依托社团充分开发和利用校外教育资源。通过开展健康有益、丰富多彩的社团活动让学生适应社会发展需要，适应教育改革及学生成长成才的需要，发展学生社团，优化育人环境，全面提高学生的素质。四是开展主题活动。利用校外教育资源开展主题活动，实现活动的系列化。为了使校外活动的目标更加集中，更便于解决个别实际问题，应以主题活动的方式开展为妥。

 案例 5.10

挖掘校外教育资源，推进校本课程开发

案例描述：

　　王坟镇逢山初中是一所偏远的山区初中学校，多年来学校在镇教管办的统一组织下，以"今日孝进课堂，明朝孝行天下"为理念，调动各方面的教育力量，努力挖掘校内外各种教育资源，大力弘扬孝道文化，组织开展多种活动，开发多种各具特色的校本课程，取得了丰硕成果，并在社会上产生了积极而广泛的影响。当地的侯王村借鉴学校做法，大力推行"以孝治村"理念，为当地新农村建设做出了重大贡献。

　　学校在挖掘校外资源方面从新课程改革对教材开发的需要以及当地优秀丰富的教育资源出发，采取了以下做法。（1）成立领

导组织，发动学校师生全员参与。（2）邀请专家指导，社会大力支持。学校邀请各地的教育专家，到学校进行资源利用与课程开发的指导，并争取镇党委政府的大力支持。（3）广泛搜集资料，编写校本教材。学校结合自己的实际，充分挖掘当地的教育资源，编写了一系列内容丰富的校本教材。例如：搜集了当地的历史文化资源和旅游资源，编写了《魅力王坟》一书；结合当地农村中面临养老的现实，从 2002 年起，坚持推行孝文化进校园的做法，搜集古今孝文化典型事例，编写了《大山孝子》一书；选取当地六位奋斗在不同战线上先进人物的事迹，编写了《大山骄子》一书；为了加强青少年的法制教育，编写了青少年违法犯罪警示录《为了明天》一书。

学校还利用校外资源，丰富教育内容。一是聘请名家顾问，让学生感受大家风范。学校贯彻实施市教育局"千名名家进校园"工程，结合《大山骄子》的学习，邀请名人名家走进校园，让学生近距离地与其接触、交流，以他们的人格魅力和渊博学识让学生接受教育。一年来，学校以讲座、授课、座谈等多种形式，积极开展千名名家进校园活动，先后有 27 位名家、名人走进校园，走近学生，起到了良好的教育效果。

二是拓展综合实践，培养创新能力。结合《魅力王坟》的学习，学校广泛开展科技创新、研究性学习等形式多样的综合实践活动，引导学生走出校园，走进自然，深入社会，动手、动脑从自然与社会中汲取营养，提高学生的综合素质和能力。学校在综合实践活动课的开展中，注重结合学校所在地的实际情况，引导学生从实际考察、操作中获得知识，培养能力，教师的教育教学观念和学生的学习方式都发生了大的变化，学生的综合素质得到提升。

三是班班评选孝星，实践校本课程。学校开展了"小孝星"评选活动，将校本课程的实施与学校的活动结合起来，促进了校本课程的学习效果。

四是弘扬孝道文化，构建和谐校园。学校结合青州市公民素质提升系列活动和王坟镇孝文化艺术节，开展"孝文化进校园"活动，通过编写孝文化教材、开设孝文化课程、评选小孝星等形式，全方位地进行孝文化教育。

案例评析：

逢山初中是一所普通的乡镇中学，学校充分利用当地文化资源，以孝为主题，开展多种形式的教育活动，使学校成为当地一个精神的辐射点，改变了当地人们的精神状态。从该案例中可以得到以下三点启示。

第一，学校要充分挖掘校外教育资源，丰富教育内容。根据教育新形势的发展，目前校内的教育资源已经远远不能满足学生的要求，各中小学都把教育资源开发的目光转移到了校外，结合综合实践活动课程和德育活动的要求，绝大多数的学校都能够积极地开发和利用校外的教育资源，促进学生的成长与发展。王坟镇逢山初中以弘扬孝道文化为重点和突破口，坚持多年如一日地带动校本课程的开发，使校本课程成为了办学特色。

第二，学校要有课程意识，积极利用校外资源开发课程。在教育资源的开发运用和校外实践活动的开展中，校长和组织者的课程意识十分重要。要像构建一门课程一样完善每一项教育资源的开发过程。从课程理念、课程目标、课程内容、课程实施和课程评价诸方面做好周密计划和安排。每一项课程不一定都要印制精美的教材，设计好一个课程实施方案也是很好的。学校特别强调要通过教育资源的开发与运用，丰富学生的成长与学习、生活经历，真正促进学生的健康成长与全面发展。

第三，学校要突出重点，促进课程开发。课程开发要促进其价值的最大化，必须突出重点，创出成绩和经验之后，再以点带面，促进学校各项工作的开展。

----

3. 有效利用家长资源

家长是学校教育的支持者、合作者和共享者。家长来自社会的各个领域，是不可或缺的教育资源。学校如何有效地利用家长资源，推进家校合作，促进教育教学的优化发展，成为社会普遍关注的焦点。

学校可以利用调查、指导和宣传等多种途径和方式，引导学生家长积极为学校的教育教学提供优质的教育资源，形成教育合力，提高教育的有效性。比如，通过对学校家长特长分类，可以开展经验型家长论坛、专家型家长课堂以及义工型家长服务等。

4. 鼓励社会捐赠

中小学校可以通过多种途径，吸引社会力量捐资助学，扩大学校教育资源的供给。比如，校友往往对母校存有感激之情，学校可以通过校友会等方式，引导校友中的知名人士和成功人士支持学校建设发展等。

四、经费使用与管理

2005 年，国务院出台了《关于深化农村义务教育经费保障机制改革的通知》（国发〔2005〕43 号），其中明确提出"推进农村义务教育阶段学校预算编制制度改革，将各项收支全部纳入预算管理。健全预算资金支付管理制度，加强农村中小学财务管理，严格按照预算办理各项支出，推行农村中小学财务公开制度，确保资金分配使用的及时、规范、安全和有效，严禁挤占、截留、挪用教育经费。全面清理现行农村义务教育阶段学校收费政策，全部取消农村义务教育阶段学校各项行政事业性收费，坚决杜绝乱收费"。2006 年，教育部和财政部联合印发了《农村中小学公用经费支出管理暂行办法》（财教〔2006〕5 号），对农村中小学公用经费的支出范围、使用原则和经费管理等进行了明确规定。2012 年，财政部、教育部印发了《中小学校财务制度》（财教〔2012〕489 号），从财务管理体制、预算管理、收入管理、支出管理、结转和结余管理、专用基金管理、资产管理、负债管理等方面对中小学财务进行了规定。

本部分主要包括规范收费、经费合理使用和落实绩效工资三个方面的内容。

（一）规范收费

2003 年，教育部、国务院纠风办、监察部、国家发改委、财政部、审计署和新闻出版总署等部门建立了全国治理教育乱收费部际联席会议制度，并联合出台《关于 2003 年治理教育乱收费工作的实施意见》，对教育收费的工作任务和工作要求做出了明确的规定。2010 年，国家发改委和教育部出台了《关于规范中小学服务性收费和代收费管理有关问题的通知》（发改价格〔2010〕1619 号），对服务性收费和代收费范围、收取原则、经费管理等也做出了明确规定。考察中小学规范收费可以从以下几个方面展开。

1. 禁止不合理收费

其一，中小学必须按照国家或地方相关规定收取有关费用。不得将国家明令禁止或明确规定纳入公用经费开支的项目列为服务性收费或代办性收费；不得收取与入学挂钩的捐资、赞助等费用；学校不得强迫学生集中就餐，收取学生伙食费等。

其二，中小学校要遵守国家或者地方规定，不得统一征订教辅资料和开办有偿补习班。中小学生在校期间的学习活动，必须纳入学校的正常教学活动范围，学校不得以其他名义另行收费，中小学教师不得举办或参与举办各类收费培训班、补习班、提高班。

其三，根据教育部《关于 2012 年上半年规范教育收费专项治理工作进展情况通报》的要求，公办普通高中必须严格执行国家或地方招收择校学生的政策，逐步取消招收择校生，在允许招收择校生期间，学校不得擅自扩大比例，或者以借读生、代培生、旁听生等名义招生并高收费。不得以民办学校名义招收高收费学生。

2. 实行收费公示制度

中小学校要严格执行教育收费公示制度。学校按照地方相关部门要求，将符合政策规定且经物价部门核准的收费项目、收费标准、收费资金的使用情况和投诉电话等，通过学校公示栏、公示牌、公示墙等方式进行公示，主动接受学生、家长和社会的监督，增强学校收费的透明度。

3. 加强收费管理

中小学校各项收入全部纳入学校预算，统一核算，统一管理。对按照规定上缴国库或者财政专户的资金，中小学校按照国库集中收缴的有关规定及时足额上缴，不得隐瞒、滞留、截留、挪用和坐支。中小学校严禁设立"小金库"，严禁账外设账，严禁公款私存。

 案例 5.11

- -

这样的费用该收吗

案例描述：

唐家镇中心小学是一所农村完全小学，学校共设 12 个班，478 名学生，学生平时不住校。以前学生的饮水，都是学校用小锅炉烧水，学生从保温桶取水，学校也从未向学生收取过任何水费。2013 年 9 月，有一个矿泉水供应商到学校联系业务，答应无偿给该校各班、各办公室安装插卡饮水机，并给师生供应矿泉水，每桶 5 元，教师饮水免费，学生可以自愿买卡。学校领导经过开会研究，认为这事有利于提高学生的饮水质量，保证学生健康饮水。于是给学生家长发了一封信，学生本着自愿的原则，每月交饮水费 8 元，希望得到家长的大力支持。

　　家长接到学校的信后，看法不一：有的认为这事很好，是为学生健康负责的表现，并且费用也不高；有的家长却认为收水费属于乱收费，违反了上级教育部门的相关政策，于是将学校投诉了。

　　当地有关部门将事情了解清楚后，派人与该校领导进行了有效的沟通与交流，阐释了国家关于中小学收费的有关规定。学校领导认识到了向学生收取矿泉水费用的错误，于是给家长又写了一封信：一是向家长承认错误并道歉；二是表示将已收取的水费全部退回；三是表示师生继续饮用矿泉水，费用全部由学校承担，并尽快落实。

案例评析：

　　这是一个关于学校乱收费的案例。唐家镇中心小学的校长违反国家收费政策乱收费，导致家长投诉，影响了学校声誉。学校办学行为出现一点问题是难免的，关键是校长要正确对待并及时加以纠正。该校出现乱收费问题，在当地有关部门的指导下，校长认识到错误，并采取积极措施及时加以纠正，消除影响，这种积极的态度值得肯定。这件案例留给我们以下两点启示。

　　第一，要规范学校办学行为。国家发改委、教育部在《关于规范中小学服务性收费和代收费管理有关问题的通知》中明确规定，严禁将讲义资料、试卷、电子阅览、计算机上机、取暖、降温、饮水、校园安全保卫等作为服务性收费和代收费事项。农村地区义务教育阶段学校除了按规定向学生收取作业本费、向自愿入伙的学生收取伙食费外，严禁收取其他任何费用。中小学校在国家规定的收费范围外的一切收费都是乱收费。

　　第二，校长应加强对相关政策法规的宣传和学习。作为学校领导，应注重学习，特别是教育政策法规要深入学习领会。同时，要加强民主监督，充分发挥家长委员会的作用，避免违规违纪事件的发生，真正实现依法办学。

（二）经费管理和使用

2008 年，教育部、财政部联合出台了《关于进一步加强中小学财务管理工作的意见》，2012 年，财政部、教育部印发《中小学校财务制度》，对中小学财务制度和管理提出了明确要求。中小学要根据国家有关法律法规，加强财务管理，切实规范财务行为，提高经费使用效益。考察中小学经费的管理和使用，可以从以下几个方面展开。

1. 加强预算管理

其一，中小学校要合理编制学校预算，预算编制应坚持量入为出、收支平衡、统筹兼顾、保证重点的原则。预算由收入预算和支出预算组成。首先，收入预算应考虑学校维持正常运转和发展的基本需要，参考以前年度的预算执行情况和预算年度的收入增减因素，积极稳妥地逐项测算编制。其次，支出预算应根据学校开展教育教学等活动需要和财力可能，分轻重缓急，按照政府支出分类科目分项测算编制，各项支出要全部纳入学校预算。

其二，中小学校要严格执行预算，规范办理收支事项，加强预算执行管理。

2. 加强支出管理

中小学校应加强支出管理。基本支出、项目支出不得混用，公用支出不得用于教职工福利等人员支出。项目支出应当按照规定专款专用，不得挤占和挪用。

加强支出管理需注意以下几点。第一，中小学校从财政部门和主管部门取得的有指定项目和用途的专项资金，应专款专用、单独核算，并按照规定向财政部门或者主管部门报送资金使用情况；项目完成后，报送专项资金支出决算和使用效果的书面报告，并接受财政部门和主管部门的检查、验收。第二，中小学校严格执行支出审批制度、实行财务会签制度，即经办人、验收人、学校负责人和财会稽核人员签字。支出凭证应规范真实，严格控制自制凭证列支和白条支出，杜绝不规范不合法票据现象的发生。第三，中小学校按照国家或者地方相关规定合理安排公用经费支出范围，包括教学业务与管理、教师培训、实验实习、文体活动、水电、交通差旅，设备及图书资料的购置，房屋、建筑物及设施设备的日常维修维护等等。公用经费不得用于人员经费、基本建设投资、偿还债务等方面的开支。第四，中小学校公用经费各项支出标准应在规定的范围之内。根据国家财政部、教育部2006年出台的《关于农村中小学公用经费支出管理的暂行办法》规定，教师培训费按照学校年度公用经费预算总额的5%安排，用于教师按照学校年度培训计划参加培训所需的差旅费、伙食补助费、资料费和住宿费等开支。购置仪器设备、教学办公用品及图书资料等，符合政府采购条件的，实行政府采购。第五，中小学校必须严格执行国家关于严格控制"三公经费"支出的规定，加强对学校"三公经费"的管理，严格控制"三公经费"支出。第六，中小学校应按照规定，制定本校公用经费内部管理办法，细化支出范围与标准，加强实物消耗核算，建立规范的经费、实物等管理程序，厉行节约，提高经费使用效益。第七，中小学校应将公用经费使用情况定期向教职工公开，接受群众监督，切实把各项经费管好用好。

 案例5.12

把钱用在"刀刃"上

案例描述：

　　复兴中学外出学习回来不久的李老师来到校长办公室，把两张发票和几本书放在了校长的办公桌上："校长，这是我买的书，请您审查签字。"原来，李老师根据学校安排，到青岛市观摩了全省物理优质课评选听课活动，回来找校长签字报销听课费用。另外，他在听课期间到附近书店发现几本适合物理教师使用的专业书，就毫不犹豫地买了回来，所以出现了两张发票。为什么李老师敢"先斩后奏"？因为该校明确规定，教师外出开会学习培训，遇到对教师专业成长和学生发展有益的书，可以直接购买，不用打报告，回来凭图书和发票报销。

像李老师这样到其他地市听课，在复兴中学是很平常的事情。省市举行的各学科教学研讨活动、教学观摩活动，以及班主任论坛、经验交流、教师培训等活动都有这所学校教师的身影。在临近县市区举行的地市级公开课，上级要求每个学校派一人参加听课，复兴中学则是派出专车，十多名任课教师都参加听课。仅去年，学校用于教师外出学习培训的费用就达 12.6 万多元。复兴中学今年还投资 2 万多元更新了安保器材，投资 3 万多元建成了高标准的舞蹈教室，投资 4 万多元建成学生电声乐队，投资5 万多元新建三个室内体育场，投资 8 万多元更新了部分学生的课桌凳，投资 16 万多元更新了学生用电脑。

上述费用增加了，可学校的招待费却缩减了 50%，水电费节省了 20%，劳务费节省了 10%。近年来，复兴中学学生的学习条件、教师的办公条件在不断改善，可走进校长室，发现校长仍然使用学校最早配置的老式办公桌，招待客人的沙发也早已陈旧过时。办学的目标是育人，为了能为教师和学生提供好的办公学习条件，该校千方百计压缩非教学性开支，腾出资金用于添置教学仪器设备、更新图书等，用校长的话说就是"要把有限的经费花在'刀刃'上"。

校长介绍，为提高资金使用效益，学校本着"以收定支、收支平衡、略有节余"的原则，每年都编制年度预算，对全年公用经费支出，特别是重大建设项目开支，一律统一规划安排，实行以收定支，坚决不能超支预算，而关于教师和学生发展需要的资金，却可以根据情况随时予以追加。学校成立财务管理监督委员会，监督资金使用是否合理，是否符合公用经费开支标准。重大物资购买实行提前报告制度并及时公布，使货物购置完全公开、透明，从源头上保证学校公用经费使用的合理高效。

案例评析：

这个案例反映了当前学校的教育经费开支倾向问题。学校公用经费支出应当优先保障一线教育教学的需要，应该更加关注学生成长、教师发展和师生安全，在有效监督的体制下，最大限度地提高经费使用效益。这个案例给我们的启示有三点。

第一，学校的公用经费要优先保障教育教学的基本需求。教师要想提高教育教学质量，首先要实现自己的专业成长。从这个案例中可以看出，复兴中学高度重视教师专业发展，利用一切机会让教师外出学习培训，并作为提升教师素质的有效途径。学校把购书权放给教师，让教师自主选择图书，这样就减少了购书的随意性、盲目性，提高了图书的利用价值。学校的经费如果不用于教师发展、学生成长，就不能算是合理有效使用。

第二，学校的公用经费要有利于促进学生的全面发展。素质教育的第一要义是培养德智体美全面发展的人。而要实现这一目标，没有雄厚的资金支持是不行的。在这个案例中，复兴中学为了学生的发展组建了电声乐队，改建了舞蹈教室，更换了课桌凳，更新了微机。办学条件的改善，为学生的个性特长发展提供了更好的平台和更大的空间。

第三，学校要规范经费管理，建立完善的预算、监督体系。复兴中学为实现资金合理有效使用，建立资金预算制度，为的是留足教师、学生发展所需要的费用。同时，加强财务监督，最大限度地提高资金使用效益，真正实现把钱用在"刀刃"上。在目前义务教育经费保障机制不断完善的情况下，经费使用的规范性、有效性问题应当提到议事日程。学校有必要建立和健全有关管理制度，进一步跟踪公用经费的实际支出状况，切实加强监管，确保公用经费按规定用于保障学校运转和提高教育教学质量。

（三）落实绩效工资制度

2008 年，国务院办公厅转发了人力资源和社会保障部、财政部、教育部《关于义务教育学校实施绩效工资的指导意见》（以下简称《指导意见》），指出要把义务教育学校实施绩效工资同深化人事制度改革、加强队伍建设紧密结合，同完善义务教育经费保障机制、规范学校收费行为和经费管理紧密结合。《指导意见》对绩效工资的总量及水平的核定、绩效工资的分配、经费保障和财务管理做出了明确规定。

对学校落实绩效工资制度的评价主要依据《指导意见》来进行，具体可考察以下几个方面。

其一，学校成立绩效考核小组，负责制定本校绩效考核办法并组织实施。考核小组的成员应具有广泛的代表性，包括校长、负责学校德育和教学工作的领导、工会主席及教职工代表等。其中教职工代表要通过全体教职工公开选举产生，且数量不得低于考核小组总人数的一定比例。

其二，学校应严格按照国家规定认真制定绩效考核和绩效工资分配办法，考评办法（细则）必须经过教职工代表大会或全体教职工大会讨论通过。考评办法（细则）一旦经过教职工代表大会或全体教职工大会通过，一般不再改动，如果运行时发现考评方案（细则）有明显漏洞或显失公允，则需及时提交考评修正案，并按上述程序通过报上级主管部门备案后方可实施。

其三，学校绩效考核坚持"优绩优酬、多劳多得"的原则，重点向一线教师、骨干教师和做出突出贡献的其他工作人员倾斜，使绩效考核科学合理，并有利于调动教职员工的积极性。

其四，学校实施考核的全过程应公开透明，随时接受教职工的监督和质询。考核量化分数揭晓后，应当在本校进行公示，公示期间，有不同意见的要及时核实，考核分值有误的，必须重新确定。

其五，学校应按规定发放教师绩效考核津贴；学校在核定的绩效工资总量外，不得自行发放津贴补贴或奖金，不得违反规定的程序和办法进行分配。学校绩效工资专款专用，分账核算。

其六，义务教育学校实施绩效工资改革是一种探索，是一种创新，是一项复杂敏感的系统工程。学校应从本校的实际出发，及时发现新情况、解决新问题，边探索、边总结、边校正、边完善，不断探索绩效工资激励功能的有效发挥。

 案例5.13

落实绩效工资政策，建立教师激励机制

案例描述：

刘校长到一所农村中学担任校长不到三个月，细心的他就发现总有一些教师无视学校制度，每天晚来早走。更让他揪心的是个别教师有时无故空堂，上班时间上网聊天、打游戏。还有的教师上午就把下午的签到给签了，致使学校的签到制度流于形式。面对这些教师的职业倦怠倾向，刘校长一度感到无可奈何。

正当刘校长为此而困惑的时候，2008年12月，《教育部关于做好义务教育学校教师绩效考核工作的指导意见》出台，指出："各地要从实际出发，围绕考核内容，建立健全科学完善的教师绩效考核指标体系。积极探索、创新绩效考核的机制与方法，规范考核程序，健全考核组织。绩效考核结果要作为绩效工资分配的主要依据。"刘校长借这一政策的东风，决定从建立科

学的教师绩效考核制度入手，解决教师"干与不干一个样，干多干少一个样，干好干坏一个样"的弊病，从根本上解决教师职业倦怠的问题。

首先在教师岗位目标的设置上下功夫，发动全体教师参与岗位目标的制定，大家集思广益，积极建言献策，最终达成共识。学校根据总体目标，把大目标分解成小目标，落实到学校的各部门、各班级、各位教师，与他们的责、权、利挂钩。学校将激励措施与人性化管理有机结合，让教师明确目标的方向与任务，同时知道自己在实现目标过程中的地位与作用。

随后，学校与每个人签订了岗位目标责任书。在责任书中，学校特别强化了团队合作精神，让每个人明白：团结合作才能出效益，帮别人就是帮自己，这样，团队合作成了员工自觉的行为。

在此基础上，学校出台了《岗位目标及绩效考核办法》，本着"多劳多得、优质优酬"的原则，从职业道德、职业能力、工作态度、工作业绩等方面对教师进行综合评定，评定结果与绩效挂钩。尤其是在师德考核这个方面，实施一票否决制。另外，该校还让利益相关方参与到教师岗位目标评价中来，把学生满意度调查、家长满意度调查列入岗位目标考核标准，这样，教师眼有目标、心想任务、行有标准，达到思想认同，并努力为之奋斗。

通过细化岗位目标及绩效考核办法，公平评价教师的工作，强化了竞争机制和激励机制。教师与教师、教师与领导达到了心理相容，促进了教师的群体优化。岗位目标及绩效考核，有效消除了教师的职业倦怠，过去那种混日子的教师没有了，使广大教师重新焕发出勃勃生机，工作热情越来越高，干劲越来越足，各项工作都取得了明显的效果。

案例评析：

这是一所学校在面临教师职业倦怠的困境下，如何贯彻落实国家政策，建立完善教师绩效考核制度，调动教师积极性，使学校走出困境的案例。这个案例给了我们以下四点启示。

第一，做好教师绩效考核工作是义务教育学校实施绩效工资制度的必然要求。绩效考核结果是绩效工资分配的主要依据，义务教育学校实施绩效工资分配改革，必须建立符合教育教学规律和教师职业特点的教师绩效考核制度，为绩效工资分配更好地体现教师的实绩和贡献、更好地发挥激励功能提供制度保障。

第二，教师绩效考核方案应得到广大教职工的认同。教师绩效考核方案直接关系到广大教职工的切身利益，因此，一定要充分听取教职工的意见；只有得到大家的充分认同，保证公平公正公开，绩效考核方案才能得到有效落实，也才能发挥应有的效果。

第三，好的绩效考核方案应有利于增强团队合作意识。优秀的教师团队是学校发展的核心竞争力，绩效考核方案的制订，应该考虑到个人业绩与团队业绩的关系问题。好的考核方案能使教师最大限度地发挥自己的潜力，并在团队目标协调一致的基础上，促进每个教师的专业成长，产生 $1+1>2$ 的团队协同效应。

第四，教师绩效考核制度必须建立在教师岗位目标的基础上。该校在学校岗位目标设置中，坚持以人为本，明确细化，既有总目标又有分目标，既有个体发展目标又有团队合作目标，既有常规性目标又有激励性目标。这一明确的岗位目标的制订，为制订科学的教师绩效考核办法奠定了基础。

第六章　安全管理

学校安全管理工作是一个由不同内容构成的有机整体，主要包括学校安全管理的长效机制、学校安全管理的规章制度、学校常规安全教育、学校常规安全管理和学生安全事故处理五个方面。其中，学校安全管理的长效机制是学校安全管理的顶层设计，决定了学校安全管理的格局与状态；学校安全管理的规章制度是学校安全管理的实施依据，决定了学校安全管理的质量与水准；学校常规安全教育、学校常规安全管理与学生安全事故处理是学校安全管理的具体事务，决定了学校安全管理的结果与成效。

不管是从学校管理者自身的角度来思考和部署学校安全管理工作，还是从教育行政部门的角度来考察和评估学校安全管理工作，都要关注学校安全管理的长效机制、学校安全管理的规章制度、学校常规安全教育、学校常规安全管理和学生安全事故处理这五个方面的工作设计与具体实施。

一、学校安全管理的长效机制

学校安全工作的核心是预防和应对各类学生安全事故。在学校的学习和生活中，学生在不同时段可能遇到的安全隐患和事故威胁是多方面的，造成事故的原因也是多方面的。这就决定了学校安全工作是全方位、多角度、全天候的，也是繁重、繁杂和充满风险的。学校安全管理的长效机制是学校安全风险防范和学校安全问题应对系统的整体设计和推进。

建立学校安全工作的长效机制主要包括五个方面的内容：一是明确学校安全工作的基本定位；二是贯彻执行国家有关学校安全工作的法律法规的要求；三是明确学校安全管理机构、人员及其岗位职责；四是进行学校安全工作的整体规划；五是学校内外齐抓共管学校安全工作。考察和评价学校安全工作的长效机制也要从这五个方面来进行。

（一）明确学校安全工作的基本定位

明确学校安全工作的基本定位是建立学校安全工作长效机制的前提。在实践中，一些学校管理者和教师都非常害怕出现安全事故，在表面上、观念层面都非常明确安全工作的重要性，但是在内心深处、行动层面，面对升学的压力和追求考试成绩的动力，对学校安全工作往往并没有给予应有的关注，也没有进行积极、有效的实践探索。这在很大程度上源于没有深刻理解学校安全工作的基本定位。

学校安全工作事关学生的健康成长和生命安全，是学校最重要的工作，必须给予充分的重视。学校管理者和教师都要以高度的责任心重视学校安全工作，进行有效的实践探索，维护和确保学生的健康成长和生命安全。

考察和评价学校安全工作的基本定位主要从两个方面进行：一是积极、科学预防；二是快速、有效应对。

1. 积极、科学预防

在学校日常的安全工作中，积极、科学预防非常重要。积极、科学预防是指学校在学生安全事故预防方面，工作态度要端正，主动地投入工作；工作方法要正确，科学地开展工作。

考察学校在日常的安全工作中是否积极、科学预防，主要有两点。首先，要看学校开展学生安全事故预防的工作态度。学校必须高度重视学生安全事故的预防，舍得在学校常规安全工作上投入时间、精力和人力、物力，而且持续地开展各种预防活动。其次，要看学校开展学生安全事故预防的工作方法。考察学校是否从强化学校常规安全管理、改进学校常规安全教育入手，通过建立全面、高效的预防学生安全事故发生的防范系统来减少和杜绝学生安全事故的发生。

2. 快速、有效应对

在发生学生安全事故后，学校的快速、有效应对非常重要。快速、有效应对是指学校在发生学生安全事故时，要及时回应和处理，尽快控制局面，避免事态扩大和恶化，学校应对和解决方法要适切，巧妙化解危机问题，尽快恢复正常秩序。

考察学校是否能够快速、有效应对所发生的安全事故主要也有两点。首先，要看学校是否能够在事故发生的第一时间紧急反应，在最短的时间内采取最有效的干预措施。其次，要看学校处理学生安全事故的各项措施是否有理有力有据、正确有效，而且不同措施之间相互关联、前后一致。

（二）贯彻执行国家有关学校安全工作的法律法规

近年来，国家在学校安全管理方面的政策法规建设力度非常大，涵盖学校安全管理工作的方方面面。这些政策法规都是针对学校安全管理工作的现状、遵循学校安全管理的理论规律，与国家相关的上位法律规范要求相一致的。依据国家的政策法规要求开展学校安全管理工作十分关键。在这些政策法规中，有几个非常重要：一是 2006 年教育部以十部委部长令形式发布的《中小学幼儿园安全管理办法》；二是 2007 年国务院办公厅转发教育部的《中小学公共安全教育指导纲要》；三是教育部 2002 年发布的《学生伤害事故处理办法》；四是教育部 2013 年发布的《中小学校岗位安全工作指导手册》。考察和评价学校对于国家有关学校安全工作法律法规的贯彻执行情况主要从三个方面进行：一是学校管理者和教职工知晓法律法规，并对法律法规有深入的理解；二是学校在全校范围内组织了针对法律法规的培训学习；三是学校有意识地把法律法规要求体现到安全工作的部署和实施中。

1. 学校管理者和教职工知晓和理解法律法规

首先要看学校管理者和教职工，特别是校长和主管校长是否知晓学校安全工作各个领域的相关法律法规，特别是《中小学幼儿园安全管理办法》《中小学公共安全教育指导纲要》《学生伤害事故处理办法》《中小学校岗位安全工作指导手册》这四个重要的教育部部门规章。其次要看学校管理者和教职工对于法律法规内容的理解，是否掌握有关学校安全的法律法规的核心内容。

2. 学校在全校范围内组织针对法律法规的培训学习

首先要看培训学习安排，即学校管理者是否根据学校安全工作需要在年度或者学期教师校本培训或者学校安全专题培训中安排了学校安全法律法规的培训学习。其次要看培训学习效果，即学校教职工知晓或者掌握学校安全法律法规的核心内容的程度。

3. 学校能够把法律法规要求体现到安全工作的部署和实施中

首先要看学校在制定整体发展规划和学校安全工作计划时是否充分考虑了关于学校安全的法律法规的要求。其次要看学校在落实整体发展规划和安全工作计划时是否贯彻执行了法律法规的相关要求。

 相关链接

《中小学幼儿园安全管理办法》简介

《中小学幼儿园安全管理办法》是我国第一个专门针对中小学安全管理的法规性文件，以教育部、公安部、司法部、建设部、交通部、文化部、卫生部、国家工商行政管理总局、国家质量监督检查检疫总局和新闻出版总署十部委的部长令形式发布，针对学校安全出现的一些新特点和新情况，对中小学安全管理工作做出了较为全面的规定。该办法又是新修订的《义务教育法》的配套法规性文件，进一步细化了校园安全工作。该办法从静态的不同社会部门对于学校安全工作的职责和学校内部关于安全工作的各项制度，到动态的学校内外各项具体的安全工作及其善后处理，从做好学校安全工作的事前预防和工作机制到做好学校安全工作的事后处置和监督检查，都有明确的规定。

《中小学公共安全教育指导纲要》简介

《中小学公共安全教育指导纲要》以国务院办公厅文件的形式发布，是我国第一次在国家层面对中小学公共安全教育提出整体的规范和要求。该指导纲要包括"公共安全教育的指导思想、目标和基本原则""主要内容""实施途径""保障机制"四章，不仅提出了对公共安全教育的整体要求，而且明确了不同学段公共安全教育的内容系列，同时还规定了开展公共安全教育的途径，构建了实施公共安全教育的保障机制。该指导纲要强调要立足学生学习和生活的实践，对学生进行实用的安全知识教育、培训和技能培训、演练。该指导纲要的发布为有效开展中小学公共安全教育提供了国家层面的政策依据和保障。

《学生伤害事故处理办法》简介

《学生伤害事故处理办法》以教育部第 12 号令的名义颁布，并报国务院备案，属于部门规章。在实践过程中，该办法虽然引发了一些争议，但在多数地方获得了司法机关的认可。同时，最高人民法院在有关的司法解释中也认可了该办法所确定的原则，从而为实践提供了重要的司法保障。该办法中对学生伤害事故责任划分的原则、学校应该承担责任的各种情形、学校不应该承担责任的各种情形以及处理事故的整体流程都做出了明确的规定。

《中小学校岗位安全工作指导手册》简介

《中小学校岗位安全工作指导手册》是教育部的部门规章，旨在在学校内部管理层面明确学校安全工作"做什么、谁来做、

怎么做"的问题，通过明确岗位安全职责和任务、落实管理制度
与工作流程、细化应急措施来提高学校安全管理水平和降低校园
内安全事故发生率。该指导手册包括三个方面的主要内容：一是
学校岗位安全职责，明确了学校40个安全管理岗位，规定了每
个岗位的具体职责；二是学校安全工作流程，包括16个日常安
全工作流程和14个突发事件应急流程；三是学校安全工作文件
范本，包括突发事件应急预案、安全责任书和安全工作检查样表
等三类11个文件范本。附录部分对涉及学校安全工作的所有法
律法规的相关内容进行了全面的摘录。应该说，该指导手册是学
校安全管理工作的重要的工具书。

（三）明确安全管理机构、人员及其职责

安全管理机构、人员及其职责是实施学校安全管理工作的重要组织保
障，具体包括两个方面的内容：一是学校安全管理机构的建立及其职责的
确定；二是安全管理人员的确定及其职责的明确。考察和评价学校安全管
理机构与人员同样要从这两个方面进行。

1. 建立安全管理机构并明确职责

首先要看是否建立了学校安全工作领导机构。学校安全工作领导机构
是指学校安全工作的领导小组，领导小组的组长是作为学校安全工作第一
责任人的校长，成员为学校领导班子核心成员和学校安全工作职能管理部
门的主管。学校安全工作领导小组负责学校安全工作的整体部署和统一
指导。

其次要看是否建立了学校安全管理的实施机构。学校安全管理的实施
机构在不同学校有所不同，一般是学校的安保、后勤、办公室等部门，这
些部门具体负责学校安全管理工作的组织实施和具体落实。另外，学校组
织大型活动，应该成立临时的安全管理机构，负责活动期间方方面面的安
全管理工作。

 相关链接

学校安全工作领导小组的职责①

• 全面负责学校安全工作，校长是领导小组组长，其他成员分工负责。领导小组下设安全保卫机构（保卫处），由分管安全工作的副校长分管。配备一定数量的专（兼）职保卫人员，建立高效规范的学校安全工作网络体系。

• 学校安全工作领导小组下设指挥组、保卫组、现场处置组、现场救护组、通讯联络组、后勤保障组、事故调查组等应急小组。各组根据事故实际情况，启动工作。

• 切实保证学校安全工作所需人、财、物并合理配置。

• 制定学校各项安全管理制度、预警和突发事件应急预案，完善事故防范措施，检查督导安全工作"一岗双责"制度的落实。协助有关部门对重大安全事故做出处理，并在适当范围内通报。

• 定期召开领导小组专题会议，组织学习上级部门下发的安全工作指导文件，制定年度学校安全工作计划，拟定安全目标管理责任书。结合学校特点研究部署学校常规性安全工作。

• 代表学校与家长签订安全协议书。由校车服务提供者提供校车服务的，学校应当与校车服务提供者签订校车安全管理责任书。

• 强化人防、物防、技防手段，抓好校舍设备维护、消防、治安、交通、食品、传染病预防控制、自然灾害防范等基础性安全工作。定期开展自查，及时排除安全隐患。重点做好校门秩

----

① 摘自《中小学校岗位安全工作指导手册》。

序、教育教学、学生宿舍、食堂与饮用水设施、大型集体活动、集体外出等方面的安全工作。

• 组织开展师生安全宣传教育和培训，定期不定期开展应急演练，提高师生对各类突发事件应急处置能力和逃生自救技能。

• 在上级部门的指导下和学校周边单位建立校园周边综合治理小组，或建立联席会议制度。注重学校安全长效机制建设；加大校园周边综合整治力度，维护校园及周边安全。

• 发生紧急情况立即启动应急预案，全面负责突发事件的指挥、协调等工作，及时组织抢险抢救。在有关部门领导下及时、妥善、依法处置事故。对相关人员进行责任追究。

• 严格履行事故报告制度，及时向上级有关部门报告情况，做到30分钟内电话口头报告，2小时内简要书面报告。密切配合卫生、食品药品监管、公安、消防等部门对事故的处理，认真执行上级有关指示。

• 可设对外新闻发言人负责接待各界媒体，遇到突发事件时能冷静面对媒体采访，形成正确的舆论导向。教育师生员工共同做好稳定工作，未经同意不得随意接受采访、擅自发布信息。

• 建立违反师德行为处罚机制，及时严肃处理教师侮辱、体罚学生等行为。

----

2. 明确安全管理人员及其职责

首先要看是否明确了专职管理人员的职责。专职管理人员是指学校安全管理各个职能部门的主管和管理人员，这些人员主要是面向全校学生开展安全管理和安全教育的各项工作。

其次要看是否明确了兼职管理人员的职责。兼职管理人员是指学校各个班级的班主任及任课教师。应该说，学校中每位教职工都是学校的兼职安全管理人员，都应该基于自己的岗位责任和履职特点承担学校安全管理的职责。

　　教育部发布《中小学校岗位安全工作指导手册》确定了从校长、党支部书记、副校长，到工会主席、保卫主任、总务主任，再到任课教师、门卫、保安、校车管理员等 39 个专职和兼职学校安全管理岗位，并规定了这些岗位的安全管理职责。对于学校常规安全管理而言，按照《中小学校岗位安全工作指导手册》设立学校安全管理岗位，并按照要求落实每个岗位的职责，对于做好学校安全管理工作非常重要。

 **相关链接**

- -

学校校长的职责①

　　• 学校的法定代表人，学校安全工作的第一责任人。

　　• 认真贯彻落实国家有关学校安全工作的法律法规和上级对学校安全工作的部署。

　　• 全面负责学校安全工作，建立健全组织机构和防范体系，落实责任制，依法制定学校各项安全管理制度和应急预案。

　　• 建立安全工作奖惩制度，把安全工作纳入各部门、个人履职考核，与评优推先和绩效考核挂钩，调动全体教职工共同做好学校安全工作的积极性。

　　• 组织召开学校安全工作领导小组会议，分析研究学校安全工作现状及存在的问题，有针对性地制定学校安全工作计划。

　　• 及时制止和处理教职工侵犯学生权益和影响学生身心健康的行为。

　　• 加强与所属乡镇、街道、社区、派出所、消防、卫生、食

_____

　　① 摘自《中小学校岗位安全工作指导手册》。

品药品监管、城管等部门的联系，取得他们的支持和配合，共同做好校园及周边安全工作。

　　•遇到突发事件立即组织安全领导小组启动应急预案，并第一时间赶到现场指挥。

　　•学校安全职责所必需的其他行为。

（四）学校安全工作的整体规划

学校安全工作繁杂、多样，全方位、多角度、全天候，在实际工作中很容易顾此失彼、考虑不周，造成学校安全防范的漏洞，产生事故隐患，进而出现安全事故。所以必须全面、系统地考虑、梳理和规划方方面面的学校安全工作。考察和评价学校安全工作的整体规划主要从五个方面来进行：一是整体规划不同时间的安全工作；二是整体规划不同空间的安全工作；三是整体规划不同功能的安全工作；四是整体划分不同人员的安全责任；五是系统规划和推进各项学校安全工作。

1. 整体规划不同时间的安全工作

从时间角度可以把学校安全工作分为事故发生前、事故发生中和事故发生后三个方面。事故发生前重在预防和防范，事故发生中重在应急与控制，事故发生后重在惩戒与改进。学校安全工作的核心和主要组成部分是事故发生前的预防和防范，学校要高度重视和有效部署预防和防范工作。在事故发生中的应急和控制方面，要研究解决问题的程序和方法，积累实践经验，加强解决问题的能力。在事故发生后的惩戒和改进方面，要进行惩戒，但是不能止于惩戒，一定要在总结教训和工作研究中改进学校相关的安全工作。

为此，考察学校是否整体规划不同时间的安全工作，首先要看学校对事故发生前、事故发生中和事故发生后三个方面安全工作是否都进行了设计和部署；其次要看这三个方面的学校安全工作是否有机整合在一起，形成了合力；最后要看不同方面的安全工作是否能够真正得以推进。

2. 整体规划不同空间的安全工作

从空间角度可以按照学生活动的空间把学校安全工作分为教学区、活动区、生活区等。教学区包括教室、实验室、图书馆等，活动区包括楼道、操场、体育馆、学校门口、公共空地等，生活区包括宿舍、食堂、厕所等。学校要考虑不同空间的安全风险和容易发生的安全事故，分别采取有针对性的管理措施，构成学校安全工作的整体。

为此，考察学校是否整体规划不同空间的安全工作，首先要看学校是否根据不同区域学生活动的特点和安全风险设计和部署相关的安全工作；其次要看不同区域的学校安全工作是否全面，是否构成了学校安全工作的有机整体；最后要看不同空间的安全工作是否能够真正得以推进。

3. 整体规划不同功能的安全工作

从工作任务的功能角度可以将学校安全工作分为安全设施的排查与更新、安全管理的改进与提升、安全教育的落实与创新、安全文化的营造与建设四个方面。不同方面指向造成安全事故的不同原因。安全设施的排查与更新主要是学校办学设施设备、教学用具等的定期检查、修缮、维护和更换，控制"物的不安全状态"。安全管理的改进与提升旨在解决"学校管理不善""人的不安全行为""物理环境不良"。安全教育的落实与创新旨在解决"人的不安全行为""人文环境不良"。安全文化的营造与建设旨在解决"人文环境不良""人的不安全行为"等。这四个方面的工作其实也就是学校安全工作的人防、物防、技防。

为此，考察学校规划不同功能的安全工作，首先要看不同功能的学校安全工作是否都做了设计和部署；其次要看不同功能的安全工作是否相互补充，形成了学校安全工作的整体；最后要看不同功能的安全工作是否能够真正得以推进。

4. 整体划分不同人员的安全责任

明确和落实安全工作责任是建立学校安全工作长效机制的基础，需要整体规划学校中不同人员的安全责任。很多管理者和教师对于学校安全工作职责和工作边界的认识是模糊不清的，在预防事故和应对事故时，往往不明确自己应该负责哪些事情、承担哪些责任，不明确自己对上如何负责、对下如何层层落实安全责任、对左对右如何联系相关部门寻求支持。在这种情况下，工作往往缺乏整体考虑，也显得没有章法，总是在被动、盲目地疲于应对。

为此，考察学校不同人员的安全责任是否进行整体划分，首先要看学校是否明确界定了不同层次、不同部门、不同岗位人员的安全责任，其次要看不同人员的安全责任界定是否适切、相互补充，最后要看不同人员的安全工作是否能够真正得以推进。

5. 系统规划和推进学校安全工作

系统规划和推进学校安全工作是建立学校安全工作长效机制的关键。系统规划和推进学校安全工作能够确保学校方方面面安全工作的完整性、协调性和有序性，从而确保学校安全工作的实效性。学校安全工作内部的协同规划和推进意义在于：一是从整体上规划和推进学校安全工作方方面面的内容，使之成为一个有机的整体；二是从整体上规划和推进特定时间学校安全工作的阶段和进程，使之成为一个整体；三是从整体上规划和推进学校安全工作的目标、内容、方式和结果，使之成为一个整体。

学校安全工作的系统规划与推进可以分两个层次考察。首先要看学校整体工作与安全工作的系统规划和推进如何。这就意味着把学校安全工作融入到学校整体工作设计之中，与其他工作有机协调、共同推进。其次要看学校安全工作内部的系统规划和推进如何。

（五）学校内外齐抓共管学校安全工作

学校安全工作与社会的不同部门和不同力量相关联，需要全社会齐抓共管、通力合作，社会的不同部门对于学校安全工作应该承担相应的责任。《中小学幼儿园安全管理办法》第二章"安全管理职责"明确规定了各地人民政府及其教育、公安、司法、行政、建设、交通、文化、卫生、工商、质检和新闻出版等部门在参与学校安全工作方面应该履行的职责。《中小学幼儿园安全管理办法》第六章"校园周边安全管理"明确规定了这些部门在维护学校周边秩序方面应该履行的职责。所以要建立相应的工作机制，使得社会各界发挥各自优势来齐抓共管，为建立学校安全工作长效机制提供外在保障。

学校内外齐抓共管学校安全工作包括两个方面：一是学校与家长建立伙伴关系，共同开展学校安全工作；二是学校与社会各界，特别是与学校安全工作密切相关的机构建立伙伴关系，共同开展学校安全工作。

考察和评价学校安全工作的齐抓共管同样从以上两个方面来进行。

首先，要看学校是否能够主动与家长联系，把家长作为重要的力量引入到学校的安全工作中来，创设工作机制，使家长能够参与到学校安全工作中，并贡献自己的力量。比如，发展家长和社区志愿者，教育、吸收家长参与学校安全工作，增强学校安全工作的力量。

其次，要看学校是否能够借助教育行政部门和地方人民政府的支持，主动联系社会相关部门，与学校所在地区的公安、司法、行政、建设、交通、文化、卫生、工商、质检和新闻出版等部门联系，与学校所在地区的其他社会单位联系，争取来自社会的支持，建立和谐的伙伴关系，借助这些部门的专业支持，为做好学校安全管理引入专业的资源和力量。同时发展与社会相关部门的可行、有效的工作机制和工作方式，能够根据各自的工作特点，发挥各自的专业优势，促进学校安全管理工作的开展，建立学校内外齐心协力、齐抓共管的学校安全工作机制，开创学校安全管理的新局面。

 **案例** 6.1

"三精"共管"三防"齐进，护航学校发展

案例描述：

近年来，借着天津市义务教育现代化达标的契机，在大港工

委、管委会和上级教育部门的正确领导和大力扶持下，天津大港五中构建了"三精"共管"三防"齐进的安全管理长效机制。

一是培养终身安全意识，精细落实人防各项措施。（1）努力提高全员安全意识：培养师生终身安全意识；提高领导干部的安全意识。（2）精细落实各项规章制度，把安全管理落到实处：明确分工，责任到人；把好校门第一道关口；认真坚持晨、午检和每节课点名报告制度；认真落实校舍及教育教学设施的查勘制度；加强学生心理健康教育；科学合理处理突发事件；加强与周边社区居委会的联系沟通。

二是着眼师生健康发展，精心维护物防基础设施。（1）加大投入，为教室统一安装了半封闭防护栏，为重要功能室安装防盗门。在保证学校财产安全的同时，也保证了学生的人身安全。（2）消防器材配备齐全，并由专人负责及时维护与更新。（3）教学楼内应急灯、安全出口标识一应俱全，各教室、部门、功能室以及教学楼内各重要出口处，均附有逃生示意图。教学楼内外照明设施完备，并由电子控制定时开关，保证了师生的出行安全。（4）规范教师私家车出入校园和校内停放秩序。（5）保安人员装备齐全，学校专职保卫干部日常身着统一配备的保卫制服，增强了学校安全保卫工作的严肃性，有效威慑不法分子，防止入校滋事。

三是奠基学生幸福人生，精致开发使用技防管理平台。（1）学校领导高度重视视频监控设备的建设，安排专人负责监控室的管理，并做到24小时专人值守，发现问题及时处理。学校大门口安装的三个监控点位和门卫一键式报警器，实现了与公安部门联网，专职保安员在学校传达室内能够全天监控。（2）开发利用学校三维立体管理平台实现了人防和技防的完美结合，大大提高了设施设备管理水平和校园安全指数。

案例评析：

　　学校安全工作重在预防安全风险，学校安全风险是全方位、多角度的，相应地，就要求学校的安全防护工作必须具有系统性和前瞻性，借助学校内外各方力量，把不同层面的职责、不同方面的举措有机结合起来。天津大港五中通过"培养终身安全意识，精细落实人防各项措施""着眼师生健康发展，精心维护物防基础设施""奠基学生幸福人生，精致开发使用技防管理平台"这样的"三精"共管"三防"齐进的学校安全长效机制建设，为学校安全工作的开展提供了良好的运行平台。

　　本案例的启示有以下三点。

　　第一，整体规划学校安全工作系统，大港五中是基于人防、物防和技防综合防范的逻辑框架来整体规划学校的安全工作系统。

　　第二，整体设计学校安全工作的关键要点，大港五中在人防、物防和技防各个领域，都明确和细化了学校安全工作的关键要点，人防强调精细，物防强调精心，技防强调精致。

　　第三，整体盘活学校内外的力量开展学校安全工作，大港五中学校全体教职工都纳入到学校的安全工作系统中来，同时有效调动了家长、社区和社会相关部门的力量，为学校安全工作的开展提供了坚实的保障。

二、学校安全管理的规章制度

　　学校安全管理的规章制度是学校安全工作运行的规则系统，包括三个方面的内容：一是学校安全管理制度；二是学校安全管理流程；三是学校突发事故应急预案。考察和评价学校安全管理的规章制度也要从这三个方面来进行。

（一）安全管理制度

安全管理制度建设和实施对于维护学校安全非常重要。在学校的安全管理中，建立健全规章制度非常重要。制度的核心是规矩和秩序，有了规矩和秩序，并且确保规矩的落实和秩序的形成，就可以大大降低发生安全事故的几率。为此，考察学校安全管理制度需从安全制度建设和安全制度落实两个方面进行。

1. 建立健全安全管理制度

《中小学幼儿园安全管理制度》第三章"校内安全管理制度"专门阐述了学校应该建立健全的安全管理制度，具体包括：门卫制度，校内设施设备和建筑危房的定期检查和报告制度，消防安全制度和相应的工作责任制，用水、用电、用气等相关设施设备的安全管理制度，食堂卫生管理制度，实验室安全管理制度，医务保健人员的配备和学生体检制度，学生安全信息通报制度，寄宿学生管理制度，车辆管理制度，学校安全工作的档案记录制度。这些制度都是学校安全管理中最基础和最重要的制度，学校必须建立健全以上各项安全管理制度，以制度规范学校方方面面的安全工作。考察学校是否建立健全安全管理工作，一方面要看安全管理制度的内容是否完备，另一方面要看安全管理制度的制定程序。制度制定的程序既要体现有针对性的广泛参与，让学校的教职工、家长和与制度主题有关的校外的专家都能够参与到制度的制定中来，又要体现整个制定流程的科学性、规范性和完整性，注重上下结合、理论与实践结合、校内与校外结合。

2. 严格落实安全管理制度

严格落实安全管理制度，才能保证学校安全工作的质量。考察学校是否严格落实安全管理制度，一方面，要看学校的安全管理制度是否得到全体成员的严格遵守。建立健全了各项学校安全制度并不意味着学校安全工作会自然而然变得规范、有序，学校必须要抓好各项制度的落实，确保每个人都能够严格遵守，这样才能营造良好的安全管理工作局面。另一方面，要看安全管理制度执行的实际效果。在制度内容正确有效的前提下，制度执行的实际效果与制度执行的方式直接相关。学校应该采取不同措施确保严格执行制度，减少和杜绝不规范的教育活动和管理活动，提升学校安全管理的有效性。

 案例 6.2

<hr>

老师一个电话救了三条命①

案例描述：

　　"要不是老师们及时打电话，可能俺一家三口人的命就没了。我打心眼里感激一实小的这两位老师。"2012 年 12 月 4 日，河南省内黄县城关镇赵庄村的王焕巧拿着一封感谢信来到内黄县第一实验小学，感谢救了她家三口人性命的曹爱芬老师和李静芬老师。

　　王焕巧的两个孩子都在内黄县第一实验小学上学。11 月 21 日早上，两个孩子都没有去上学。在外地出差的王焕巧夫妻接到老师的电话后赶紧联系了邻居，及时发现了在家里煤气中毒的姐弟二人和他们的爷爷。两位班主任老师也没有想到，自己的电话挽救了三个人的生命。

　　11 月 21 日早上，上课铃声响过之后，内黄县第一实验小学三年四班班主任曹爱芬老师像往常一样准备上课，按照学校的教育制度，开始查看学生的到校情况。她发现全班学生中唯独小玉（化名）没来上课，就赶紧拿起电话与小玉的妈妈王焕巧联系，询问学生为何今天没来上课。而电话那头的王焕巧却告诉曹老

<hr>

① 本案例由河南省内黄县城关镇第一实验小学提供。

师，她并不在家，和爱人一起在外地出差，家里只有孩子和爷爷相互陪伴。与此同时，同在这所学校六年三班的姐姐小婷（化名）的班主任李静芬老师也给王焕巧打来了电话，告知小婷在这一天也没有到校上课。

接到两位老师打来的电话后，王焕巧感到了问题的严重性，意识到家里用煤球取暖可能出问题了。她放下手中的活儿，连续拨打孩子爷爷的电话，可一直无人接听，这让王焕巧慌了神。她想方设法找到邻居家电话，请求邻居去家里看看。邻居接到电话就往他们家跑，打开房门，一股刺鼻的煤气味扑面而来，床上的两个孩子和爷爷已经重度昏迷，不省人事。在众人的帮助下，孩子和老人被送往医院。

"医生说再耽误十分钟，三个人的性命就难保了，幸亏有了老师和邻居的帮助，孩子和爷爷才抢救了回来。"王焕巧谈起此事，心有余悸地说，"当时要不是老师打电话，家里这一切我不可能知道，是老师的电话为抢救争取了宝贵的时间，挽救了三个人的性命，我现在打心眼里感激两位老师，感谢学校。"

案例评析：

好的制度如果没有严格的执行，与没有制度没有什么两样。安全管理制度每个学校都有，但是制度的完备程度、制度的执行情况大相径庭。本案例中提到的班主任查看学生到校情况的制度，很多学校也都有。如果这项制度在内黄县第一实验小学没有得到严格的执行，那案例中的事故恐怕会有不一样的结果。本案例的最终结果说明了好的制度及其严格执行的价值。

本案例给我们的启示有以下两点。

第一，学校安全工作需要制度，要用制度明确学校安全工作的规范和标准，让学校中每个教职工的行为都有章可循。

第二，学校中每个教职工都要严格执行制度，在工作实践中落实制度，发挥制度的作用。

- -

（二）学校安全管理流程

学校安全管理包括学校日常活动安全管理流程和学校突发事件处置流程两类。考察和评价学校安全管理流程可从学校日常活动安全管理流程和学校突发事件处置流程两个类别进行。

1. 学校日常活动安全管理流程

教育部发布的《中小学校岗位安全工作指导手册》总结梳理和明确规定了16种学校日常活动安全管理流程。要对照《中小学校岗位安全工作指导手册》的规定，考察学校是否建立健全了日常活动的安全管理流程。这些流程大致包括：（1）学校安全工作管理和职能；（2）学校预防拥挤、踩踏日常安全工作流程；（3）学校预防游戏伤害和打架斗殴安全工作流程；（4）学校游泳池及校园内水域安全工作流程；（5）学校大型活动安全工作流程；（6）学校公共卫生（疾病预防）安全工作流程；（7）学校预防体育运动伤害安全工作流程；（8）学校实验室与实验设备安全工作流程；（9）学校食品卫生安全工作流程；（10）学校水电管理安全工作流程；（11）学校建筑（校舍）安全工作流程；（12）学校消防安全工作流程；（13）学校治安防范安全工作流程；（14）学校交通安全工作流程；（15）学校自然灾害预防与应对安全工作流程；（16）特种设备日常安全工作流程。

2. 学校突发事件处置流程

教育部发布的《中小学校岗位安全工作指导手册》总结梳理和明确规定了14种学校突发事件的处置流程。要对照《中小学校岗位安全工作指导手册》，考察学校是否建立健全了突发事件的处置流程。这些流程大致包括：（1）学生伤害事故应急处置流程；（2）学生伤害事故善后处理流程；（3）学生食物中毒应急流程；（4）学校突发传染病应急流程；（5）学校预防接种（用药）事故应急流程；（6）学校火灾事故应急流程；（7）学生交通事故应急流程；（8）学生溺水事故应急流程；（9）学校建筑物倒塌事故应急流程；（10）学生大型群体活动事故应急流程；（11）学生拥挤踩踏事故应急流程；（12）学校危险物品泄漏事故应急流程；（13）学校突发自然灾害应急流程；（14）校车安全事故应急流程。

（三）突发事件应急预案

新修订的《未成年人保护法》规定："教育行政等部门和学校、幼儿园、托儿所应当根据需要，制定应对各种灾害、传染性疾病、食物中毒、意外伤害等突发事件的预案，配备相应的设施并进行必要的演练，增强未成年人的自我保护意识和能力。"① 这是我国首次对学校突发事件预案制定进行法律上的规定。《义务教育法》规定："学校应当建立健全安全制度和应急机制，对学生进行安全教育，加强管理，及时消除隐患，预防发生事故。"②《中小学幼儿园安全管理办法》也明确提出："健全学校安全预警机制，制定突发事件应急预案，完善事故预防措施，及时排除安全隐患，不断提高学校安全工作管理水平。"③ 制定学校安全事故应急预案是学校提高预防和应对安全事故的综合能力的一项重要工作，也是学校必须履行的法律义务。但在实践中，一些学校对突发事件应急预案缺乏足够的认知，甚至存在认识上的误区。

考察和评价学校是否做好突发事件应急预案，可关注两个方面：一是突发事件应急预案的内容；二是突发事件应急预案的有效应用。

1. 突发事件应急预案的内容规范

学校必须要有针对各种突发事故和事件的应急预案，突发事件应急预案的格式必须规范，要素必须全面，这样才能真正发挥作用。学校要按照国家有关法律法规的要求和应急预案编写的规范要求，立足学校实际情况，编写针对各类突发事件的应急预案。一般规范的应急预案应包括以下

---

① 《未成年人保护法》第二十三条，2007 年。
② 《义务教育法》第二十四条，2006 年。
③ 《中小学幼儿园安全管理办法》总则，2006 年。

要素。（1）指导思想与工作原则。指导思想应该是突发事件相关领域的法律法规要求，切忌写空话、套话；工作原则是基于指导思想确定的预防和应对突发事件的基本准则。（2）领导小组、人员构成和工作职责。要明确突发事件预防与应对的领导小组组长和各个成员。组长是作为学校安全工作第一责任人的校长，成员根据突发事故和事件的特点和学校管理人员的岗位职责来确定，并且明确每个成员的工作职责，确保每个成员都是承担相应工作的最佳人选。（3）学校常规管理中针对突发事件的预防措施。明确学校如何在常规管理中采取有效措施，控制和干预突发事件隐患，预防事故发生。（4）发生突发事件后如何应对。明确突发事件发生后领导小组和各个成员如何指挥、实施事故处理。（5）事故、事件处置之后的善后措施。明确在突发事件处理完毕之后，如何开展善后工作，包括相应的惩罚和学生的心理干预、调适等。

2. 突发事件应急预案的有效应用

由于突发事件应急预案本身不规范、不科学，或者是有预案但是在常规预防事故的安全工作中没有充分、有效地运用，导致很多学校的预案没有发挥应有的作用。在学校安全管理过程中，必须有效应用应急预案，使之在科学预防事故和有效应对事故中发挥应有的作用。考察学校突发事件应急预案的应用要看两个方面：（1）学校的教职工是否知道学校的突发事件应急预案及其内容；（2）学校是否组织了突发事件应急预案的演练。

 案例6.3

- -

××学校消防安全应急预案

案例描述：

为了保护师生员工人身、财产和公共财产安全，提高灭火战术、技术水平和反应能力，赢得时机，及时有效地控制火情，迅速疏散人员，将危害控制在最小范围内，损失减少到最低限度，特制定本预案。预案包括七个方面的内容：一是指导思想与工作原则；二是领导小组、人员组成和工作职责；三是平时的消防安全预警系统与保障措施；四是事故通报与现场保护；五是应急疏散的组织程序；六是安全疏散场地和路线；七是火灾之后的善后工作。

案例评析：

　　本预案格式规范，内容全面，详细设计了消防预案应该包含的方方面面的内容。预案指导思想与工作原则科学、明确；领导小组成员及其职责安排合理，分工明确，相互契合；预防措施系统、有效；应对措施从"事故通报与现场保护""紧急疏散的组织程序""紧急疏散的场地和路线"三个方面做了明确、细致的部署；善后措施到位、有效。

三、学校常规安全教育

学校常规安全教育是学校安全管理工作的重要组成部分，也是学校日常安全管理工作的核心。《中小学公共安全教育指导纲要》是学校安全教育的课程纲要，学校应结合实际情况和学生的需求，把常规安全教育融入学校日常的教育教学工作，有序、有效地开展。

考察和评价学校常规安全教育工作，可以从以下三个方面着手：一是安全教育的内容，要力求全面系统，符合学生的安全教育需要；二是安全教育的实施，要力求形式多样，符合学生的特点和认知规律；三是安全教育的保障机制，要从不同方面创设学校安全教育的条件和工作机制，确保学校安全教育的有效实施。

（一）安全教育的内容

学校应该按照《中小学公共安全教育指导纲要》的规定，梳理不同年级学生各学期、学年的安全教育内容，并制定教育教学计划，明确不同年级学生的安全教育内容和整体活动安排。考察和评价学校安全教育的内容主要从安全教育内容是否全面和安全教育的侧重点是否明确两个方面进行。

1. 安全教育的内容全面

（1）要看学校是否按照学段来规划和设计学校安全教育的内容。《中小学公共安全教育指导纲要》分学段设置了学生安全教育的内容序列，把中小学分为四个学段，分别是：小学低年级学段（小学一至三年级）、小学高年级学段（小学四至六年级）、初中学段和高中学段。

（2）要看学校安全教育的内容是否涵盖了安全教育的六个课程模块和每个模块之下的课程专题。《中小学公共安全教育指导纲要》根据影响学生健康成长的安全事故类型，把学生的安全教育内容分为六个课程模块：预防和应对社会安全类事故或事件，预防和应对公共卫生事故，预防和应对意外伤害事故，预防和应对网络、信息安全事故，预防和应对自然灾害以及预防和应对影响学生安全的其他事件。在每个安全教育的模块之下，分别确定若干个安全教育的专题，学校基于模块中的安全教育专题来设计学生安全教育的专题课程。小学低年级学段安全教育的内容包括除"预防和应对网络、信息安全事故"之外的五个课程模块。小学高年级和初中学段教育内容包括全部六个课程模块。高中学段包括除"应对意外伤害事故"之外的五个课程模块。

2. 安全教育内容的侧重点明确

（1）要看学校是否根据《中小学公共安全教育指导纲要》的规定明确了不同学段的安全教育侧重点。小学低年级学段安全教育的侧重点包括三点：一是了解危险的存在；二是知道躲避危险和求生、求助的简单方法、技能；三是强调个人安全。小学高年级学段的安全教育侧重点包括四点：一是认识危险的危害；二是形成躲避危险的意识；三是掌握躲避危险的基本方法；四是强调个人安全。初中学段安全教育的侧重点包括四点：一是了解与安全有关的基本知识；二是强化自我保护意识；三是掌握确保安全的基本方法；四是强调个人安全，兼顾公共安全。高中学段的侧重点包括四点：一是理解与安全有关的基本方法；二是自觉抵制可能引发安全问题的事件；三是能够在保证自身安全的前提下救助他人；四是既强调个人安全，又强调公共安全和国家安全。

（2）要看学校安全教育的具体内容是否涵盖了不同模块之下的各个安全教育专题，每个专题的安全教育内容是否得以充分呈现。

 案例6.4

成都师范附小避险逃生十大技能训练课程方案

案例描述：

2008 年 "5·12" 大地震促使我们反思学生安全教育的缺失，促使我们把 "5·12" 地震之前安全教育方面的零敲碎打进行梳理与反思。基于此，我校立足于实际，在综合抗震救灾经验与案例的基础上提出学生避险逃生十大技能，因地制宜地开展学生避险逃生技能训练，课程方案的主要内容如下。

一、课程定位

1. 提升学生防灾意识、危机意识，居安思危。

2. 训练、提升学生避险逃生技能，防患于未然。

3. 以课程带动学校安全教育的落实和安全工作的有效开展。

4. 通过学生辐射家庭、社区，带动社会防灾减灾意识的提升。

二、课程设计原则

1. "行动至上"。课程设计高度强调对学生实践能力、思考能力、危机来临之际的判断决策能力的培养。

2."知行合一"。要求所有的课程元素都内化成学生的安全意识与实践技能，调动学生自主思考，促进学生间学习型团队的形成。

3."以赛代练"。利用日常安全教育模拟演习，帮助学生形成危机避险、疏散、救援的动作定形，构建学生自主安全教育学习平台，强调日常安全行为的养成和大灾大难来临之际的存活效率。

4."学以致用"。特别设计自由课题研究课程、社会实践课程，分专题研究问题，开展社会实践。

三、课程设计目标

1.通过课程实施，强化学生"危机意识"，培养坚韧、勇敢、顽强、乐观、互助的品质，培养学生在突发、意外事件中的安全意识、决策能力和实践能力。

2.通过课程实施，增加学校、教师、家长的应对经验，培养教师在突发、意外事件中及时到岗、正确处置的意识与技能。

3.通过课程实施，探索学校实施安全教育课程和实施学生避险逃生能力训练的途径和方法，建立实效的学生安全教育模式。

四、课程设置内容

根据我校地处繁华市中心、紧邻省政府的地理位置和学校硬件设施以及学生实际情况，我们确定我校学生在校最有可能遇到的紧急情况为：火灾、地震、防恐紧急疏散、校园踩踏事故、食物中毒、触电事故等。由此，我们选定了我校学生在紧急情况下避险逃生必备的十大技能。根据学生的学段、教室所在楼层以及年龄特点，我们将这十大技能分为三级课程对学生进行重点训练（见下表），要求做到全员训练、人人过关、班班合格、师生默契、协同熟练。

成都师范附小避险逃生十大技能训练分级目标

技能 级别	避险 技能 会避 险	线路 认知 技能 明线 路	疏散 逃生 技能 能逃 生	标识 认知 技能 识标 识	求救 沟通 技能 会求 救	绳结 使用 技能 能结 绳	急救 技能 懂急 救	心理 抚慰 疏导 技能 会激 励	团队 危机 协作 技能 有团 队	安全 器械 使用 技能 会用 器材
初级 课程	★	★	★							
中级 课程	★	★	★	★	★	★				
高级 课程	★	★	★	★	★	★	★	★	★	★

五、教学模式

课程教学强调学生实际体验，做中学，以"试—讲—练—演"为主要教学模式，让学生在探究、实践中有收获，在训练、出错中长技能。

六、评价

课程采用勋章晋级评价方式。从初级课程开始直到高级课程，按照十大技能设置勋章，完成一项技能获得一枚勋章，本级技能全部合格获得晋级权利。

案例评析：

课程是学校安全教育最为重要的要素与资源，课程的针对性和有效性直接关系学校安全教育的质量。在经历了"5·12"大地震之后，成都师范附小把安全课程建设作为提升学校安全教育质量的重要突破口，并进行了卓有成效的实践探索。

　　成都师范附小的避险逃生十大技能训练课程方案有以下五点启示。

　　第一，立足学校实际情况，紧扣学生安全需求。学校在系统分析面临的安全风险和"5·12"大地震后学生安全教育需求的基础上，思考和设计安全课程，把课程开发建立在坚实的实践基础之上。

　　第二，安全课程设计定位注重学生安全意识、决策能力和实践技能的综合提升。

　　第三，安全课程聚焦学生的十大避险逃生技能和技能的实际应用，能够帮助学生解决面临的安全问题。

　　第四，安全课程的教学方式丰富多彩、层层递进，确保学生安全教育的逐步深化。

　　第五，注重安全课程实施的评价，评价方式符合学生特点，对学生有重要激励作用。

（二）安全教育的实施

　　学校应该按照《中小学公共安全教育指导纲要》的规定来有效实施常规安全教育。考察和评价学校安全教育的实施主要从安全教育的实施途径是否全面多元和安全教育的途径是否具体有效两个方面来进行。

　　1. 安全教育的实施途径全面多元

　　（1）要看安全教育的实施途径是否体现"六个结合"。在《中小学公共安全教育指导纲要》中，对于中小学的安全教育途径，强调了六个结合，具体如下：一是专门课程与学科渗透相结合，学生安全教育的途径以学科渗透为主，专门课程为辅；二是课堂教育教学与综合实践活动相结合；三是知识教育与强化管理、培养习惯相结合；四是学校教育与家庭教育、社会教育相结合；五是国家统一要求与地方实际探索相结合；六是学生自救自护与力所能及帮助他人相结合。不同学段学生应对安全事故的能力是有差异的，学生安全教育首先要保证学生自身的生命安全，其次才是救助他人。

（2）要看不同学段安全教育途径是否符合学生的特点和需求。不同学段学生各自的身心发展规律和认知特点各不相同，在安全教育方面，其认可和接受安全教育的途径也有所不同，所以，开展安全教育途径的侧重点也有所不同。《中小学公共安全教育指导纲要》强调按照学生的身心发展规律和认知特点，采取灵活多样、丰富多彩的方式，具体体现在：小学以游戏和模拟为主，把安全教育内容融合在学生喜闻乐见的游戏和现实情境中，让学生在游戏和活动中自然而然地接受安全教育；初中以活动和体验为主，通过开展形式多样的活动增强学生对安全教育内容的体验，并真正掌握安全教育内容；高中以体验和辨析为主，把实践体验和理性思考有机结合起来，强化学生对安全内容的认知和掌握。

2. 安全教育的途径具体有效

（1）要看学校是否在学科教学和综合实践活动课程中渗透安全教育。学科教学和综合实践活动课程渗透不仅可以充分利用学校现有的教育资源和日常活动开展安全教育，使学校全体教职工都能够立足本职工作，从不同角度以不同方式对学生进行安全教育，这在很大程度上保证了学生安全教育的常规化和全面性，从而提高学生安全教育的实效性。在学科教学和综合实践活动课程中渗透安全教育时，应使学生掌握预防和应对教学和活动中有可能出现的安全事故的知识和技能，提升学生的安全意识，提高学生的安全综合能力。

（2）要看学校是否根据不同学科教学活动的特点开展安全教育。在学校教育教学实践中，不同活动的安全风险不同。从安全风险的角度可以把学校的教育教学活动分为三类。第一类是以讲授活动为主的学科教学活动，如常规的语文、数学、英语、地理、历史等。这类教学活动的安全风险很低，发生安全事故的可能性很小。教师在教学中应该注意两点：一是按照国家的要求，规范科学地开展教学活动；二是结合与安全相关的教学内容强化安全注意事项。第二类是包括学生自主动手操作的教学活动，如体育课、实验课和综合实践活动课等。这类教学活动的安全风险处在中等水平，发生安全事故的可能性比较高。教师在教学中应该注意两点：一是严格按照国家的相关规定设计和实施教学活动，特别是教学准备、教师示范、学生活动指导等；二是专门进行针对教学操作的安全教育。第三类是学生完全自主活动空间的教学活动或学生活动，如自由活动课、课间活动、就餐和上下学路上。这类活动的安全风险很高，发生安全事故的可能性也很高。学校和教师在常规教学中要注意三点：一是定期开展有针对性的专题安全教育，如"课间如何安全玩""上下学路上如何保安全"等；二是在安全教育活动中强化学生的自主参与，提升安全教育实效；三是常规管理中强化学生的自我控制和管理能力，强化学生的危险判断能力和不参与危险活动的自主意识。

（3）要看学校是否充分利用时间、空间，采用班会、团会、校会、升旗仪式、专题讲座、墙报、板报、参观和演练等多种方式进行安全教育。学生安全教育要立足学校教育常规活动的内容和途径，以丰富多彩、生动活泼、学生喜闻乐见的方式进行。同时，学生安全教育不是单纯的教师对学生的说教。在安全教育活动中，要充分发挥学生的主体作用，注重学生的自我教育和相互教育。很多学校在这方面有很好的探索。

 案例 6.5

2013 年天津大港五中安全教育周活动①

案例描述：

　　为了更好地开展第十八个"全国中小学生安全教育日"活

---

① 本案例由天津大港五中刘炳昭校长撰写。

动，天津大港五中围绕安全这一主题及有关安全的热点问题，结合学校实际情况，在 2013 年 3 月 25 日至 29 日集中开展了为期一周、内容丰富的安全教育活动。

学校对安全教育周的各项活动进行了全面、精细的设计，主要包括以下七项活动。

安全教育周活动一：学校用电子屏滚动打出"3 月 25 日是第十八个'全国中小学生安全教育日'，活动主题是'普及安全知识，确保生命安全'"，营造活动气氛。

安全教育周活动二：周一上午国旗下讲话，向全体师生发出十二条倡议，倡议师生安全常系心间，每天平平安安到校，高高兴兴回家。

安全教育周活动三：学校要求各班以"预防交通、水电、火灾、食物中毒事故等"为主题出一期板报。

安全教育周活动四：用"家校通"致家长一封信，鼓励家长与孩子参与"大手牵小手"安全知识答题活动。

安全教育周活动五：学校始终坚持将每天上午大课间作为疏散演练时间。3 月 26 日上午 9：40，随着刘焕兰副校长通过广播宣布演练开始，负责安全的教师马上到达指定的楼道口，进行疏导检查。各班学生在班主任教师的指导下，立即用毛巾、手帕或纸巾等捂住口鼻，有序地按指定路线"逃生"。

安全教育周活动六：开展"我为平安谏一言"征集活动。

安全教育周活动七：组织一次全校性的安全大检查。要求师生参与对学校教室、实验室、微机室、阅览室等重要设施进行全面细致的检查，不留死角，让师生共同参与发现安全隐患、整改安全隐患活动。

通过"安全教育周"系列活动，大力加强了对学生的安全教育，建立起安全和谐的学习环境。

案例评析：

自1996年起，我国确定每年3月最后一个星期一为"全国中小学生安全教育日"，每年都有一个主题。天津大港五中2013年"全国中小学安全教育日"活动有以下四点启示。

第一，基于"全国中小学安全教育日"的年度主题确定自己学校的教育主题，使所有教育活动围绕主题来进行。

第二，把"全国中小学安全教育日"所在周确定为学校的安全教育周，拓展了安全教育的时间跨度，这样就能充分、系统地开展安全教育活动。

第三，把全校层面的安全教育活动设计和班级层面的安全教育活动实施有机结合起来，既保证了学校对于安全教育的整体设计，又保证了每个班安全教育活动的个性化和针对性。

第四，学校通过丰富多彩的活动，让学生在充分参与中进行安全教育。

 案例6.6

"史上最牛校长"的学生安全教育新招儿

案例描述：

在2008年"5·12"大地震中，紧邻北川的安县桑枣中学2 200多名师生从不同的教学楼有序疏散到操场，用时1分36秒，无一伤亡。校外房屋在地震中成片垮塌，原是危房的桑枣中学实验教学楼却因一点一滴的加固修缮，没有倒塌，创造了一个奇迹。该校校长叶志平也被网民称为"史上最牛校长"。

　　7月份，桑枣中学的叶志平校长在北京参加了"中国灾害管理战略国际研讨会"，手里拎着获赠的安全教育扑克牌和安全教育游戏软件，叶校长如获至宝，此次参会使他深受启发，对学校安全教育产生了很多新想法。从下学期开始，桑枣中学的安全教育又要出新招，简单地讲就是"耍游戏＋制造现场"，叶校长深感学校安全教育的实际情况与学生的安全需求比起来还差得很远。他又学会了新招儿：让学生们玩安全教育扑克牌、玩游戏来强化安全教育。他还准备在疏散演练时制造安全事故现场，用干冰制造火灾烟雾，提高疏散演练的实效性。同时，学校还准备组织老师在容易发生群死群伤的地带进行如何抢救学生的训练，并开展模拟演练。（摘自：中国新闻网）

案例评析：

　　安全教育关乎学生的健康与生命，学校安全教育的实效性提高，学生的健康与生命就有保障。桑枣中学的安全教育探索有以下三点启示。

　　第一，不断进取和锐意创新的精神。在"5·12"大地震中，桑枣中学的安全教育与安全管理经受住了考验，但是，号称"史上最牛校长"的叶志平并没有满足，仍然在不断探索安全教育的改进与创新，这种精神和追求对于不断提升学校安全教育实效非常重要。

　　第二，站在学生的视角，根据学生的需求和认知特点设计"既有意义，又有意思"的游戏来开展安全活动，吸引学生深度参与。

　　第三，注重安全演练，通过安全事故情境模拟来提升安全演练的实效性。

- -

（三）安全教育的保障机制

在《中小学公共安全教育指导纲要》中，从课时保证、教学资源建设、教师队伍建设、教研活动和教学研究、评价与督导五个方面来建立学生安全教育的保障机制。学校的安全教育实践一定要从这些方面着手建立学校自己的安全教育保障机制。考察和评价学校安全教育的保障机制也要从这五个方面来进行。

1. 安全教育的课时保证

（1）要看学校是否能够保证公共安全教育的时间投入。学校要根据实际情况，结合不同学段学生安全教育的要求，一方面在常规课程教学中渗透安全教育的内容，另一方面利用地方课程时间专门开展安全教育，保质保量地完成不同学段规定的教学内容。

（2）要看学校是否安排自救自护和逃生实践演练活动。《中小学公共安全教育指导纲要》规定学校安全教育一定要安排自救自护和逃生实践演练活动，学校每学期至少要开展一次自救自护和逃生实践演练活动，让学生在实践体验和练习中理解安全知识、掌握安全技能、强化安全意识。

2. 安全教学资源要求

（1）要看学校使用的安全教学资源是否规范、优质。安全教学资源是开展学生安全教育的基础，直接决定安全教育的质量和实效。学校开展学生安全教育必须采用经过严格把关、审定的学生读本和相关教育材料。

（2）要看安全教学资源的购买方式。学生安全教育自助读本和相关材料的购买由各地采取多种形式解决，不能向学生收费。同时，倡导学校使用公用图书经费统一购买，供学生循环使用。

3. 教师的安全教育能力

（1）要看学校教师的安全教育能力是否符合学生安全教育的需要。教师的能力建设是落实学生安全教育实效的关键。从实际情况来看，很多教师缺乏对学生进行安全教育的知识储备和实践经验，不能有效地开展学生安全教育工作。

（2）要看学校是否组织提升教师安全教育能力的校本培训，或者组织教师参加地区和国家的安全专题培训。学校要高度重视教师对学生开展安全教育的相关能力建设，教育行政部门在地区层面的在职教师继续教育系列培训中，要设立安全教育的内容，学校在教师校本培训中也要设立安全教育的内容。

4.学校开展的安全教育教研活动和课题研究

（1）要看学校是否有安全教育的教研活动和课题研究。进行学生安全教育有其自身的规律，通过教研活动和课题研究探索这些规律是落实学生安全教育的有力支持和重要保障。学校应该重视教研活动和课题研究，研究和探索符合本校学生特点的安全教育方法、经验与特色。学校要立足学校实际情况和学生的实际需求有针对性地开展学生安全教育的校本研究。

（2）要看学校安全教育教研活动和课题研究的成果和成果的实践转化。学校应该把安全教育实践中的问题变为教研活动和课题研究的选题，在安全教育实践过程中开展行动研究，把研究成果再应用到安全教育实践中，把安全教育实践和安全教育研究有机地结合起来。

5.学校将安全教育纳入教师工作评价情况

（1）要评价学生安全意识的建立、基本知识和技能的掌握、安全行为的形成情况，注重学生在安全教育活动中的综合收获。

（2）要关注学校对学生安全教育的活动安排、资源配备、实施情况和实际效果等，确保学校能够有效开展安全教育活动。

（3）要在学校内部管理中，把教师开展学生安全教育的情况作为教师考核的重要依据，这是了解学生安全教育实际情况、促进学生安全教育改进的重要手段。

 案例 6.7

"多多练习，心里不慌"

案例描述：

新华网北京 6 月 30 日电（吴晶 于春生） 30 日 10 时 55 分，伴随着一阵急促的铃声，北京奋斗小学的学生个个猫着腰，用手帕捂着鼻子，在教师的引导下，从教室迅速走向走廊、楼梯，向外撤离……这是学生们上完一堂安全教育课后，实地进行的应急演练。30 日 10 时，全国中小学生在放暑假前，通过收看电视节目、上网等方式，共同上了一堂安全教育课。

仅仅用时 2 分 47 秒，奋斗小学全校 34 个班、1 200 余名师生已在操场列队完毕。四年级学生温超琳虽然有点气喘，但不慌张。她模仿着老师的口吻说："多多练习，心里不慌。"

据奋斗小学的校长介绍，为普及安全常识，增强安全意识，提高"关心别人，救护别人"的能力，学校非常重视学生安全教育。学校把每年"全国中小学安全教育日"这一天所在的周作为安全教育宣传周。汶川地震发生后，学校深入研究了学生安全教育的需求和学校安全教育的现状，明确了进一步加强安全教育演练活动的思路，同时还针对地震、火灾等事故专门设立安全教育演习日和安全教育宣传周。

案例评析：

安全教育涉及学生的生命安全，必须入心、入脑。"纸上得来终觉浅，绝知此事要躬行。"实践演练是提升安全教育实效性的重要手段和保障。《中小学幼儿园安全管理办法》明确规定："学校每学期必须至少组织一次安全教育演练。"只有在安全演练活动中，学生才能真正理解安全知识，掌握安全技能，体验事故应对和事故逃生的要点。本案例中奋斗小学的实践有以下三点启示。

第一，安全教育定位很准，多多练习才能心里不慌，心里不慌才能保持冷静，才能采取有效措施应对事故和逃生。

第二，保证安全教育的时间投入，学校把每年的安全教育日拓展为安全教育周，利用外部契机充分开展安全教育。

第三，注重对学校安全工作的研究，提高学校安全工作的针对性和实效性。

四、学校常规安全管理

学校常规安全管理是学校安全管理工作的重要组成部分，也是学校日常安全管理工作的基础。《中小学幼儿园安全管理办法》和《中小学校岗位安全工作指导手册》是常规安全管理的重要依据和指导。前者明确了学校安全管理的工作范围和职责，后者明确了学校内部的安全岗位、职责和岗位履职的流程与要点。

对于学校的常规安全管理工作，学校要着力抓好四个方面：一是学校设施设备管理，主动排查设施设备配备的达标情况，发现和解决设施设备使用过程中出现的损坏和问题；二是安全监控系统，通过完备的人防、物防和技防系统监控学校的各项常规活动，及时发现隐患和问题；三是学校周边综合治理，主动争取来自学校外部的支持，形成合力，做好学校安全管理工作；四是学校安全档案管理，加强学校安全工作过程的证据和痕迹管理。考察和评价学校常规安全管理工作也要从这四个方面来进行。

（一）学校设施设备管理

学校设施设备管理是学校常规安全管理的重要内容，也是预防事故、减少事故的有效手段。学校设施设备包括教育教学的设施设备和学生生活的设施设备。学校教育教学活动和学生在学校的日常生活都需要借助一定的设施设备来进行，这些设施设备在使用过程中会发生老化、破损或不当使用等情况，本身就带来了安全隐患。学校设施设备管理的核心是排查隐患，明确设施设备是否处在安全状态。

学校设施设备管理主要包括六个方面：一是学校大门管理；二是学校建筑物及其辅助设备管理；三是学校体育设施设备管理；四是学校实验设施设备管理；五是学校食堂设施设备管理；六是学生宿舍设施设备管理。考察和评价学校设施设备管理同样需要从这六个方面进行。

1. 学校大门管理

学校大门是学校与外界的分界线，是学校安全管理的第一道关，把好这第一道关对于确保学生的安全非常重要。学校大门管理包括校门和门卫室两个部分。

考察和评价学校大门的管理包括四个方面：（1）要看学校大门的有效宽度和高度是否合乎标准，一般宽度不得少于 3.5 米，净高度不低于 4 米，电动伸缩门不高于 1.8 米；（2）要看大门门扇开启、关闭、上锁是否顺畅，开启方向是否符合疏散要求，封闭式大门是否有观察窗；（3）要看大门通道有效宽度内有无岗亭、堆积物等，大门内外、两侧、门头有无悬挂的牌匾，装饰物品固定是否可靠牢固、无隐患；（4）要看门卫室是否有防盗门窗，是否有应急求助电话、消防、照明、防护器械和技防设施设备等。

2. 学校建筑物及其辅助设备管理

学校建筑物及其辅助设备包括学校建筑的地基、墙体、屋顶、走廊、天花板、楼梯、柱子，以及建筑物的门窗、栏杆、悬挂物，还有水、电、照明、取暖、风扇等。

考察和评价学校建筑物及其辅助设备的管理，首先要看是否达标、完备；其次要看是否存在老化、破损，是否具备正常的功能。发现学校建筑物及其辅助设备的安全隐患要立即停止使用，及时报告并修理。

3. 学校体育设施设备管理

学校体育设施设备包括学校运动场地与场馆的地面、运动设施和使用这些设施的辅助设备和工具。

考察和评价学校体育设施设备的管理包括四个方面：（1）要对照相关标准看是否达标、完备；（2）要看是否老化、破损；（3）要看是否有体育设施设备的使用说明和规范要求；（4）还要看教师教学时是否按照有关规范使用设施设备，是否有专门的安全教育设计并具体落实。发现学校体育设施设备的安全隐患要立即停止使用，及时报告并修理。

4. 学校实验设施设备管理

学校实验设施设备包括学校物理、化学、生物、通用技术等实验室的实验器材、器具、实验物品、药品、实验操作台和实验使用的水、电设施等。

考察和评价学校实验设施设备的管理包括四个方面：（1）要对照相关标准看是否达标、完备；（2）要看是否存在老化、破损；（3）要看实验物品、药品，特别是有毒药品是否得到妥善保管，实验废弃药品是否得到合理处置；（4）看实验室是否配备专业实验人员，是否有明确实验操作要求，以及教师教学时是否进行相关的安全教育等。发现学校实验设施设备的安全隐患要立即停止使用，及时报告并修理。

5. 学校食堂设施设备管理

学校食堂设施设备包括食堂的炊事设备，通风状况，食物进出通道，食品保存、操作过程，管理状况和人员的基本素质等。

考察和评价学校食堂设施设备的管理包括六个方面：（1）要对照相关标准看是否达标、完备；（2）要看是否存在老化、破损；（3）要看食材的采购、保存是否规范；（4）要看食品的加工过程是否有明确的要求、规范的操作和严格的过程管理；（5）要看工作人员是否有健康证等；（6）发现学校食堂设施设备的安全隐患要立即停止使用，及时报告并修理。

6. 学生宿舍设施设备管理

学生宿舍的设施设备包括学生宿舍的建筑、床、桌椅、门窗、栏杆、护栏、风扇、空调，以及学生洗漱、用水、用电等设施。

考察学生宿舍设施设备的管理包括四个方面：（1）要对照相关标准看是否达标、完备；（2）要看是否存在老化、破损；（3）要看是否有明确的宿舍管理规范，以及是否对学生进行了相关的安全教育等；（4）发现学校宿舍设施设备的安全隐患要立即停止使用，及时报告并修理。

（二）安全监控系统

建立安全监控系统是排查隐患、发现问题的常规手段，也是重要手段，能为学校提前发现安全隐患、提早解决安全问题奠定良好基础。学校安全工作的安全监控系统包括人防、物防、技防。只有把人防、物防、技防有机结合起来，才能构筑学校安全的坚实长城。考察和评价学校安全监控系统同样从这三个方面进行。

1. 学校人防监控系统

人防是学校通过不同安全管理人员的岗位责任确定和在工作实践中的具体落实来建立学校安全管理工作的保障。人防是学校安全监控系统的关键。

考察学校人防监控系统包括两个方面：（1）要看学校是否配备了专、兼职的安全管理人员；（2）要看这些人员的工作方式和工作质量。在一些欠发达地区的学校，由于经费不足，学校的技防和物防措施往往严重缺乏。在这种情况下，就要用人防，用管理人员用心和负责的工作来弥补硬件设备、技术力量的不足。

2. 学校物防监控系统

物防是学校通过符合学校安全工作需要的各种建筑设施、防护设备的配备及其作用发挥来建立学校安全管理的保障。物防是学校安全监控系统的物质基础。

考察学校物防监控系统包括两个方面：（1）要看学校的门房、围墙、护栏、护网、值班室等物防设施设备是否到位；（2）要看物防设施设备的使用情况和最后结果。学校要善于利用完备的物防设施设备为学校安全工作奠定基础。

3. 学校技防监控系统

技防是学校通过电子监控与报警设备的配备和使用来建立学校安全管理的保障。应该说，技防是科学技术发展与应用带来的物防的新发展，技防能够大大拓展学校安全监控的范围，提升安全监控的质量。

考察学校技防监控系统包括两个方面：（1）要看学校的电子监控系统、报警系统等先进的技防措施是否完备、到位；（2）要看学校对于这些设施设备的使用和最后结果。先进的技防监控系统能够大大提升学校安全工作的质量。

 案例6.8

南昌二中的校园安全监控系统①

案例描述：

南昌二中是一所百年老校、江西省名校，学校的安全教育工作非常到位。学校设有规范的围墙、门房和严格的门卫制度。学校每座建筑物的各个楼层都配备了消防栓和灭火器。学校建立了覆盖整个校园的电子探头监控系统，学校的监控中心24小时有专人值守，监控录像专门存留备案。学校建立了"校园警务室"，有一名民警驻校工作，统筹学校的安保工作。学校设立了保卫科，有10名保安24小时巡护校园。学校建立了包括校长—主管副校长—综治办/保卫科/政教处—年级组—班主任/生活老师在内的五个层级的安全管理系统，每个层级都有明确的管理职责和任务。学校每天晚上都有校领导、中层干部以及生活教师和校医

---

① 本案例改编自南昌二中安全工作汇报材料。

住校值班。学校明确规定了遇到安全隐患或突发事故，学生可以到哪里找哪些教师求助。

案例评析：

　　安全监控系统是学校整体安全工作中非常重要的一个方面。学校安全监控系统的关键是全方位防范安全风险和问题。南昌二中的安全监控系统有以下三点启示。

　　第一，设计精巧、科学，运行系统、有效。学校的安全监控把通过常规安全管理设施配备的物防监控设施、通过管理人员排查的人防监控措施和借助电子设备的技防电子监控系统这三者有机地结合起来，为学校排查隐患和预防事故奠定了坚实基础。

　　第二，学校内外力量结合建构学校安全监控系统。特别值得一提的是学校的校园警务室吸纳民警驻校工作，借助专业人员的力量开展学校安全工作。

　　第三，学校的人防系统非常到位。学校建立了从校长到教职工的五个层级的安全管理系统，提供了细致的人员安全监控。

（三）学校周边综合治理

学校周边综合治理是学校周围和附近的安全风险防范和安全问题应对，主要包括交通问题、治安问题和食品安全问题等。学校周边的综合治理需要学校和相关部门配合，共同解决问题。

1. 交通问题

学生集中上下学，学校门口非常容易出现交通问题，特别是处于繁华地段的学校。所以，对学校门口的交通隐患应予以重视，要充分认识学校门口的交通安全风险，联合交管部门的交警、协警采取有针对性的措施加以防范。

（1）要看学校门口是否有提醒社会车辆、行人注意避让学校学生的指示牌、斑马线和红绿灯等交通设施；（2）要看学校是否系统分析了学校门口的交通现状和潜在风险，并周密部署学校门口的交通管理，在学生上下学的时候安排专人值守和管理；（3）要看学校是否对学生和家长进行专门的安全教育，提出明确的要求，自觉遵守交通规则；（4）要看学校是否主动联系交管部门的交警协警，请他们在上下学高峰期安排人员指挥交通，维护良好的交通秩序。

2. 治安问题

学校周边往往是社会上不同人员和各个社会机构集中的地方，人多、人杂，存在潜在的治安问题。学校要充分分析所在地区的位置、特点和相应的治安风险，并积极联合公安、工商和安监部门，共同为学生营造一个良好的治安环境。

（1）要看学校周边环境是否有不利于学生成长的场所和机构，如网吧、歌厅、夜总会等娱乐场所；（2）要看学校对周边社会环境和机构是否有清楚的了解和调研，是否进行了治安风险的分析与排查；（3）要看学校是否主动联系公安、工商和安监等部门对学校周边的安全隐患进行干预，对存在的问题进行有效应对，尽最大努力维护学校周边的治安环境。

3. 食品安全问题

学校周边往往餐厅，特别是销售食品的小摊贩特别多，由此会产生潜在食品安全问题。学校应充分认识学校周边的食品安全风险与问题，并联合卫生、工商部门化解风险，解决问题，并重点考察：（1）学校周边是否有无照经营、不符合卫生标准的餐厅或者小摊贩；（2）学校是否对学生和家长专门进行了食品安全的教育，提醒学生不要购买不安全的食品；（3）学校是否主动联系卫生、工商部门预防和应对学校周边的食品安全隐患和问题。

 案例6.9

从"法制副校长"到"三官一律"进校园

案例描述：

　　新华社哈尔滨4月17日电（记者　李勇）　记者从哈尔滨市南岗区有关部门了解到，近日，由哈尔滨市南岗区综合治理办公室、区教育局、区公安分局等单位联合选聘的79名干警正式走进校园，当上中小学法制副校长。今后，这些法制副校长将协助学校开设法制教育课程，建立安全防范制度，落实各项防范措施，并将法制教育工作有效延伸。

　　聘任法制副校长工作，是在这个区2000年法制教育进校园工作基础上开展的。法制教育进校园工作开展七年来，取得了明显效果。有关部门先后举办法制教育专题讲座300多场次，推动了校园普法教育，校园周边环境得到有效治理，未成年人犯罪率明显下降。

　　今年，为了进一步推动"平安校园"创建工作，开展校园"五五"普法教育，这个区重新选聘了79名政治素养高、有一定理论基础、业务能力强的公安干警担任法制副校长，实施全区"三官一律"（法官、检察官、警官、律师）进校园工作计划。

（摘自：新华网）

案例评析：

　　做好学校安全工作的很多专业资源是学校本身所不具备的，靠学校单打独斗往往不能满足工作需求。那么，学校应该如何去做？本案例有以下两点启示。

　　第一，学校主动出击，争取社会各界的专业支持，为学校安全工作引入优质资源。学校可以自主联系相关部门，也可以通过地方教育行政部门来寻求支持。哈尔滨市南岗区由行政部门出面，通过行政层面的协调为学校争取外部支持，就是非常有意义的探索。

第二，学校应该积极争取学校之外的多种力量，优化学校安全工作的专业资源。哈尔滨市南岗区把法官、检察官、警官、律师这些学校安全工作特别需要的专业资源引入学校，为学校提供了重要的专业服务，这无疑给学校安全注入了活力、提供了支持。

案例 6.10

流动的红绿灯化解学校门口的交通安全隐患

案例描述：

北京市朝阳区很多学校紧邻交通繁忙的马路，在学校门口，学生上下学的交通环境非常复杂，交通安全风险非常大。交管部门也很难专门派出警力维护学校门口的交通秩序。北京市朝阳区教委通过与交通部门反复协调，给处于繁华街道的学校配备了流动的红绿灯。这种红绿灯带有轮子，可充电，可推着走。每到上下学的时候，学校把流动的红绿灯推到路口，提醒社会车辆适当避让，让学生优先过马路。流动的红绿灯化解了学校门口的交通安全隐患，既保证了学生的交通安全，对社会交通也没有造成大的影响。

案例评析：

  做好学校安全管理需要全社会的通力合作，特别是需要来自特定领域的专业支持。本案例中流动的红绿灯解决了学生交通安全的大问题，主要是发挥了部门的专业作用。本案例是学校和教育部门主动争取相关部门专业支持的典范。

（四）学校安全档案管理

学校安全档案记录着学校安全工作的过程和痕迹，是学校安全工作的重要资料，学校安全档案管理是学校安全管理的重要组成部分。同时，科学、有效的学校安全档案管理反过来对于规范和梳理学校各项安全管理工作也发挥着重要的影响和引导作用。在学校办学实践中，很多学校对于学校安全档案管理没有给予足够的重视，一些学校的安全档案杂乱无章，没有统一的管理。

做好学校安全档案管理应注意两个方面：（1）学校安全档案的完备性；（2）学校安全档案的有效管理与使用。考察和评价学校安全档案管理也要从这两个方面进行。

1. 学校安全档案的完备性

（1）要看学校安全档案的内容是否涵盖学校安全工作的方方面面。学校安全档案应该包括学校的安全组织档案、安全制度与应急预案档案、安全风险评估与隐患排查档案、安全工作分类档案、安全教育与演练档案以及学校安全档案本身的管理规范等。（2）要看学校安全档案的内容是否全面、翔实，包括纸质、音像等多种呈现方式，能够全面反映学校安全工作情况。

2. 学校安全档案的有效管理与使用

（1）要看学校安全档案是否有专人负责管理；（2）要看学校安全档案是否能够分门别类、科学有序地整理；（3）要看学校是否定期进行学校安全档案分析，并以此来反思和改进学校安全管理工作。

五、学生安全事故处理

学生安全事故处理在学校安全工作中所占的比例不大，但是其影响却非常大。科学、有效地处理学生安全事故对于尽快恢复教学秩序、维护学校安全局面非常重要。处理学生安全事故包括两个方面：一是有理有据地分析学生安全事故；二是科学有序地处理学生安全事故。考察和评估学校的学生安全事故处理主要从以下两个方面进行。

（一）有理有据地分析学生安全事故

1. 掌握处理学生安全事故的法律法规要点

（1）要明确学校与学生不是监护人与被监护人的关系。在实践中，一些人对于这个问题的认识存在误区，认为家长把学生送到学校，学校就是学生的监护人，要对学生的安全全权负责。按照我国法律，学校与学生不是监护人与被监护人的关系。

 相关链接

《中华人民共和国民法通则》第十六条规定："未成年人的父母是未成年人的监护人。未成年人的父母已经死亡或者没有监护能力的，由下列人员中有监护能力的人担任监护人：（1）祖父母、外祖父母；（2）兄、姐；（3）关系密切的其他亲属、朋友愿意承担监护责任，经未成年人父、母所在单位或者未成年人住所地的居民委员会、村民委员会同意的。"

（2）学校对学生安全事故承担"过错责任"。在实践中，一些人对于这个问题的认识存在误区，认为一旦学生发生安全事故，不管是什么原因，都应该由学校承担全部责任。按照我国法律法规的规定，学校对于学生安全事故承担有限责任，即"过错责任"，而不是无限责任，即有过错就承担责任，没有过错就不承担责任，有多大程度的过错就承担多大程度的责任。

 相关链接

2003 年，我国最高人民法院发布《关于审理人身损害赔偿案件适用法律若干问题的解释》，其中第七条对于学生伤害事故做了规定："对未成年人依法负有教育、管理、保护义务的学校、幼儿园或者其他教育机构，未尽职责范围内的相关义务致使未成年人遭受人身损害，或者未成年人致他人人身损害的，应当承担与其过错相应的赔偿责任。第三人侵权致未成年人遭受人身损害的，应当承担赔偿责任。"

（3）明确"过错责任"的构成要件，包括损害后果、因果关系和过错原则。

2. 向律师或者其他专业人士咨询学生安全事故处理要点

法律法规要点有很强的专业性，如果发生学生安全事故，学校一定要向律师或者其他专业人士咨询，搞清楚学生安全事故的法律责任，为后续采取合理的措施处理安全事故奠定良好的基础。

（二）科学有序地处理学生安全事故

学生安全事故处理一般包括两个方面的工作：一是应急处置；二是善

后处理。不管是应急处置还是善后处理，都应该注意两个关键点：一是科学处理；二是有序处理。考察和评价学校事故处理要从三个方面来进行：一是事故处理程序是否规范；二是是否进行了善后处理；三是事故处理最终结果如何。

1. 事故处理程序

不管是应急处置还是善后处理，处理程序非常重要。根据《学生伤害事故处理办法》，处理学校安全事故的一般程序分为以下六个阶段。

（1）及时提供救助并告知家长。发生学生伤害事故，学校应当及时救助受伤害学生，并应当及时告知未成年学生的监护人；有条件的应当采取紧急求援等方式救助。换句话说，发生学生安全事故后，救人是第一位的。学校对学生进行救治，而且是力所能及的最大限度的救治是无条件的，与学校对于学生安全事故是否有责任没有关系。

（2）及时报告。发生学生伤害事故，情形严重的，学校应当及时向主管教育行政部门及有关部门报告；属于重大伤亡事故的，教育行政部门应当按照有关规定及时向本级人民政府和上一级教育行政部门报告。需要注意的是：学生食物中毒事件，除向主管的教育行政部门报告外，还应当向当地主管的卫生部门报告，并配合进行必要的检查和处理。

（3）教育行政部门指导、协调事故处理。学校的主管教育行政部门应学校要求或者认为必要，可以指导、协助学校进行事故的处理工作，尽快恢复学校正常的教育教学秩序。

（4）学校、家长协商解决。学校与受伤害学生或者学生家长，通过协商方式解决问题。也可以在双方自愿的情况下书面请求主管教育行政部门进行调解。

（5）教育行政部门调解处理。教育行政部门收到调解申请，认为必要的，可以指定专门人员进行调解，并应当在受理申请之日起 60 日内完成调解。

（6）通过诉讼渠道解决。

2. 事故善后处理

任何安全事故总是会对学校安全工作和整体工作造成一定的影响。学校安全事故处理不仅要处理事故本身，还要进行善后处理。

（1）要看学校是否深入分析事故发生的原因，并由此来对学校安全工作进行分析与反思。

（2）要看学校是否从安全事故中吸取教训，分析改进学校存在的问题，并提出学校安全工作的改进计划和措施。

（3）要看是否对相关学生进行了心理干预，尽快消除事故对学生心理上造成的不良影响。

3. 事故处理结果

学生安全事故处理最终要关注事故处理的结果，事故处理结果不仅要从事故处理本身看，也要从学校整体工作的角度看。

（1）要看事故双方的学生、家长对事故处理的结果是否满意。

（2）要看事故处理的结果是否体现了公正。

（3）要看学生安全事故处理是否最大限度地减少了事故造成的损失及对学校常规工作的影响，并能尽快恢复学校正常的教育教学秩序。

 案例 6.11

学生家长主动撤诉[①]

案例描述：

2001 年 3 月 26 日下午，按照上级主管部门、当地政府的安排，北京市远郊区县的某农村小学，组织学生参加"捡拾白色垃圾"环保公益活动。

----

① 本案例的作者为崔静平，选自李雯主编《学校管理案例及其评析》，北京教育出版社 2007 年版。

　　活动开始前，学校召开全体学生大会，说明活动的意义、内容、安排、要求及注意事项。班主任对本班的学生进行了相应的安全及自我保护教育，要求学生不要直接用手接触垃圾，要戴手套、用铁钩子；同时，要求学生以小组为单位集中焚烧捡拾的白色垃圾，焚烧时人要站在上风向，以免对身体造成伤害。六年级学生张某参加了全部活动，在活动结束返回学校时，他一切正常，没有不适感。当日回家吃完晚饭以后，张某感到面部不适，有发热感，面部肿胀。不一会儿，就出现嘴眼歪斜症状。家长当时未引起足够的重视，只是将孩子带到本村卫生所就诊，医生开了药。回到家后，孩子吃药后入睡。次日早晨，张某出现了面瘫症状。此后，家长多次带张某到北京的大医院就诊。医院经过诊治，确定张某的病是由病毒引起的，确诊为病毒性面瘫。确诊之后，虽然经过多次医治，但是疗效不太理想，留下嘴歪眼斜的后遗症。

　　2001 年 8 月 28 日，张某从小学毕业升入中学。2001 年 11 月 5 日，张某曾就读的小学突然接到当地人民法院下发的张某家长的起诉书和要求学校在数日内将答辩状送交人民法院的通知。张某家长在起诉书中称：学校组织"捡拾白色垃圾"活动是一项公益活动，我们家长支持，但学校在活动过程中保护措施不利，导致了张某感染白色垃圾中的病毒，出现面瘫。要求小学赔偿医疗费、交通费、家长误工费、学生精神损失费共计人民币 12 万多元，并要求学校对学生将来的生活负全责。

　　学校校长接到此起诉状后，立即召开了领导班子扩大会议。校长向主管此项工作的副校长详细询问了整个事情的过程，把当时组织活动的时间、内容、安排、总结等相关记录整理出来。同时，根据事情发生的过程向律师详细咨询了相关的法律法规。最后在规定期限内将答辩状送交了人民法院。

　　没过多久，法院开庭审理了此案。在法庭上，学校的法定代理人针对事实，进行了认真的、有理有据的陈述：学校按照上级主管部门和当地政府安排，组织学生进行公益活动，属于正常的教育活动。学校对活动做了周密的安排和部署，学生的皮肤没有直接接触白色垃圾。焚烧时各班班主任也在现场指导，严格按照"人站在上风方向"的要求操作。所以，白色垃圾的污染物导致学生张某面瘫理由不充分。在整个活动过程中，学校既无过错，又无不当，不应承担赔偿责任。但学生家长仍不依不饶，一口咬定就是因为学校的此次活动才导致孩子感染病毒而致病。双方各执己见，学生家长和学校就"原告发病和捡拾白色垃圾活动"之间是否存在必然的因果关系发生争执。

法院认为：原告提出"学生面瘫系捡拾白色垃圾所致"理由不充分。原告发病和捡拾白色垃圾的活动只是时间上有相关性，而时间上有相关性的事件不一定存在必然的因果关系，是否存在因果关系需要进一步举证。这时，学校主动提出进行医学鉴定，以医学鉴定的结论为准。学生家长也同意进行医学鉴定。

此后，学校向北京市医学鉴定中心提出"导致面瘫的病毒是否存活于白色垃圾之中"的鉴定请求。同年 12 月底，北京市医学鉴定中心得出鉴定结果："导致面瘫的病毒并不存活于白色垃圾中。"学生家长得知鉴定结果以后主动撤诉，学校与家长之间长达 4 个月的纠纷也就此化解。

案例评析：

本案例给我们以下两点启示。

第一，学校要严格按照相关规定开展各种教育教学活动。在本案例中的公益活动组织过程中，学校严格按照既定规范行事。在组织捡拾白色垃圾活动中，自始至终严格按照学校应尽的职责和相关的活动要求去做，由开始动员、布置、提要求、定措施，到实施过程中的落实都有周密的安排，都非常规范，没有不当行为。

　　第二，有理有据应对学生安全事故。在本案例中，面对突如其来的官司，学校校长的成功之处在于不躲、不怕，没有怕影响学校声誉而向学生家长的无理要求妥协，而是拿起了法律武器，认真研究相关法律法规，严格按照法律程序办事，保护学校的合法权益。在学校和家长双方僵持不下时，校长不烦、不躁、不气、不怨，仍然依法办事，主动提出通过医学鉴定寻求新的证据。医学鉴定结果出来后，在证据面前，学生家长主动撤诉，最终化解了这场纠纷。

后　记

组织编写《中小学校管理评价》一书，是教育部落实《教育规划纲要》提出的"把育人为本作为教育工作的根本要求……把促进学生健康成长作为学校一切工作的出发点和落脚点"要求的具体措施。

《中小学校管理评价》一书的编写旨在为教育管理者、教师、家长，乃至社会公众了解和掌握中小学办学与管理的重要方面提供基本的方法和案例，引导中小学校以促进自身发展为根本目的，进一步规范教育行为，更好地完成新时期所赋予的全面提高教育质量的任务。

《中小学校管理评价》一书的编写是在教育部党组领导下完成的，刘利民副部长对本书编写工作给予了大力支持和关心，陈舜部长助理审定了全书文稿；教育部督导办具体负责本书编写的组织工作，督导办主任何秀超全程参与了书稿编写的组织并对全部文稿进行了审改，林仕梁、郭佳参与了书稿审改。

上海市教育科学研究院为本书编写提供了全方位的支持，院长陈国良研究员对文稿进行了审改，董秀华、杜晓利、骈茂林、田健、胡伶、李芙蓉全程参与本书的编写工作，包括本书的整体设计和案例选取等。李雯、赵小平、贾玉德、郭务强参与了本书相关内容的撰写，并为相关章节提供了大量案例。杨国顺、杨安国、俞子骥、周代骏、裴晓春、孙元清、宋旭辉、沈勉荣、袁玉棣、孙昌立、汤林春、王洁等对文稿进行了通读校订。

人民教育出版社为本书的编辑出版付出了艰苦的努力。

在此，对所有为本书编写出版工作做出贡献的各位专家和工作人员表示衷心的感谢！

因时间关系，书中可能有不当和疏漏之处，请专家学者及读者批评指教。

本书编者

2014 年 6 月 22 日